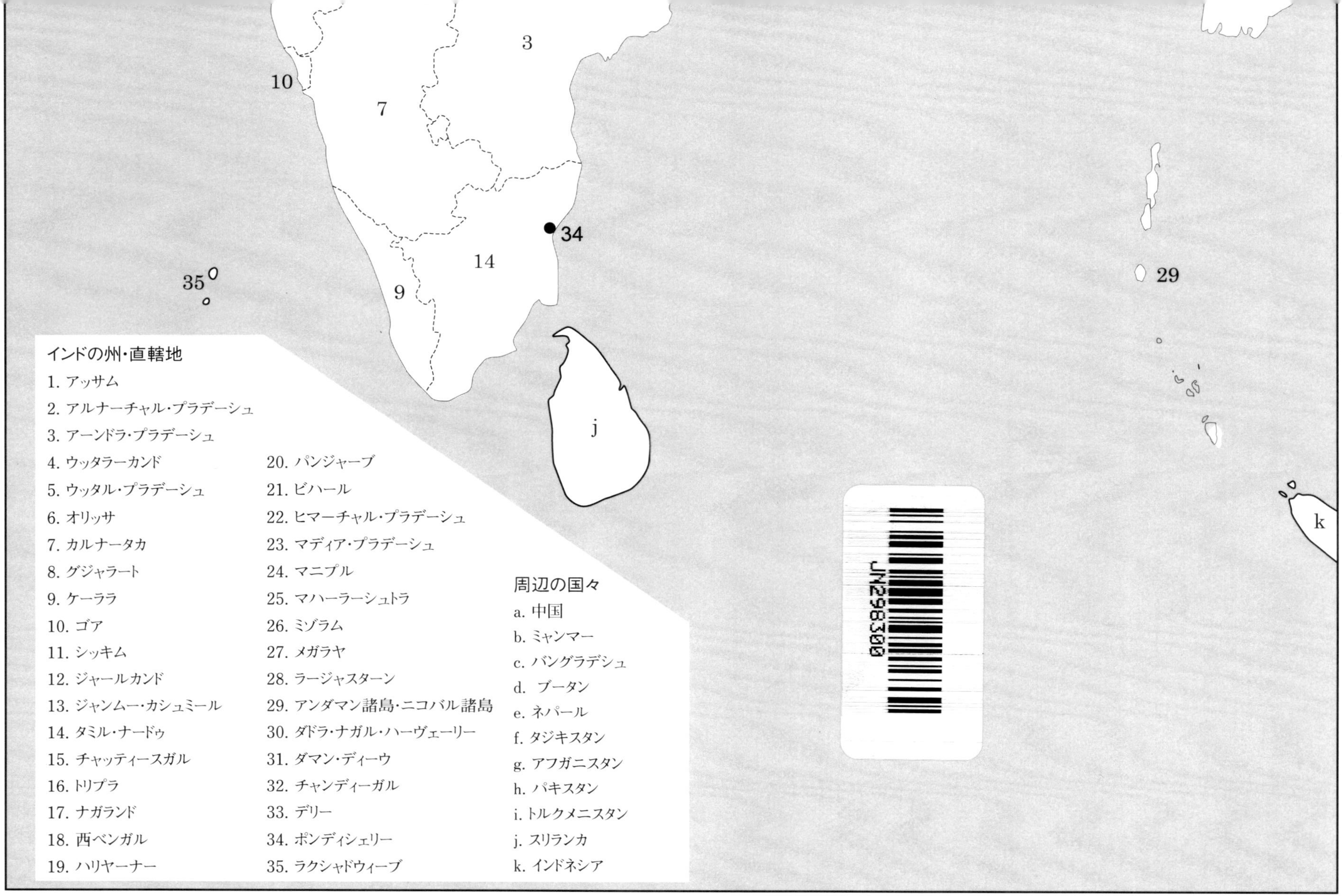

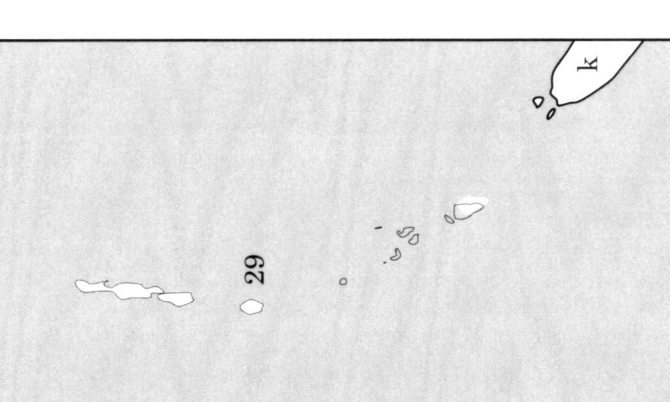

3
10
7
34
14
9
35
29
j
k
インドの州・直轄地
1. アッサム
2. アルナーチャル・プラデーシュ
3. アーンドラ・プラデーシュ
4. ウッタラーカンド
5. ウッタル・プラデーシュ
6. オリッサ
7. カルナータカ
8. グジャラート
9. ケーララ
10. ゴア
11. シッキム
12. ジャールカンド
13. ジャンムー・カシュミール
14. タミル・ナードゥ
15. チャッティースガル
16. トリプラ
17. ナガランド
18. 西ベンガル
19. ハリヤーナー
20. パンジャーブ
21. ビハール
22. ヒマーチャル・プラデーシュ
23. マディア・プラデーシュ
24. マニプル
25. マハーラーシュトラ
26. ミゾラム
27. メガラヤ
28. ラージャスターン
29. アンダマン諸島・ニコバル諸島
30. ダドラ・ナガル・ハーヴェーリー
31. ダマン・ディーウ
32. チャンディーガル
33. デリー
34. ポンディシェリー
35. ラクシャドウィーブ
周辺の国々
a. 中国
b. ミャンマー
c. バングラデシュ
d. ブータン
e. ネパール
f. タジキスタン
g. アフガニスタン
h. パキスタン
i. トルクメニスタン
j. スリランカ
k. インドネシア

巻頭口絵　各図・写真は本文中に収録．

巻頭口絵一覧

【左ページ】
1. インドの災害区分図
   (図3.12，インド気象庁ウェブサイトほか)
2. 街中を闊歩する牛たち
   (写真4.1，梅田克樹撮影)
3. 農業用トラクターの生産ライン
   (写真5.1，宇根義己撮影)
4. ガネーシャ（図8.1（e））
5. 牛乳缶とオートバイによる牛乳輸送
   (写真4.2，梅田克樹撮影)
6. 都市内農村 (写真C9.1，澤　宗則撮影)
7. ヒル・ステーションのシムラー
   (写真10.4，由井義通撮影)
8. フィルムシティ（ムンバイー）での撮影風景 (写真C6.1，和田　崇撮影)

【右ページ】
9. ラールキラー(写真10.2，由井義通撮影)
10. ホワイト・フィールドのオフィスパーク
    (写真6.3，鍬塚賢太郎撮影)
11. カルカ・シムラー鉄道
    (写真C7.1，宇根義己撮影)
12. ニザームッディーン廟 (写真8.1)
13. インドの代表的観光地　タージ・マハル
    (写真7.4，宇根義己撮影)
14. デリー郊外(写真10.10，前杢英明撮影)
15. ヴィシュヌ（図8.1（a））
16. チャンドニーチョーク
    (写真10.3，由井義通撮影)
17. ディーゼル機関車に牽引される貨物列車
    (写真7.1，中條暁仁撮影)
18. 駅に停車中のデリーメトロの列車
    (写真7.2，中條暁仁撮影)
19. 新住民の居住するアパート
    (写真9.3，澤　宗則撮影)
20. コンノートプレイス
    (写真10.5，由井義通撮影)
21. デリーのスラム
    (写真10.7，由井義通撮影)
22. グルガオンの郊外団地
    (写真10.9，由井義通撮影)
23. 洗濯する農村住民
    (写真9.1，澤　宗則撮影)

		2	9	10	11
1		3	12	13	
		4	14		
5	6		15	16	17
7	8		18	19	20
			21	22	23

左ページ　　　　　　　　　　　　　　　　　　　右ページ

世界地誌シリーズ ⑤

インド

友澤 和夫 編

朝倉書店

編集者

友澤和夫（ともざわかずお）　広島大学大学院文学研究科

執筆者
（　）は担当章

宇根義己（うねよしみ）　金沢大学人間社会研究域人間科学系（5章）
梅田克樹（うめだかつき）　千葉大学教育学部（4章）
鍬塚賢太郎（くわつかけんたろう）　龍谷大学経営学部　（6章）
後藤拓也（ごとうたくや）　高知大学人文学部（コラム4）
佐藤裕哉（さとうゆうや）　下関市立大学経済学部（コラム5）
澤　宗則（さわむねのり）　神戸大学大学院人間発達環境学研究科（9章，コラム9）
土屋　純（つちやじゅん）　宮城学院女子大学学芸学部（コラム10）
友澤和夫（ともざわかずお）　広島大学大学院文学研究科（1，2章，コラム1，2.1，8）
中條曉仁（なかじょうあきひと）　静岡大学教育学部（7章，コラム7）
前杢英明（まえもくひであき）　法政大学文学部（3章，コラム3）
南埜　猛（みなみのたけし）　兵庫教育大学大学院学校教育研究科（11章）
森　日出樹（もりひでき）　松山東雲女子大学人文科学部（8章，コラム2.2）
由井義通（ゆいよしみち）　広島大学大学院教育学研究科（10章）
和田　崇（わだたかし）　県立広島大学経営情報学部（コラム6）　　　　　（50音順）

まえがき

　21世紀の新興大国として注目されるインド．同国を題材とする出版物は近年増加しているが，地誌学的な知の体系として編まれた本，とくに大学教育においてスタンダードとなる地誌書は，管見の限り見あたらない．本書は，こうした状況を踏まえて企画されたものであり，大きな変動の渦中にある同国を地誌学的な観点から捉えようとする試みである．

　グローバル化の中で，日本人のインドへの関心は大きく変わりつつある．編者が学生時代であった1980年代までは，日本人がインドに抱くイメージは断片的なものであり，たとえばカレーやサリーなどの同国文化の一部でもって語られる状態であった．また，学校教育では，ヒンドゥー教などの宗教が人々の生活に深く浸透していること，カースト制という社会システムを持つことなど，同国社会の独自性が強調される面が強かった．そして経済面では，混合型経済による弊害が顕在化し成長が妨げられていること，加えて急速な人口増加が相まって貧困問題が深刻化していることなど，むしろマイナスのイメージで論じられていたと記憶している．今日では，それが大きく変化しようとしている．

　1991年に経済自由化に転じて以降，インド経済の成長は堅調であり，各種産業の急速な発展には目を見張るものがある．ICT産業は世界有数の地位を手にし，自動車の生産も世界第6位を誇るまでとなった．大都市には中間層が住む高層住宅が林立し，彼らの旺盛な消費に支えられてショッピングセンターの開店も相次いでいる．インドに現地法人を置く日本企業も増え，インドで生活する日本人も着実に増加している．一方，そうした繁栄の陰で，なお多くの貧困層や開発とは無縁の地域を抱え，新しい価値観と古い価値観の間で衝突がみられるなど，解決すべき問題も山積し，かつ複雑化している．インドの現在の姿は，それぞれに伝えられているが，その全体像は巨象のように掴みがたい．

　本書は，こうした現代インドを地誌学的方法論に基づいて，俯瞰的に，包括的に把握することを目指している．地誌学は，国・地域における自然，歴史，文化，経済，社会などの体系を有機的に関連づけて，全体としての特性を把握しようとする学問である．このような知の体系を身につけることは，地域認識の育成や世界諸地域の理解に資することが大であろう．

　本書の執筆には，広島大学現代インド研究センターを拠点としてインド研究を進めている中堅から若手の地理学者が当たった．第1章では，インドの歩みと地域編成を記し，第2章以降では，具体的なテーマを設定してインドの全体像と地域性・空間性を系統的に提示した．そこでは，教員を志す学生や中等教育に従事される教員が，教科書や参考書として使用するに適した素材を取り上げるべくつとめた．また，インドをより身近に感じてもらうために，各章末にはコラムを設けた．最初から順に読むのも結構であるし，興味のある章から先に読んでもらっても，十分に理解できる内容となっていると信ずる．本書を通して，読者の現代インドへの関心と理解が一層深まることを期待している．

　最後に，朝倉書店編集部には，本書の企画から刊行まで大変お世話になった．記してお礼を申し上げる．

2013年9月

友澤和夫

目　　次

1. **総　　論** ……………………………………………………………………1
   1.1 独立後のインドの歩み　1
   1.2 インドの地域区分　4
   1.3 経済発展とその地域差　7
   　コラム　州の新設と経済発展　10

2. **巨大人口と多民族社会** ……………………………………………………11
   2.1 急増する人口　11
   2.2 人口の社会特性　15
   2.3 多様な民族構成と言語　17
   　コラム　インドの紙幣　20／望まれない女の子―低下する女子乳児人口比　21

3. **自然的基礎と自然災害** ……………………………………………………22
   3.1 地形とその成り立ち　22
   3.2 気候と土壌　25
   3.3 自然災害　28
   　コラム　インダス文明と環境変化　34

4. **農業の発展** …………………………………………………………………35
   4.1 農業の発展過程　35
   4.2 農業地域の分布と変化　36
   4.3 「緑の革命」　39
   4.4 「白い革命」　41
   4.5 「黄色の革命」と青果物流通の広域化　45
   4.6 インド農業の課題　46
   　コラム　ブロイラー産業　47

5. **鉱工業の発展** ………………………………………………………………49
   5.1 工業の発展過程　49
   5.2 工業地域の分布と変化　52
   5.3 天然資源の開発　53
   5.4 基幹工業のダイナミズム　55
   5.5 インド工業の課題　60
   　コラム　製薬産業　61

6. ICTサービス産業の発展 ··· 63
　6.1　「サービス貿易」の拡大とインド　63
　6.2　ICTサービス産業の発展過程　65
　6.3　ICTサービス産業の分布と変化　68
　6.4　「インドのシリコンバレー」バンガロール　71
　　コラム　映画産業　75

7. 交通の発達と観光の展開 ··· 76
　7.1　交通の発展　76
　7.2　モータリゼーションの現状　79
　7.3　多様な観光資源と観光政策の展開　82
　7.4　観光産業の拡大　84
　　コラム　世界遺産になった山岳鉄道　86

8. 宗教とカースト ··· 87
　8.1　インドの宗教の多様性　87
　8.2　ヒンドゥー教　90
　8.3　歴史の中のカースト　93
　8.4　カーストの現在　96
　　コラム　インドの結婚事情　100

9. 都市農村格差と大都市近郊農村 ··· 101
　9.1　グローバル化による経済発展と都市農村格差　101
　9.2　教育における男女間・都市農村格差　102
　9.3　経済活動における都市農村格差　106
　9.4　混在する大都市近郊農村　107
　　コラム　都市内農村　112

10. 都市の成長と都市構造 ·· 113
　10.1　都市の成長と都市構造　113
　10.2　都市の景観と構造　116
　10.3　スクォッターの形成　119
　10.4　郊外開発　121
　10.5　国家的都市再開発計画　123
　10.6　都市住民　125
　　コラム　インドにおけるショッピングモールの発展　127

11. 世界の中のインド ·· 129
　11.1　近隣国との関係　129
　11.2　拡大する貿易　132
　11.3　インド系移民　135

11.4　日本とインド　　139
　　　コラム　日本のインド人学校とその立地　142

さらなる学習のための参考文献　　145
付録　統計資料　　148
索　　引　　150

 総論―インドの歩みと地域特性

　1947年の独立以降，インドは社会主義型社会の発展を目指して独自の混合経済体制を推進してきた．しかし，それは1970年代に頓挫し，1980年代の部分的自由化を経て，90年代には本格的な自由化の方向に舵を切った．これが功を奏して，2000年代に入ると未曾有の経済成長を迎えている．本章ではこうしたインドの独立後の歩みに加えて，同国の地域特性を概説することとする．そこでは，州の成り立ちを解説したうえで，近年の経済成長が同国の州・地域の発展に及ぼした影響を述べつつ，今日のインドをみるうえでの課題を提示したい．

1.1 独立後のインドの歩み（表1.1）

1.1.1 独立前史

　インドの独立は1947年8月15日である．大航海時代以降，インドは他のアジア諸国と同様にヨーロッパの列強によって植民地化が進められた．当初はポルトガルが先行したが，後にはイギリスとフランスの東インド会社がともにインドにおける勢力を拡大した．プラッシーの戦い（1757年）の後は，フランスの勢力が駆逐され，それに勝利したイギリス東インド会社による支配が本格化した．インド大反乱（セポイの反乱，1857～1858年）を経ると，イギリス政府はムガル皇帝を廃止するとともに東インド会社を解散させて直接支配を進め，1877年にはイギリス国王が皇帝を兼ねるイギリス領インド帝国が成立した．インド帝国は，イギリスが直接統治する直轄領と藩王国から成っていた．前者は本国から派遣された知事が治め，後者ではインド人の藩王による自治が認められたものの防衛や外交の権利は剥奪され，またしばしばイギリス人政治顧問による干渉を受けた．このようなイギリスの直接・間接の支配（ブリティッシュ・ラージ）に対して，日露戦争における日本の勝利や第一次世界大戦を契機に，民族自決の機運が高まった．とくにモハンダス・カラムチャンド・ガーンディー（マハートマー・ガーンディー）による非暴力非服従運動は，一般大衆を含めた全インド的運動となりイギリスによる支配を大きく揺さぶった．

　イギリス領インドの独立は，第二次世界大戦中にほぼ確定的となったが，それを主導してきた国民会議派とムスリム連盟の対立はかえって激化した．国民会議派はヒンドゥー教徒を主体とする組織であり統一インドの独立を目指したのに対して，ムスリム連盟はイスラーム教徒の国であるパキスタンの建国を目標に掲げ，分離独立を主張したからである．両者の主張は歩み寄ることなく平行線を辿り，ついにイギリス領インドは，その面積の約4分の3，人口の約5分の4を占めるインドと，残りのパキスタン（現在のバングラデシュを含む）に分かれて分離独立することとなった．

表1.1　独立後のインドの歩み

年	主な事項
1947	インドとパキスタンの分離独立 第一次インド・パキスタン戦争
1948	マハートマー・ガーンディー暗殺
1950	インド憲法施行
1951	第一次五カ年計画開始
1956	言語別州再編法の施行
1962	中国・インド国境紛争
1965	第二次インド・パキスタン戦争
1971	第三次インド・パキスタン戦争 バングラデシュ独立
1974	初の核実験成功
1991	新経済政策発表
1998	2回目の核実験実行
1999	外資規制の撤廃（一部産業除く）
2000	人口10億人を突破
2001	インド西部地震発生（死者約2万人）

なお，パキスタンの独立はインドよりも1日早い8月14日である．

このインド・パキスタンの分離独立は，以降の両国間関係に様々な影響を及ぼした．両国の宗教の違いは，分離独立から間もなくインドからパキスタンへと向かうムスリムと，パキスタンからインドに向かうヒンドゥー教徒やシク教徒という形で，大量の避難民の移動を生んだ．その際，両者の間で互いに虐殺や暴行が生じて，相互に不信と反目を強めることになった．また，10月にはカシュミール地方の帰属をめぐる戦闘（第一次インド・パキスタン戦争）が発生し，1949年の国連調停を経て，インド側がカシュミール地方の約3分の2を，パキスタン側は残り約3分の1を支配する停戦ラインが設けられた．同地方の最終的な帰属は将来の住民投票によることとされたが，現在でも投票は未実施で領土問題としては未解決のままであり，今日に至るまで大小の武力衝突が繰り返されている．また，五河地方として一体性のあったパンジャーブの分割は，豊かな農業生産を支えてきた農業水利をめぐって両国間の紛争を招いた．もっとも，複数の王国が並存する歴史が長く続いてきたインド半島部に目を転ずれば，その全域を版図とする国家がインドの成立をもって初めて誕生したことになり，人々の活動や交流などの面において画期的な出来事とみることができる．

1.1.2 社会主義型社会の建設と挫折（独立から1970年代まで）

このように対外的には多難の門出であったが，国内政治的には国民会議派が与党となり，ガーンディーと並んで独立運動の中心的リーダーであったジャワハルラール・ネルーが初代首相に就任し，安定した政治基盤を確立した．ネルーは30歳代にソビエト連邦を訪問した経験から社会主義型社会の建設に深い関心を持っており，その思想が独立後のインドの国家運営についても色濃く反映された．1950年には憲法が施行され，社会主義型民主主義国家として経済的な発展と社会的公正を目標とした国づくりを目指すことが打ち出された．また，宗教的にも独立の際に宗派間の争いで苦しんだ経験を踏まえて，ヒンドゥー教徒が多数派でありながらも政教分離を原則とする特定の宗教に依拠しない世俗主義の立場がとられた．こうした国家の基本理念は，インド憲法に記された正式な国名（Indian Sovereign Socialist Secular Democratic Republic，直訳すればインド社会主義世俗主義民主主義共和国）に端的に現れている．1950年代には憲法以外にも様々な政策・制度が定められるが，それらはいずれも社会主義型社会の発展を目標に策定されたものである．

とくにそれは計画経済の導入と実行に現れており，発展途上国の中では最も早い1951年に第一次五カ年計画が開始された．また，同年には「産業（開発と規制）法」（Industry (Development and Regulation) Act）が成立し，一定の規模を有する工場は，①新工場の設立，②年5％以上の生産の拡大，③立地の変更，④新製品の製造，の4局面においてライセンスの取得が義務づけられた．これは，「ライセンス規制」と呼ばれるもので，1990年代に廃止されるまで，自由な企業活動を国が規制する制度として存続した．そして1956年に出された「産業政策決議」（Industrial Policy Resolution）により，インドの産業は，①国が排他的に責任を負う分野，②漸進的に国有化される分野であるが，私的セクターも国の努力を補うことが期待される分野，③その他の分野で私的セクターにまかされる分野，の3つの範疇に区分された．これにより国家経済建設において重要性の高い生産財部門は①と②に分類され，主に公企業が担当することとなった．この政策は製造分野規制と呼ばれ，「ライセンス規制」と並んでインド型混合経済体制の根幹をなすものとなり，公企業が主導する国内市場指向の輸入代替型の工業化が推進された．また，植民地支配を受けた経験から外国資本・製品の流入を警戒し，貿易面では保護主義がとられるとともに外資の進出には規制が設けられた．農業面では，1960年代に2度にわたって干ばつによる飢饉に直面した経験から，農業生産の不安定性の解消が柱とされ，具体的には多収量品種の導入によって「緑の革命」を推進し，穀物生産の増大が目指された．

こうした一連の経済政策の下で，1970年頃ま

でには鉄鋼や石油化学，重電機などの工業基盤が整備されたほか，消費財についても一定の生産が可能となり，「サンダルから人口衛星まで」と表現されるように多くの工業分野で国産化が達成された．自前の資本と技術による工業化は一見すれば成功したかにも思われたが，基幹産業部門である重化学工業を担った公営企業には生産性が低いものが多く，また外国資本を排除して保護主義により工業化を進めたため技術革新が遅れ，工業生産が全体として「ハイコスト化」するという深刻な問題を内在していた．1951〜1979年度までのGDP成長率をみても年平均3.5％と低く，また短期間で大きな変動を繰り返す不安定なものであり，複数年に渡るような好景気は観察されなかった（図1.1）．この間は人口増加率も高かったため，1人当たりGDPは低水準のままで推移し，国民の大部分は貧しいままであった．このようにインドは，より遅れて工業化を進めた韓国や台湾などのアジアNIEsと比べても経済発展からは取り残された状態であり，社会主義的な経済運営は頓挫したといえる．しかしながら，農業面においては「緑の革命」の成功によって1977年に食料自給を達成した点は特記されよう．

この時期のインドの対外関係についても触れておこう．1960年代前半までのインドの対外政策の基本は非同盟・中立であり，アメリカ合衆国を中心とする西側資本主義国家とソビエト連邦を盟主とする東側社会主義国家の2大勢力による冷戦構造の中で，どちらの勢力とも与しない第三世界のリーダーとしての路線を歩んだ．それはネルーによるアジア・アフリカ会議や非同盟諸国会議の主導に現れている．その一方，1962年には中国との国境紛争が，1965年にはカシュミール地方の領有をめぐって第二次インド・パキスタン戦争が起こるなど，同じ第三世界に属する国々との交戦を余儀なくされた．

1960年代後半になると，アメリカ合衆国との関係が悪化したのに対し，ソビエト連邦との間で1971年に印ソ平和友好協力条約を締結し，非同盟・中立路線からソビエト連邦寄りの外交政策に転じた．これは中国を含めた多国間関係の中で捉

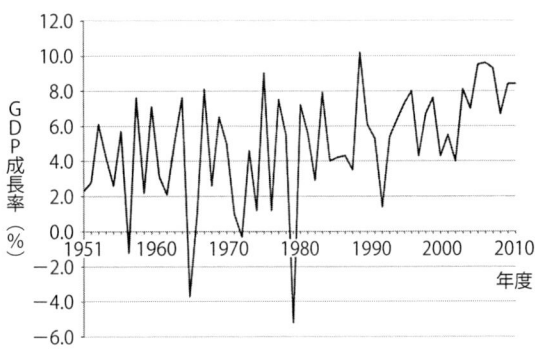

図1.1 GDPの推移（Economic Surveyより作成）

える必要があり，アメリカ合衆国と中国の接近に対して，中国と対抗関係にあったインドはソ連と結ばざるをえなかった側面が強い．以降，インドにとってソビエト連邦は，その崩壊に至るまで外交上最も重要なパートナーとなった．さらに同年には東パキスタンの独立運動に介入し，第三次インド・パキスタン戦争に勝利してバングラデシュの独立を導き，南アジアにおける影響力を強めた．また，中国の核武装に対抗してインドも1974年に地下核実験を行い核保有国となったが，それは同時にパキスタンを核開発に走らせることになった．

1.1.3 部分的な経済自由化（1980年代）

第2次オイル・ショックが生じた1979年には，インド経済は−5.2％成長という独立後最大の落ち込みとなった．ネルーの娘インディラ・ガーンディーが率いる国民会議派政権は，IMFからの巨額の借款によりこの経済危機への対応をはかった．その際の条件として経済自由化への転換がIMFより求められ，インド経済は1980年代に入ると部分的な自由化の方向へと舵を転ずることとなった．インディラ・ガーンディーは1984年にシク教徒により暗殺されたが，自由化路線は彼女の跡を継いで首相の座に着いた長男のラジーブ・ガーンディーによっても継承された．両政権による部分的自由化の下では，自動認可制度の導入やライセンス取得の簡素化が進められ，生産設備の近代化や拡張が容易となった．また，外資規制の緩和をうけて，先進国企業とインド企業との間で合弁企業が設立されるようになった．象徴的な例

としては，自動車分野において日本の鈴木自動車（現スズキ）がインド政府と合弁でマルチ・ウドヨグ社（現マルチ・スズキ社）を設立し，低燃費で高品質の小型車を供給し始め，国民から大きな支持を得たことが挙げられる．

このように1980年代は部分的な自由化が進められたが，その内容は抜本的な自由化からは程遠く，実際には政府による様々な経済統制が依然として根強く存在していた．たとえば，「ライセンス規制」によって民間の自由な経済活動は制限されていたし，合弁企業の設立に際しては外資による25％以上の出資は認められなかった．また，立地面においても，そのような大規模な事業所は政府が指定する後進地域に誘導され，既存の大都市から離れた不便な場所での操業を余儀なくされた．

部分的自由化期の年平均経済成長率は5.6％（1980～90年度の平均）であり，比較的堅調な経済成長が続いたとみることができる．しかし，1990年に生じた湾岸戦争がインド経済に大きな影響を与えた．それは原油価格の高騰や湾岸諸国からの送金の途絶を原因とする．後者は戦争の開始によって，湾岸諸国に建設労働者として出稼ぎに行っていた人々が相次いで帰国したことによる．外国からの送金はインドにとって貴重な外貨獲得源であり，それが大幅に減少した結果，1991年には外貨準備高は2週間程度の輸入決済分まで低落した．また，ソビエト連邦の崩壊によって貴重な輸出市場を失ったこともインド経済に打撃となった．

1.1.4 本格的な経済自由化と経済の高成長（1990年代以降）

この経済危機に際して，国民会議派のナラシマ・ラーオ首相とマンモハン・シン財務大臣は，IMF・世界銀行の構造調整プログラムを受け入れることによって対応することとし，1991年に「新経済政策」を打ち出した．この政策は幅広い内容を持っているが，「ライセンス規制」の撤廃と外資投資規制の大幅緩和に特徴がある．前者によって一部の分野を除いて経済活動が自由に行えるようになるとともに，後者によって合弁企業の株式のマジョリティを外資が保有できるようになった．1980年代の部分的自由化と比べると，「新経済政策」の導入はインド経済の自由化を本格的に推進するものであり，外資の進出が増加するとともに貿易額も増大した．また，1990年代にはICT産業の急成長がみられ，短期間のうちにGDPなど主要な経済指標が大きく改善した．1992～2000年度の平均経済成長率は6.3％であり，また経済成長が一定の期間持続するようになった点に特徴がある．

さらに1999年には多くの産業分野で外資規制が撤廃され，100％外資による事業も可能となった．これはインドに一層の外国企業の進出を呼び込んだ．当初その主体は製造業であったが，のちには様々な産業部門でみられるようになり，外資はインド経済を牽引する存在となっている．外資の多くはインドの国内市場を指向したものであったが，もう1つの牽引役であるICT産業は国内企業が上位に位置し，もっぱら輸出を指向している点において異なった成長モデルを提示している．近年ではソリューションやコンサルタントなどより付加価値の高い分野での成長が認められる．こうした主導産業は，インドに新たなビジネス機会と雇用・賃金の上昇をもたらし，消費の拡大とともに中間層と呼ばれる裕福層を生んだ．これはインド市場の魅力を向上させる効果をもち，さらなる外資投資を呼び込むという好循環が形成されている．農業分野においても，この時期には従来の穀物生産に加えて，生乳や鶏卵，野菜，肉類の供給能力を高めた．2001～2010年度の平均経済成長率は7.7％となり，インドは独立後未曾有の経済の高度成長期を迎えているといえよう．

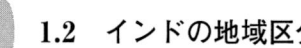

1.2 インドの地域区分

1.2.1 州と連邦直轄地

インドの面積は日本の約9倍に相当する約328.7万 km²におよぶ広大なものであるため，その特徴を一括りに捉えるのは困難である．したがって，適切な地域区分を設けることが必要となる．

その出発点として，州（State）という地域単

位が重要であろう．その理由は複数ある．第1には，インドの主要な州は面積や人口が大きく，それだけで1つの国の規模に匹敵するからである．たとえば，ラージャスターン州の面積は34.7万 km^2 であり，日本の面積にほぼ等しい．面積30万 km^2 を超える州は同州を含めて3つ，それ未満で10万 km^2 以上の州は8つもある．人口はウッタル・プラデーシュ（UP）州の1億9958万人が最大であり，マハーラーシュトラ州とビハール州も1億人を超え，5千万人から1億人の人口を有する州も7つを数える．

第2には，政治あるいは行財政上の理由である．インドは中央政府に権限や財源が集中しており，また非常事態が宣言されれば州の管轄事項にも権限が行使できるなど，アメリカ合衆国など他の連邦国家に比べると州の力は強くはないとされる．しかし，各州は独自の政府と立法議会をもっており，中央政府とは異なる政党が州政治を担っていたり，州間で制度が異なることもある．また，州を越える商取引には中央売上税が課税されたり，ツーリスト車両には入域税が課せられたりするなど，州境が経済的な障壁となる場合もある．第3には，詳細は以下で述べるが，インドでは州の境界は主要言語の分布界と対応しており，州が異なれば言語も異なり文化面での差異が大きいからである．言語以外にも，服飾や食の面で違いがあるし，飲酒が不可の州もあるなど，文化的にも州は重要な単位なのである．そして第4には，インドの各種統計は州を単位として集計されるので，研究上の技術的な理由からも州が地域区分の基礎的単位となることが多いことによる．

現在インドには28の州がある（概要は巻末付録参照）．これに加えて7つの連邦直轄地がある．連邦直轄地は国によって直接統治され，大統領が任命した行政官または連邦直轄地知事を通じて，大統領が統治する形態がとられている．そのため州に比べれば自治権が弱いとみなされている．ただし，連邦議会（国会）の議決を経れば議会や内閣を構成することができる．デリーやプドゥチェーリがこれに該当し，準州的な地位にあるといえる．州や連邦直轄地の下位区分は県（District）であり，複数の都市自治体や農村自治体から構成される．県はインド全体で640を数え，州政府から任命された県長官によって行政権が行使される．

1.2.2 州の成り立ち

イギリス植民地期のインドは，イギリスが直接支配する直轄領と，その間接支配の下で一定の自治が認められた藩王国に分かれていた．直轄領には，地方行政単位として州（Province）が置かれた．そこには，すでに連邦型の統治形態が見いだせるが，イギリスが指名した知事によって統治されていた点が現在とは大きく異なっている．独立後は，イギリス直轄領および藩王国，そしてイギリス以外の国家が支配していた領地を，どのように整理するかが課題となった．1950年に施行された憲法では，こうした行政単位は州（State）に編成されることとなり，パートA州（かつてのイギリス直轄州），パートB州（大規模な藩王国），パートC州（小規模なイギリス直轄地・藩王国），パートD州（アンダマン・ニコバル諸島が該当）が設定されるとともに，州政府の専管権限が定められた．

1950年当時の州の領域は，現在の28州のそれとは大きく異なる．また，改廃された州もあれば，新しく設立されたものもあり，この間に大規模な再編があったことが読み取れる．こうした一連の州再編過程においては，まずは1956年の主要言語を基軸とした再編が重要であろう（図1.2）．これにより，南インドでは主要言語の分布界に沿って州が再編され，カルナータカ州，アーンドラ・プラデーシュ州，ケーララ州，タミル・ナードゥ州の4州が設立された．なお，同年には州のA～D区分が廃止され，州と連邦直轄地という区分となった．南インド以外では，1960年にボンベイ州よりグジャラーティー語圏がグジャラート州として，1966年にパンジャーブ州よりヒンディー語圏がハリヤーナー州としてそれぞれ分離され，言語州化がより進んだ．ジョンソン（1986）は，「国民会議派は独立よりはるか前に，言語的な統一性を認めるための州の再編を要求し」（p. 11）としており，独立以前に芽生えてい

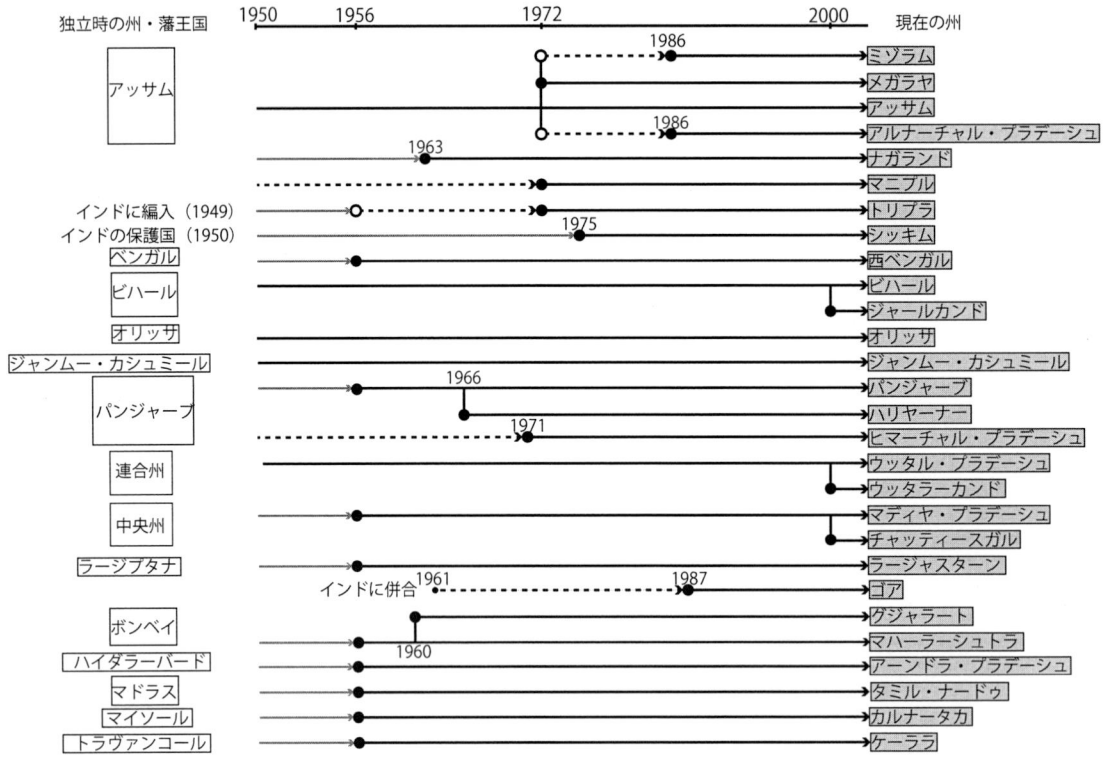

図1.2 インドの州編成過程（佐藤（1994）などを参考に作成）

た言語州化の理念がこの時期に実現していったものといえる．

北東部での州の編成過程はやや複雑である．独立以前に設立されていたアッサム州から民族分布に基づいて分離したケースと，独立後にインドに編入した地域を，連邦直轄地を経て州としたケースに分けられる．前者には1972年に誕生したメガラヤ州と，同年の連邦直轄地化を経て1986年に設立されたミゾラム州，アルナーチャル・プラデーシュ州が該当する．後者にはトリプラ州（1972年設立）とシッキム州（1975年設立）が該当する．ナガランドは，インドからの独立運動が活発な地域であり，1963年の州昇格はその沈静策であった．民族分布が多様で山岳地帯からなる北東部では，面積・人口とも小規模な州が設立された点に特徴がある．

これら以外にも，連邦直轄地から州へ昇格するケースがみられた．ヒマーチャル・プラデーシュは，連邦直轄地を経て1971年に州に昇格した．1961年の武力侵攻によりポルトガルから併合したゴアも，連邦直轄地を経て1987年に州となった．州への昇格は住民の自治要求に応えるものであり，また国境係争地域ではインドへの帰属を対外的にアピールするものでもあった．このような結果，連邦直轄地は徐々に減少して，現在では島嶼部や特定の小地域に限られたものとなっている．1990年代には州の再編は実施されなかったが，2000年には大きな変化があった．それは，ウッタランチャル（現ウッタラーカンド）州がUP州より，ジャールカンド州がビハール州より，チャッティースガル州がマディヤ・プラデーシュ（MP）州よりそれぞれ分離され，新州として設置されたことである．いずれも古くから単独州設立の運動があった地域であり，その要求がインド人民党政権下で実現化したものである．既存の州の枠組みの中では少数派で不利益な状態を訴えていた地域が，単独で州を形成することが認められた意義は大きく，その条件に合った経済的社会的振興が進めやすくなったことが最大の利点であろう．

1.2.3 大地域区分

先述した州を単位とした区分を中地域区分とするならば，それよりも大括りの地域区分（大地域区分）がなされることもある．たとえば，ヒマラヤ山系，ヒンドスタン平原，そして半島部という3区分があり，これは新期造山帯，沖積平野，安定陸塊という地形学的な特徴に基づいたものである．この区分は自然地理学的にインドを捉える際にはよく用いられるが，地域政策的にみても意味のある単位となる場合がある．たとえば，ヒマラヤ山系に属する州は，その他の2区分に属する州に比べると，面積の大部分が山岳・丘陵であり，また各種のインフラにも欠けるうえ，市場からも遠く離れており，条件的に不利であることは明らかである．そうした条件下にある地域として，ヒマラヤ山系に属する州には「特別カテゴリー州」という中央政府による地域政策上の区分が設定され，様々な恩典が付与されている（友澤，2008）ことがその例である．

北インドと南インドという分け方も重要な大地域区分である．この場合の南インドは，カルナータカ，アーンドラ・プラデーシュ，タミル・ナードゥ，ケーララの4州を指しており，これらを除いた範囲が北インドとなる．これは，19世紀の言語学的な発見に基づいた区分であり，インド・ヨーロッパ語族とドラヴィダ語族という同国を代表する二系統の言語集団の分布に対応している．また，気候学的にみても有意であり，南インドはほぼ全域が熱帯性の気候帯に属し，農作物やそれを反映した食文化などに北インドとは異なった性格が認められる．北インドと南インドという区分は単純な面もあるが，同国の多様性を地域的に論じる際には最初に用いられる区分であり，そこではとくに南の北に対する違いが強調される傾向がある．

北インドをさらに3つに分けて，全国を北部，東部，西部，南部の4つに区分する場合もある．この区分においては，デリー，コルカタ，ムンバイー，チェンナイという4つの大都市が重要な意味をもつ．これら4都市を頂点とすれば，ひし形の図形を描くことができ，広い国土をもつインド

図1.3 イギリスの高等弁務官事務所と管轄範囲（日野，2004）

を4つの拠点で管轄するには適した位置関係にあるといえる．この点については，日野（2004）がイギリスの高等弁務官事務所（大使館・領事館に相当）の立地とその管轄地域を典型例として示しており（図1.3），さらに同様のパターンが，大手消費財メーカー7社の広域支店の配置と管轄地域においても認められるとしている．この4大都市は，イギリス植民地期に同国支配の拠点が置かれた場所であり，独立後もそうした立地上の優位性からそれぞれの地域の中心的な都市として発展を遂げてきた．つまり，行政上の理由や経営管理上の観点から，インドという空間を東西南北の4つに分割して管轄する合理性が存在し，それに基づいて4大都市の発展とその管轄区域の関係が歴史地理的に形成されていったといえる．近年，南インドではバンガロールやハイダラーバードの成長がみられ，チェンナイと競合するまでになってきたが，この大地域区分自体に影響を与えるものではないと思われる．

1.3 経済発展とその地域差

1.3.1 インド経済の特徴

インド経済の発展過程については，第1節で述べた通りである．それを踏まえて，ここではイン

ド経済の特徴を産業面からおさえておきたい．図1.4には，農林水産業，鉱工業，卸売・小売・飲食・宿泊業，サービス業（原典ではその他となっているが，その実質はサービス業と判断できるので，ここではサービス業と表記する）のGDP寄与率の推移を示す．

この15年間で寄与率を高めたのはサービス業と卸売・小売・飲食・宿泊業であり，農林水産業と鉱工業は逆に低下をみせている．経済発展にともない農林水産業の寄与率が低下するのは一般的な現象であるが，インドでは鉱工業のそれも低下している点に特徴がある．同国の工業は，外資も含めて基本的には内需指向型であり，それが生産の伸びを抑えている可能性がある．この点についてはさらに検討を要するが，第二次産業が主導する時代を経験することなく，インドでは第一次産業から第三次産業へ経済の主役が移行しているといえ，中国や東南アジアなどの輸出指向型工業の振興により経済発展をはかった国々とは異なった経路を歩んでいるとみることができる．また，現代インド経済の牽引役はサービス業であるが，その内実はICT産業に負うところが大である．同産業の主要市場は海外であり，その国際競争力の強さが工業など他の国内産業に比べて傑出した状態にあることがうかがえる．そして，インドでは農林水産業は依然として重要であり，2010年の寄与率が鉱工業を上回るなど，農業大国としての顔も有している．

以上のように現代インド経済の特徴を産業面からみれば，海外市場を指向するICT産業の高度成長，内需指向型工業の相対的に弱い成長性，依然重要な農業生産という3つに集約されよう．

1.3.2 経済発展の地域差

インドの経済発展は，地域格差を拡大させるものであろうか，それとも縮小させるものであろうか．図1.5には，州の経済発展の程度を示す指標として，2008年度の1人当たり州内総生産をA～Eの5階級に分けて示す．これによりインド全体を大観すれば，同指標の分布には明瞭な地帯構造があることが見いだせる．すなわち，AとBを経済発展が高い水準にあるものとみれば，西インドのグジャラート州とマハーラーシュトラ州から南インドにかけての一帯がこれに該当する．一方，EとDを低い水準にあるものとみれば，その分布は，ラージャスターン州から，UP州，MP州，チャティスガール州，ビハール州，ジャールカンド州，オディシャー州にかけて広がる．すなわち南で高く北で低いという地帯構造が存在するといえる．ただし，北インドの小規模4州（ハリヤーナー州，パンジャーブ州，ヒマーチャ

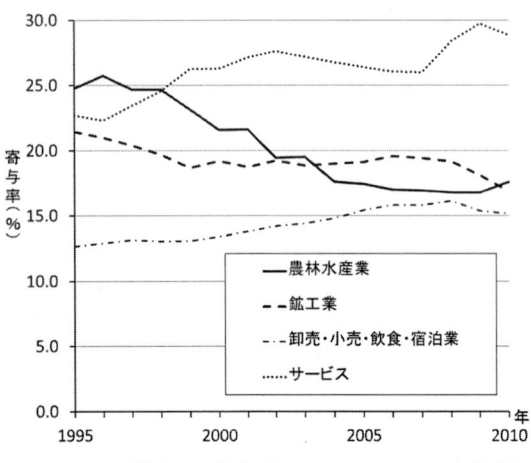

図1.4 GDP構成比の推移（Economic Surveyより作成）

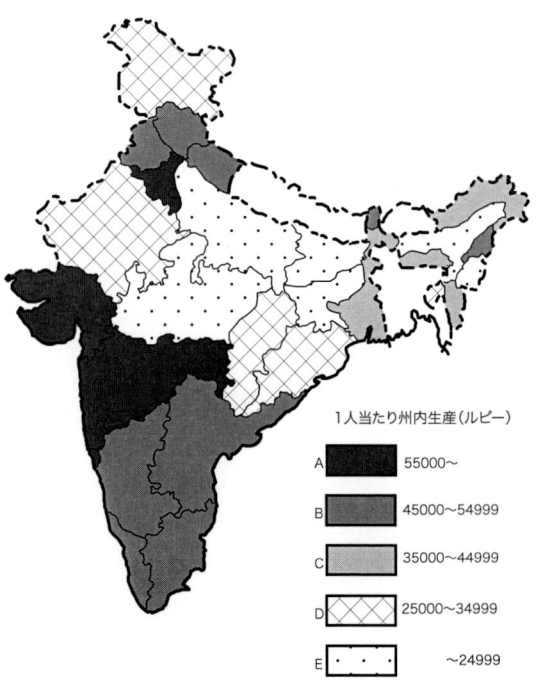

図1.5 1人当たり州内総生産（2008年度）（Economic Surveyより作成）

これによれば，全体としては両年度間で大きな変化はなく，1999年度の構造が2008年度にも基本的に継承されているといえる．個別にみれば，ハリヤーナー州の指数が146から184に伸びたことは特記できる事象であり，州レベルでは近年のインド経済成長の恩恵を最も被った地域ということになろう．これは同州がデリーを指向する投資の受け皿となって，各種事業所の立地が急速に進展したことに対応している．

経済発展の水準が低い地帯についても言及しておきたい．インドにはビマル（Bimar）というヒンディー語で「病気」を意味する言葉があるが，それにちなんで経済発展の程度が低い州をその頭文字をとってBIMARUと表現することがある．すなわち，ビハール州，MP州，ラージャスターン州，UP州を指しており，低開発状態が顕著であったこれら4州を揶揄するものである．この言葉自体は1980年代につくられたものであるが，BIMARUの経済的向上は図1.6にみるように進んでおらず，今日でもそのまま適用可能といえよう．また，佐藤（1994）は，「ヒンディー・ベルト」というヒンディー語がおもに話される地域の低開発性を指摘しているが，デリー周辺部を除けば，まさにこのBIMARUと一致しているのである．

インドの経済成長は，それ自体は歓迎すべきことであるが，こうした低開発地域の経済的浮揚や地域格差の縮小に資するのであろうか．また，それは社会的な発展や政治的な動向にどのように影響するのか，多面的な検討が必要となっている．

［友澤和夫］

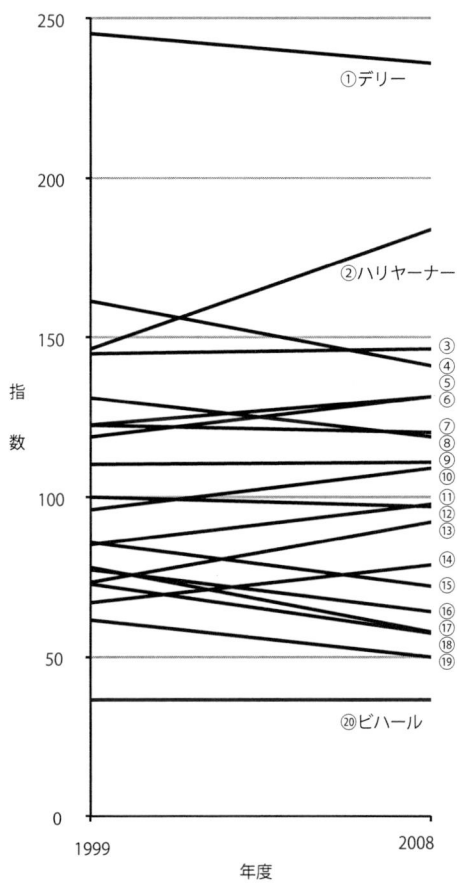

図1.6　1人当たり州内総生産の変化（Economic Surveyより作成）
①デリー，②ハリーヤーナー，③マハーラーシュトラ，④パンジャーブ，⑤ケーララ，⑥グジャラート，⑦タミル・ナードゥ，⑧ヒマーチャル・プラデーシュ，⑨カルナータカ，⑩アーンドラ・プラデーシュ，⑪ウッタラーカンド，⑫西ベンガル，⑬チャッティースガル，⑭オディシャー，⑮ラージャスターン，⑯アッサム，⑰MP，⑱ジャールカンド，⑲UP，⑳ビハール

ル・プラデーシュ州，ウッタラーカンド州）にデリーを加えた地域は高い水準にあり，「北」から除外されるべきである．このような地帯構造は，友澤（2012）の工業化の程度図や，鍬塚（2012）のICT産業の州別輸出額の図にみられる地帯構造と調和的であり，工業化の状態やICT産業などの立地と関わりが深いことが想定される．

また，図1.6は，全国平均を100とした1人当たり州内生産（主要州に限る）を，1999年度と2008年度の2時点について対比したものである．

［付記］　2014年6月にアーンドラ・プラデーシュ州からテランガーナー州が分離して新州として設置されたが，本書には反映していない．

引用文献

鍬塚賢太郎（2012）：インド地方都市におけるICTサービス産業開発と立地企業の特性—ウッタラーカンド州都デヘラードゥーンの経験—．広島大学現代インド研究―空間と社会，2：89-102．
佐藤　宏（1994）：インド経済の地域分析．古今書院．
ジョンソン，B. L. C.著，山中一郎ほか訳（1986）：南アジ

アの国土と経済．二宮書店．
友澤和夫（2008）：インドの後進州における産業開発戦略と工業立地—ウッタラカンド州の「インダストリアル・ベルト」形成を中心に—．広島大学大学院文学研究科論集，**68**：57-76．

友澤和夫（2012）：インドの工業．立川武蔵・杉本良男・海津正倫編：朝倉世界地理講座4 南アジア．pp. 103-115，朝倉書店．
日野正輝（2004）：インドにおける大手消費財メーカーの販売網の空間形態．地誌研年報，**13**：1-25．

=== コラム1　州の新設と経済発展——ウッタラーカンド州 ===

ウッタラーカンド州は，面積5.3万km²，人口1012万人とインドの中では小規模な州であり，13の県から構成される．2000年11月にウッタル・プラデーシュ（UP）州から分離してインド27番目の州となった（当初の名称はウッタランチャル州）．この地域では，自然環境や住民の社会的構成が平原部のUP州とは大きく異なるため，独立州を求める動きが1920年代からあったが，中央政府やUP州政府は前向な対応をとってこなかった．しかし，1980年代以降の独立州設立を目的とする地域主義運動の活発化などにより，インド人民党政権下の2000年に，ジャールカンド州とチャッティースガル州とともに，新州として連邦会議で承認された．なお，2007年には住民多数の意向により，現在の名称に州名が変更された．

ウッタラーカンドとはサンスクリット語で「北の国」という意味であり，州の北側は中国のチベット，東側はネパールと国境を接する．ヒマラヤ山系に位置するため面積の約93％は山地・丘陵であり，平坦地は7％を占めるにすぎない．地形学的にみれば，北側から高ヒマラヤ帯，低ヒマラヤ帯，シワリク山地が平行して走っており，シワリク山地の山麓にタライ（テライ）と呼ばれる沼沢性低地が拡がる．このような条件から，農業の生産性はタライを除けば全般に低く，また産業の立地も限られ，州の経済は観光や出稼ぎ労働に依存していた．

州設立後の経済振興という点では，タライに属する2県（ハルドワール県とウダム・シン・ナガル県）が舞台となっている．2003年に中央政府は同州を「特別カテゴリー州」に位置づけ，特別なインセンティブの適用を決定した．それは物品税の免除，所得税の免除，設備投資への補助金などにより産業を誘導しようとするものである．これは「気前のよい」と形容される政策で，産業側には魅力のある内容となっている．州政府は，この制度を有効に活用すべく，産業立地の受け皿となる大規模工業団地を両県に開発した．写真C1.1は，ハルドワール県に2003年に設立された工業団地であり，開発総面積は8.2km²に及ぶ．電気・電子や医薬品などが立地産業の主体であり，545工場が入居している．同州ではこうしたタライ中心の工業開発により，2004～2009年のわずか5年の間で，工業従業者数が5.2万人から23.9万人に，工業生産額が1007億ルピーから7932億ルピーへと増大した．このレベルの急速な工業化は，経済の高度成長が続くインドでも珍しく，州の戦略は見事に功を奏したと評価されよう．ただし，インセンティブ適用期間終了後の産業誘致は見通しが立っておらず，またタライの発展に対して山間部は低開発状態に置かれたままであり，州内の地域格差が広がるなどの課題をかかえている．

［友澤和夫］

写真C1.1　聖地ハルドワールと工業団地
ガンガー（ガンジス川）の流れがヒマラヤ山系からヒンドスタン平原に注ぐ地，ハルドワールは，ヒンドゥー教の代表的聖地であり，宗教都市として知られてきた．その郊外には，近年大規模な工業団地（破線で囲んだ部分）が開発され，工業都市としての性格を強めている．

2 巨大人口と多民族社会

　インドは，中国についで世界第2位の人口規模を誇る「人口大国」である．また，人口増加率も高いので，今世紀前半には中国を追い抜いて世界第1位になることが予測されている．本章では，インドの人口学的諸特性とその地域的特性について概説した後に，性比や識字率といった指標を取り上げ，それに反映されている社会的課題を明らかにする．また，インドは多民族社会であり，言語をみても多数の母語が確認される．後半では，こうした多言語使用の実情と言語にかかわる政策を取り上げる．

2.1 急増する人口

2.1.1 人口の急増とその要因

　インドの人口は12.1億人（2011年）であり，中国につぐ世界第2位の規模を誇っている．同年の世界人口は70億人と推定されるので，地球上に住む人を無作為に100人集めると中国人19人，インド人17人となり，日本人の2人に比べても，この両国は非常に人口が多いことがわかる．また，インドは人口増加率も高く，2001年からの10年間で人口は17.8%増加した．これは，1年当たりに換算すれば約1800万人，1日当たりでは約5万人というペースで人口が増えていることを意味し，今世紀前半には「一人っ子政策」をとる中国を追い越して，世界第1位になるものと予想されている．

　インドでは，イギリスの植民地支配の一環として19世紀後半からセンサス（人口調査，西暦で下一桁が1の年に調査が行われる．写真2.1参照）が実施されており，100年以上前にさかのぼって人口の動向を追うことができる．これは発展途上国の中では稀なケースであり，人口はもとより同国の社会経済の動きを知るうえで貴重な基礎資料となっている．このセンサスデータを用いて1901～2011年の人口推移をグラフ化したものが図2.1である．これをみると，1901年の人口はわずか2.38億人であったことや，その後人口は増加に転じるが，そのペースには時期的な違いがあることが読み取れる．20世紀初期（1901～1921年）は軽微な増加と減少が認められる程度で，ほぼ静止した状態にあったが，1931～1951年にかけては緩やかな増加をみせるようになった．20世紀前半を通じての年人口増加率は1.0%と，そのペースは比較的緩やかであったといえる．20世紀後半（1960年代）以降になると人口増加は急激なものに変化する．期間全体の増加率は年3.5%であり，10年ごとに約1.5億人増えるペースとなった．世界的にみれば，インドの人口増加率自体は中位レベルに落ち着きつつあるが，母数が大きいために世界で最も人口が増える国となっている．

　人口増減を決定する要因は，社会的増減がないものと仮定とすれば，出生と死亡である．人口1000人当たりの年出生数を出生率とし，その推

写真2.1 村付近の食堂で調査票の整理をはじめるセンサス調査員（UP州ランプル県にて．2011年2月著者撮影）

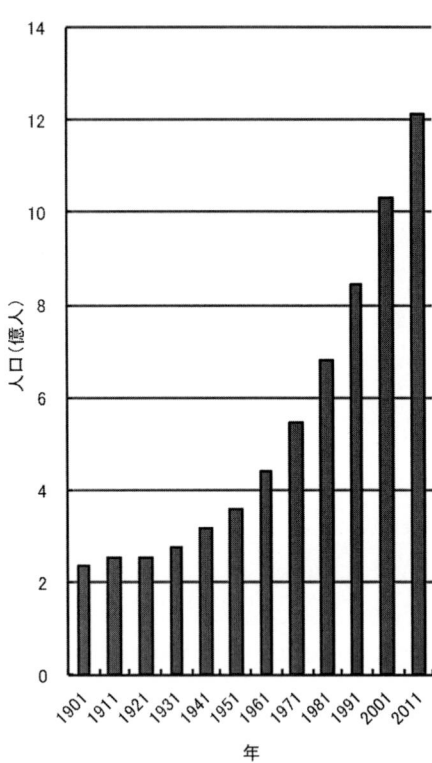

図 2.1　インドの人口推移（1901–2011, Census of India より作成）

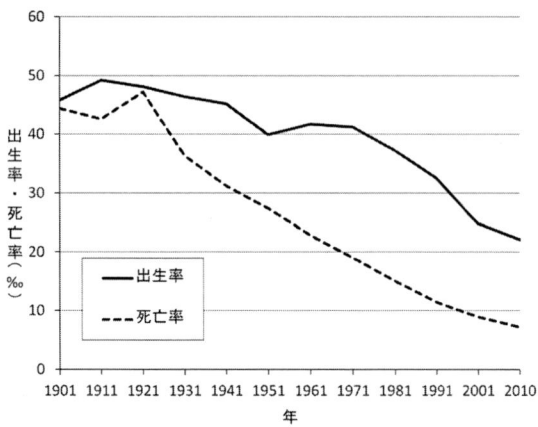

図 2.2　インドの出生率・死亡率（Family Welfare Statistics in India 2011 などより作成）

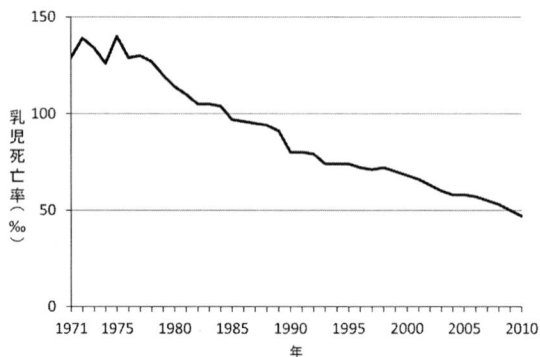

図 2.3　インドの乳児死亡率（Family Welfare Statistics in India 2011 などより作成）

移をみると（図 2.2），1971 年までは緩やかに減少しながらも，1951 年を除いて 40‰ 台が維持され，高水準で安定した状態にあったといえる．それ以降は，人口増加を抑制するための人口政策の導入もあって低下傾向に入り，1990 年代には 30‰ を割り込み，さらに 2010 年には 22.1‰ となった．一方，死亡率（人口 1000 人当たりの年死亡数）は，1921 年頃まで 40‰ を超える高い水準にあったが，その後は一貫して低下し，1940 年代には 30‰ を，1990 年には 10‰ を下まわり，2010 年には 7.2‰ となった．死亡率の低下は，出生率のそれよりも 50 年ほど先行して進んでおり，また高齢化社会に突入した日本の 9.1‰（2009 年）よりも低くなっている．

このような動向は，人口転換論にしたがうと，以下のようにまとめられよう．インドでは 1921 年頃までは「多産多死」の段階にあり，人口は増えも減りもしない静止した状態にあった．それ以降は死亡率が出生率を大きく下まわる「多産少死」の段階を迎え，特に 1971〜1991 年には出生率と死亡率には 20 ポイント以上の開きがみられた．これによって 20 世紀後半には「人口爆発」と呼ばれるほどの急激な人口増加がもたらされたのである．この時期には死亡率の低下が顕著であり，それは医療・公衆衛生の改善や「緑の革命」の成功による食料自給の達成などによって促進された．この点は，当該国の健康水準を端的に表すとされる指標・乳児死亡率（出生数 1000 人に対して 1 年以下に死亡する乳児数，図 2.3）の推移をみても明らかである．同数値は 1975 年の 140 から徐々に低下をみせて，2010 年には 47 となった．この 35 年間で乳児が死亡する確率は大幅に低下し，全体の死亡率低下にも大きく寄与している．近年では，死亡率の低下自体は図 2.2 のようにやや鈍化する傾向をみせているが，出生率との

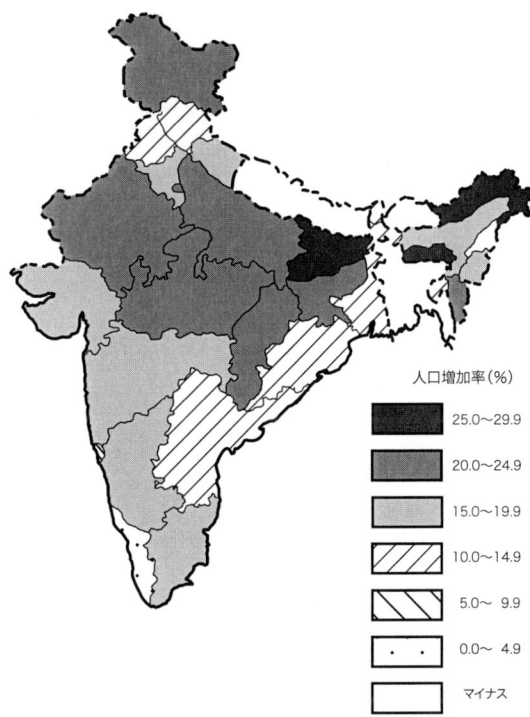

図 2.4 州別人口増加率（2001-2011 Census of India より作成）

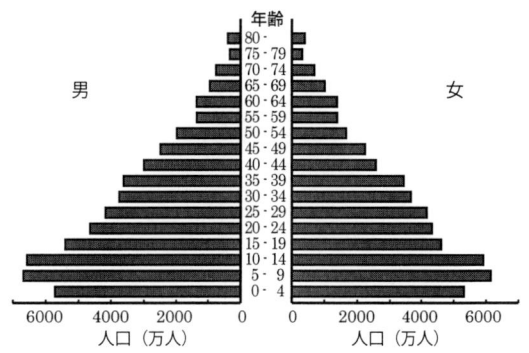

図 2.5 インドの人口ピラミッド（2001, Census of India より作成）

間にはいまだに 10 ポイント以上の開きがあり，インドが「少産少死」の段階を迎えるとしても，早くて今世紀後半以降になるものと思われる．

ただし，州レベルでみれば人口増加の動向には差異がみられる．図 2.4 は 2001～2011 年の人口増加率を示したものである．インド全体では北高南低の傾向があり，20% 以上人口が増加した州はすべて北側に位置する．前章で述べたBIMARU の各州は，いずれも 20% 以上の人口増加をみせており，この急速な人口増加が経済・社会発展の足かせとなっている可能性が高い．一方，南インドに位置するケーララ州は，人口の動向が先進社会に近づいているとされる．この間の人口増加率も 4.9% に留まり，少産少死の段階に入っている．これには，後述するように経済的な要因よりは文化・社会的な要因が作用している．なお，ナガランド州は 1991～2001 年には 64.5%という非常に高い人口増加を経験したが，2001

～2011 年には逆に -0.5% とインドでは唯一の人口減少州となった．ただし，ナガランド州政府は，2001 年センサスの数値を，農村部で過大な人口申告が行われていたという理由で否定しており，一連の人口増減は特殊な要因に基づくと考えられる [1]．

年齢別の人口構成についてもみておく．図 2.5 は 2001 年時点における人口ピラミッドを示す（2011 年のものは執筆時点で未公表）．全体には若年層ほど人口が多く，老年になるほど少なくなるというピラミッド型の人口構成を呈している．ただし，0～4 歳層は 5～9 歳層および 10～14 歳層よりも少なくなっており，この傾向が今後も継続するか否かが注目される．また，人口の半数以上が 24 歳以下から構成されていることも読み取れる．インド人の平均年齢は約 25 歳であり（日本人は約 45 歳），人口構成の若さからもたらされる人口ボーナスが，近年の経済成長の 1 つの要因となっていることが予想される．しかし，同時に毎年労働市場に新規に供給される膨大な数の若者に職を与えることができるのかという課題も抱えている．それが不可能な場合は，失業者の増大など社会的な不安定要因となるからである．そのため，外資の進出や企業の新設などによる雇用機会の拡大が期待されているのである．

---

[1] *The Hindu*（2011 年 4 月 1 日版）によれば，同州の農村部では，人口が多いほど政府からの農村開発計画における割当金が多くなるとの期待から，2001 年には過大な人口数が報告された．2011 年センサスでは，こうした誇張した回答をしないよう指導がなされた結果，マイナス成長となったものである．

2.1.2 人口分布の特徴

インドの巨大人口はどのように分布しているのであろうか．それを知る指標として 2011 年の人口密度（1 km² 当たりの人口）を用いる．インドの人口密度は，独立以降の人口増加にともなって一貫して上昇しており，2011 年には 382 人となった．日本の人口密度の 336 人（2010 年）を上回り，また国土面積が 200 万 km² より大きい国（14 国）の中では，同国の人口密度が最も高い．したがって，インドは人口大国であり，かつその分布密度も高い国であると捉えることができよう．

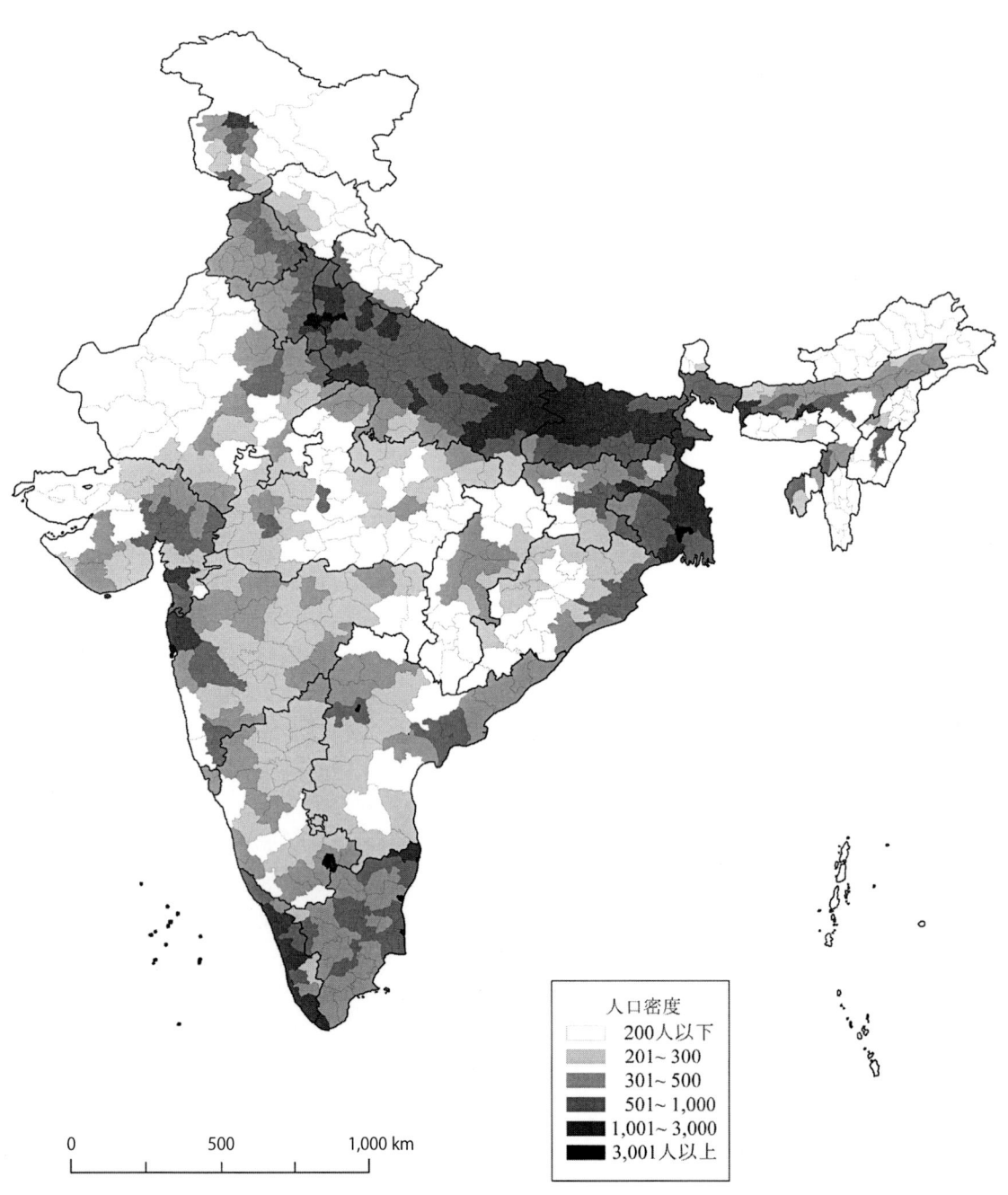

図 2.6　インドの人口密度（2011．Census of India より作成）

図2.6には県を単位とした2011年の人口密度を示す．人口密度が501人を超える場合を高密度，200人未満を低密度とみて，その特徴を述べると，まずはヒマラヤ山脈の手前に広がるヒンドスタン平原が高人口密度地帯となっていることがわかる．この地帯は，州でいえばパンジャーブ州からハリヤーナー州，UP州，ビハール州を経て西ベンガル州に至り，国としての人口密度が1000人を超えるバングラデシュもこれに含めることができよう．ヒンドスタン平原は平坦で可住面積比率が高いこと，気候的にも温帯から熱帯に属し農耕に適していることなどから，インダス文明崩壊以降はインドにおいて相対的に人口が多い地域として今日にまで至っている．世界的にも，当地は中国の沿岸部とならんで有数の広がりをもった高人口密度地帯である．

しかしながら，ヒンドスタン平原の人口密度の高さには2つの地域的側面がある点に留意すべきである．1つは，デリーとその郊外県を含めたデリー首都圏のように，産業活動や投資が集まる地域に対応したものである．そうした地域の人口密度は，高密度地帯の中でも一桁あるいは二桁高い水準にあり，大都市の人口吸引力の強さが表れている．ただし，これに該当する県は少数である．いま1つは，UP州東部から，ビハール州，西ベンガル州に典型的にみられるもので，農村部でありながら人口密度の高い地域の存在である．ここでは，農業以外の産業に乏しく雇用機会に制約があるにもかかわらず，人口増加が継続した結果，貧困問題が深刻化し，社会的な開発も遅れた地域となっている．

ヒンドスタン平原以外では，全般に，沿岸部の沖積地に人口密度が高い県が分布していることがわかる．グジャラート州南東部からマハーラーシュトラ州西北部，ケーララ州からタミル・ナードゥ州にかけて，オディシャー州東部沿岸部からアーンドラ・プラデーシュ州北部沿岸部に至る地域などがそれに該当しよう．これらの地域は自然地理的条件に恵まれているか，あるいは産業や都市が相対的に発達していることが人口密度の高さと結びついている．一方，内陸部では，ハイダラーバードやバンガロールといった大都市などを除けば，概して人口密度は低い．とくにヒマラヤ山系や西インドの砂漠地帯，デカン高原の奥地丘陵に位置する県では，低人口密度となる．興味深いのは主要幹線との対応関係である．たとえば，ラージャスターン州では国道8号（デリーとムンバイーを結ぶ幹線）に沿った県の人口密度が相対的に高い．ムンバイーからプネ，バンガロールを経てチェンナイに至る国道4号沿いも同様に相対的に人口密度が高い．人口の伸び率でも，主要幹線沿いの県は高くなっており，そうした条件が人口の動向に影響を与えているものと予測される．

なお，2001年〜2011年の間に人口密度が減少した県が少数ながら22県ある（先のナガランド州の5県も含む）．これには2つのタイプがある．第1のタイプはデリー内の2県とムンバイー・シティー県，コルカタ県であり，大都市（またはその中心部）に該当する．インドでも大都市では人口の郊外化がはじまり，都市中心部では減少が生じる段階に移行しつつあるといえる．第2のタイプには，逐一県名を挙げることはしないが，山岳や島嶼などの辺境地域に位置する条件的にめぐまれない県が該当する．このように国レベルでは急速な人口増加の最中にあっても，条件によっては人口減少となる県があることが看取された．ただし，同様に山岳や島嶼に位置しても人口が増加している県の方が多数であるので，人口減少の要因分析にはさらに多面的な検討が必要となろう．

2.2 人口の社会特性

2.2.1 性　比

インドの伝統的な慣習，とくにヒンドゥー教の価値観によれば，女性の地位は男性よりも低く扱われてきた．それは結婚における男女の関係において明瞭に認められる．女性は夫に献身的に尽くして家庭を繁栄させ，男子を産み家系を存続させることが義務とされ，それができない場合は周囲からの風当たりはきつく，離婚の原因となることもあった．また，夫への献身は夫の死後まで求められ，その火葬の火の中に自ら身を投げて殉死すること（サティー）が最大の貞節とされるような

風習さえあった．

こうした男性優位・女性軽視の慣習は，人口構成にも影響を及ぼしている．生物学的には女性の平均寿命の方が長いため，出生時の男女比が1：1であれば，性比（インドでは男性人口1000人に対する女性人口として求められる）は理論上1000を超えることになる．事実，日本などの先進国では女性人口が多いが，インドの性比は940と男性人口の方が多い．同様に性比が1000を下まわる国としては，湾岸諸国と中国が代表的である．湾岸諸国では建設ラッシュが続いているが，その労働力は外国からの男性出稼ぎ者に依存しているため性比が低くなっている．慣習的に男子が跡継ぎとして好まれる中国では，「一人っ子政策」がとられているため，妊娠から出産にいたる過程で人工的な調整がなされることがその要因である．したがって，性比を低下させる要因を国際的にみると，男性労働者の流入という社会的要因と，女子より男子が好まれるという伝統的価値観の2つに要約される．インドの場合は後者に該当している．

インドの性比の推移を図2.7に示す．この指標は1901年以降低下を続け，1991年に927という最低値を記録した後は上昇に転じている．その要因は，成人女性の長寿化や人口数把握の精緻化にあると考えられる．その一方で，0～6歳児の性比はむしろ低下していることにインドの課題が如実に現れている．この指標は1961年以来一貫して低下しており，2001年にはじめて全体性比を下まわり，2011年には914と過去最低を記録した．つまり，0～6歳児の性比がこれだけ低いことは，そこに何らかの人為的な介入，たとえば胎児性別診断を経た性選択的中絶がなされていることを意味している（村山，2009）．こうして人為的につくりだされたひずみは，やがて結婚適齢期の男女バランスの偏りを生み，男性の結婚相手不足の深刻化という形で近い将来に顕在化することが明らかである．

インドでは乳児死亡率など，かつて問題とされた人口学上の指標は大きく改善に向かいつつあるが，この0～6歳児の性比には改善の兆しがみら

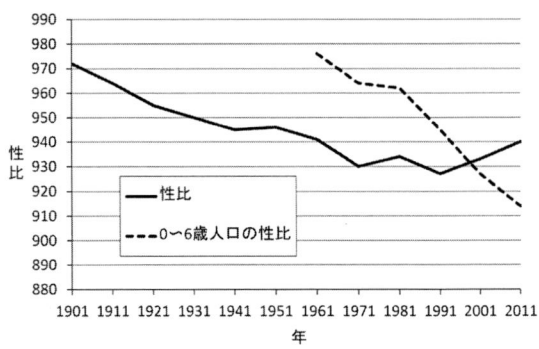

図2.7 インド人の性比の推移（Census of India より作成）

れない．その背景には先述した男子が好まれるという価値観のほかに，婚姻の際に女性側が持参するダウリー（持参金）の負担や高額化といった経済的要因も作用している．女子を生むことの負担の大きさを軽減することが，インド社会の課題として改めて認識されよう．

2.2.2 識字率

識字率は，当該国・地域の教育水準や社会開発の状態を反映する指標である．インドではセンサスの調査対象項目であり，その経年変化を追うことができる．インドにおける識字の定義は，いずれかの言語について読み書きができることであり，識字率は識字人口を総人口で除した数値（百分率）として求められる．なお，1981年までは5歳未満の子供はすべて非識字者と扱われてきたが，1991年からは7歳未満に引き上げられた．7歳以上の人口に占める識字者の割合は実質識字率とよばれ，より実際の識字・非識字状態が示される．

図2.8に1901年以降の識字率の推移を示す．インドの識字率は年々上昇しており，男性は1991年に50％を超え，2011年には64.3％となった．女性も2011年に50％を超えて57.0％となった．識字率には依然として14.2ポイントの男女差があるが，1991年以降は女性の識字率の改善が全体の識字率の上昇を牽引しており，識字率の男女差も1981年の22.1ポイントをピークに大きく減少している．これには，インド政府が国民すべてに初等教育を受けさせる計画を進めている点や，中等教育における女子への教育費補助な

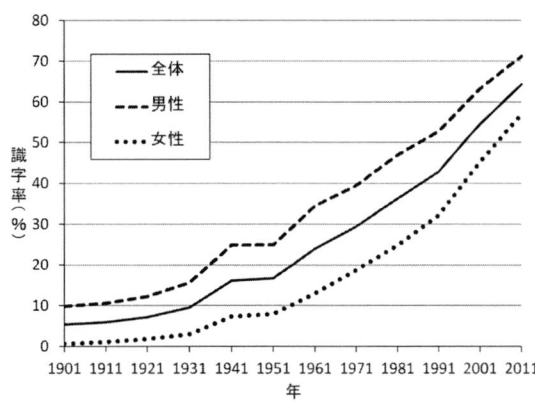

図 2.8 インドの識字率の推移（Census of India より作成）

どの教育振興策が反映しているとみることができる．国際的に比較すれば，インドは高度な教育を受けた人材の供給国としての顔をもつ反面，読み書きができない人口の割合は中国や東南アジアと比べても依然として高い水準にある．今日的には，初等教育の機会は広く与えられつつあるものの，依然として改善されるべき課題も多い（中村，2006）．とくに未就学者の存在や中途での離脱者の発生が大きな課題であろう．その背景には貧困問題があり，子供に労働力としての役割を期待している家庭が一定程度存在することによる．

2011年の実質識字率は全体で74.0%であり，男性82.1%，女性65.5%となる．この指標については，州間の差異をみておきたい（図2.9）．女性の実質識字率が，男性を上回る州は存在しない．また，男性の実質識字率にみられる州間差異は女性のそれよりも小さく，前者では最高のケー

ララ州と最低のビハール州の格差が22.5ポイントであるのに対して，後者では最高のケーララ州と最低のラージャスターン州の格差は39.3ポイントに広がる．したがって，女性の識字率の底上げが，とくにその水準が低い州で一層望まれよう．なお，ケーララ州は男女ともに90%を超える水準にあり，インドの中では優等生的存在である．実質識字率は，前章で述べた1人当たり州内総生産といった経済的指標との相関関係は弱く，別の観点からの説明が有効である．たとえば，ケーララ州では経済的な発展が低調であっても，社会的な開発は先進国並みの水準に達しており，「ケーララ・モデル」として知られる．これには，教育関連の公的支出が積み重ねられてきたという歴史的経緯が大きく作用している（斎藤，2005）．

2.3 多様な民族構成と言語

2.3.1 多様な言語とその系統

インドは巨大な人口をもつと同時に，それが多民族から構成されているという特徴を有している．民族を象徴するものは言語である．インドではセンサスで言語別の話者人口が把握されている．2001年センサスにしたがえば，最大の話者人口を持つのはヒンディー語であり，約4割の国民がこの言語を使用している（表2.1）．人口の1割以上が話す言語はヒンディー語以外になく，同言語の重要性は高いといえるが，10万人以上の話者人口を有する言語は計54もあり，1000万人以上に限っても13を数える．日本語以外の言

表 2.1 インドの主要言語（2001 年）

	言語	話者人口（万人）	構成比（%）	言語系統	地位
1	ヒンディー語	42205	41.0	インド・ヨーロッパ	連邦公用語
2	ベンガル語	8370	8.1	インド・ヨーロッパ	州公用語・指定言語
3	テルグ語	7400	7.2	ドラヴィダ	州公用語・指定言語
4	マラーティー語	7194	7.0	インド・ヨーロッパ	州公用語・指定言語
5	タミル語	6079	5.9	ドラヴィダ	州公用語・指定言語
6	ウルドゥー語	5154	5.0	インド・ヨーロッパ	指定言語
7	グジャラート語	4609	4.5	インド・ヨーロッパ	州公用語・指定言語
8	カンナダ語	3792	3.7	ドラヴィダ	州公用語・指定言語
9	マラヤーラム語	3307	3.2	ドラヴィダ	州公用語・指定言語
10	オリヤー語	3302	3.2	インド・ヨーロッパ	州公用語・指定言語

資料：Census of India, 2001

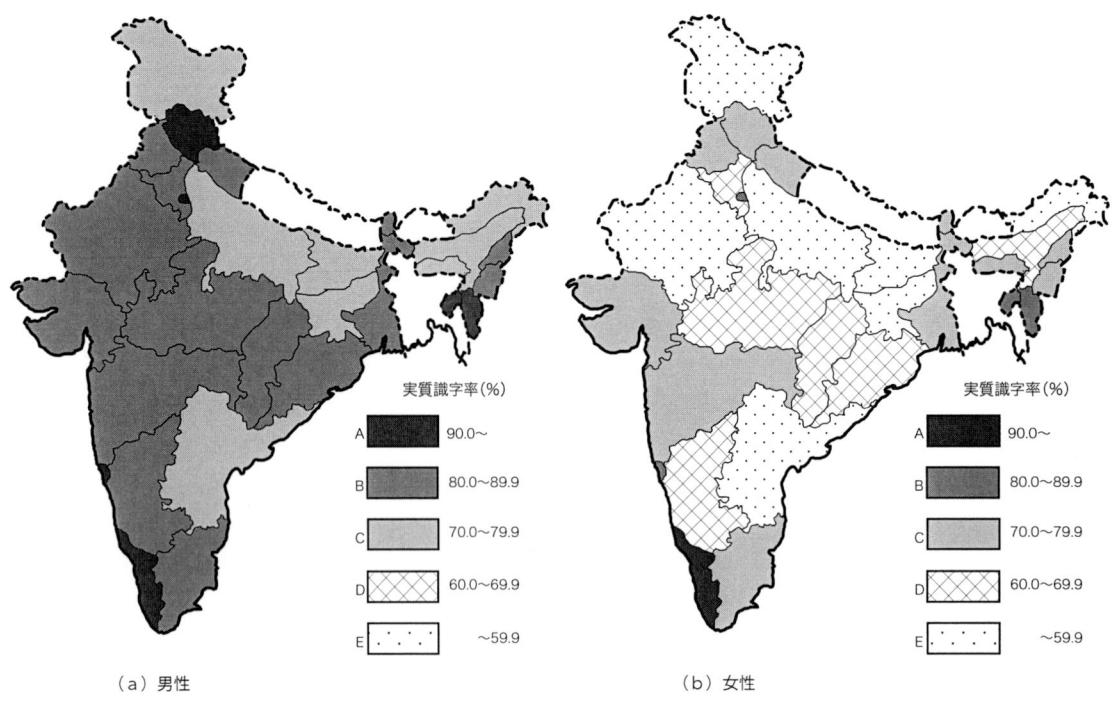

図 2.9 州別実質識字率（2011, Census of India より作成）

語が存在しないといってよい日本と比べると，一国の中で実に多くの言語が使用されている状態にあるといえ，インドを多民族社会ならしめる大きな要因となっている．インドの言語名称は，民族名や地域名に由来することが多く，それらの語の後に言語を表す接尾語iを付して言語名とする形が一般的である．たとえば，ヒンディー（ヒンディー語），ベンガリー（ベンガル語），マラーティー（マラーティー語）などである．タミルのように，民族名と言語名が同じ場合もある．

これらの諸言語を，言語系統のレベルで整理しておく．インドでは，インド・ヨーロッパ語族，ドラヴィダ語族，アウストロアジア語族，シナ・チベット語族の4言語系統が確認されている．インド・ヨーロッパ語族は，アーリヤ系民族の流入によってもたらされたとされ，西アジアから南インドを除く南アジアに広く分布する（図2.10）．ドラヴィダ語族は，世界の他の言語と親縁関係がないとされ，南インドの4州とスリランカ北部に分布する．インダス文明は，この言語を話す人々の先祖によって担われていたことが推定されている．アウストロアジア語族は，かつてはインド亜大陸の広い範囲に分布していたが，後来のインド・ヨーロッパ語族言語の浸透によって，山岳・丘陵地帯やニコバル諸島の少数民族の言語となり，話者人口も少ない．シナ・チベット語族は，チベットやミャンマー方面から入ってきた言語であり，ヒマラヤ山系や北東インドに分布が限られる．この言語を話す人々は，外見上日本人との共通性が認められる．

インド・ヨーロッパ語族には，ヒンディー語やベンガル語，マラーティー語，ウルドゥー語，グジャラート語などインドの有力な言語が属しており，南インドを除くインドで広く話されている．話者人口はインド人口の70数％に及ぶ．ドラヴィダ語族には，テルグ語，タミル語，カンナダ語，マラヤーラム語が該当し，南インドを中心に約20％の話者人口を有している．以上の言語の中には，ベンガル語，ウルドゥー語，タミル語，パンジャーブ語などのように，話者の分布がインドの版図を越えて隣国にまで広がるものがある．また，インドでは，言語分布の境界と州の境界が重なることが多い．これは前章で説明したように，独立後，インド政府が言語分布を基準として

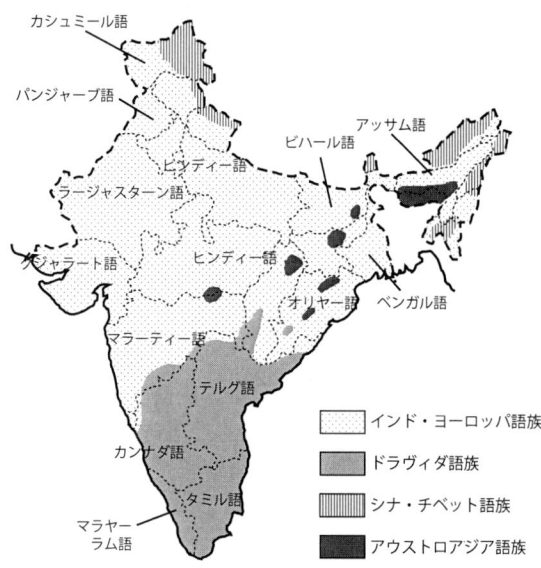

図2.10 インドにおける言語分布（資料：『地図で知る東南アジア・南アジア』（平凡社，1994）ほか

州の再編を進めてきたことによる．そしてこれらの言語が州の公用語とされており，連邦政府からも指定言語（後述）に指定されている．なお，ラージャスターン語やビハール語は，それを話者人口の主体とする州自体はあるが，ヒンディー語との共通性が大きいために指定言語には位置づけられていない．

2.3.2 言語政策と少数民族

インドでは地域主義的な発想を組み込んで州の再編を実行したが，1950年制定の憲法においては，デーヴァナーガリー文字で記されたヒンディー語と英語を連邦の公用語と定めるとともに，英語の使用は漸次減少させることが決められた．1965年に発行した公用語法ではヒンディー語が唯一の公用語とされたが，このヒンディー国語化にはタミル・ナードゥ州など南インドの反発が強く，1967年には同法を改正し英語の併用が確認された．ヒンディー語が国語化されてしまうと，それとは言語体系を異にする南インドの人々は，政治的あるいは経済的な活動において不利な状態に置かれることを危惧したからである．また，アジア初のノーベル賞（文学賞）を受賞したタゴールがベンガル語を母語とするなど，ヒンディー語よりも文化的に優越であると自負する言語の話者には，ヒンディー国語化は到底受け入れられるものではなかった．そうした結果，かつての宗主国であるイギリスが持ち込んだ英語が，インドの一種の共通語としての役割を果たすことになり，近年のグローバル化の中でその地位をより高めている．

なお，インド憲法においては第8附則（諸言語）という項目があり，そこで指定されている言語（「指定言語」（scheduled language））を用いた文化・教育活動が奨励されている．指定言語は，当初は15言語（ヒンディー語を含む）であり，これらは現在でもインドの紙幣に記されている（コラム2参照）．その後，地域主義の高揚に対応して指定言語に追加が行われ，2007年には22言語に増えている．

一方，こうした指定言語以外の言語を母語とする少数民族もインドには多数いる．少数民族の多くは山岳・丘陵などの僻地に住み，長く後進状態に置かれてきた．インド政府は憲法第342条に基づいて，少数民族を指定部族に位置づけ各種の優遇措置を講じて，その地位向上を図っている．2001年センサスによれば，全人口の8.2％が指定部族である．北東部の山岳州で特にその割合が高く，ミゾラム州やナガランド州，メガラヤ州では8割を超える．また，ジャールカンド州，チャッティースガル州，オディシャー州，MP州の丘陵部にも指定部族が居住しており，州レベルでも20～30％の人口がそれに該当する．人口規模が大きい指定部族の中には，自治権の獲得やアイデンティティの確立を求める運動を起こしたりするものがあるが，小規模な部族には，岡橋ほか（1991）で詳しく述べられているように，経済的また文化的な独立性・自立性を失いつつあるものもある．少数民族の地位向上において改善されるべき課題は山積している．　　　［友澤和夫］

引用文献

岡橋秀典ほか（1992）：地方小都市近郊の指定トライブ卓越村・ガデールの森林依存経済．地誌研年報，2：191-226．

斎藤千宏（2005）：ケーララ州の開発経験とエンパワーメント言説．佐藤　寛編：援助とエンパワーメント―能力

開発と社会環境変化の組み合わせ—. pp. 85-104, アジア経済研究所.

中村修三（2006）：インドの初等教育の発展と今後の課題. 立命館国際地域研究, 24：11-33.

村山真弓（2009）：インドにおける性比問題：文献レビュー. 平島成望・小田尚也編：包括的成長へのアプローチ：インドの挑戦. pp. 135-163, アジア経済研究所.

═══ コラム2.1　インドの紙幣 ═══

　図C2.1は，インドの500ルピー紙幣（裏面）を示したものである．中央には，インド独立の父・ガンジーが率いた「塩の行進」が描かれている．1ルピーは約1.5円（2012年10月）であるので，単純に円換算すれば750円となるが，インドの一般庶民の感覚からすれば5000円ほどの価値があるように思われる．

　ところで，この紙幣には何種類の言語が記されているであろうか．まず，右下に英語で500ルピーと記され，左下にはヒンディー語で同様に500ルピーと記されている．ヒンディー語は連邦公用語，英語も準公用語に位置づけられているため，大きく表示されている．これら2言語に比べると字は小さくなるが，左側の四角で囲んだ部分に15の言語で同様に500ルピーと記されている．このようにインドの紙幣は17もの言語で表記されているのである．よく見ると，これら言語の文字の形は類似しているものもあれば，全く違うものもあることがわかる．ドラヴィダ語族に属する4言語（カンナダ語，マラヤーラム語，タミル語，テルグ語）は，文字の形が丸っこくて似ている．その他にも，カシュミール語とウルドゥー語，ヒンディー語とネパール語やマラーティー語の類似性も高く，親縁関係にあることが分かる．このように各言語が，どのような言語系統にあるのかも，文字の形をみればある程度類推できる．

　囲み内の15言語はいずれもインド憲法で指定言語に位置づけられている．指定言語の多くは，いずれかの州において公用語とされている．一方，それには該当しない言語もある．ウルドゥー語は，ムスリムの間で広く使用されている言語で，5千万人を超える話者人口をもつ．ウルドゥー語は，話し言葉としてはヒンディー語に類似しているが，字体はペルシャ文字に由来し右から左に書く．パキスタンでは公用語となっている．また，サンスクリット語は，話者人口自体は約1万4千人（2001年）と少ないが，歴史的・文化的な重要性に鑑みて指定言語に位置づけられている．

　このように紙幣に多言語が記されている状態は，インドには，つまるところ日本における日本語のように国語にあたる言語がないことを象徴している．それと同時に，多様な言語による教育や文化活動を国自体が認めていることを意味しているのである．

[友澤和夫]

図C2.1　インドの公用語が印刷された500ルピー紙幣

コラム 2.2　望まれない女の子—低下する女子乳幼児人口比

インドでは男子の乳幼児（0〜6歳）人口に対して女子の乳幼児人口がかなり少ない．乳幼児人口の性比（男子1000人に対する女子の数）は1981年の国勢調査では962であったが，2001年には927にまで減少した．最近の2011年の国勢調査ではさらに減少させ，914にまで至った．こうした女児人口比の低下の背後には，性選択を目的とした妊娠中絶があると言われている．

インドの，とくにヒンドゥー教徒の間では，婚姻の際に，花嫁の実家から花婿の実家へ持参財（ダウリー）が贈られるのが一般的である．現金，宝石，家電製品，家具，車などその内容は様々である．最近の都市部に住む若い世代の中には，ダウリーの慣習に従わない人たちもいるが，その慣行は根強く，しかも高額化してきていると言われている．そのため，大きな経済的負担となる女子よりも，家督を継ぎ，親の面倒も見てくれる男子のほうが好まれる傾向にある．インドにおいても出生率は低下してきており，そのことが男子を好む傾向に拍車をかけていると考えられる．こうした社会的背景の下で，超音波機器が普及し，胎児の性判別に使用されてきた．性選択を目的とした妊娠中絶を禁止する法律があるにもかかわらず，違法で検査をし，中絶手術を行う医者が後を絶たない．医者にとっても大きな収入増につながるからである．

図C2.2は，2001年と2011年の乳幼児の性比を州別に見たものである．北インドの西部には性比の低い州が目立つ．その中には，2001年よりも改善された州もいくつか見られるが，それでも依然低いことに変わりない．ダウリーはインド北部のヒンドゥーの間で発展してきたと言われているが，これらの数値はそのことを裏づけているようでもある．また，低い数値の州のいくつかが2011年度で数値を高めているのに対して，比較的高い数値を示していた他の州ではほとんどがその数値を低下させている．デリー首都圏においても数値はかなり低く，都市部での妊娠中絶の広がりを示唆している．

インドの有力雑誌Frontlineのマハーラーシュトラ州でのレポート（2012年7月27日）によると，中絶はあらゆる社会経済的階層に広がっているという．また，同レポートでは，インタビューした多くの女性が，（子どもは）男の子でなければならないと考えているわけではないが，（それでも）女の子が生まれた場合は，主に経済的な面で不安を感じると答えたと報告している．

[森　日出樹]

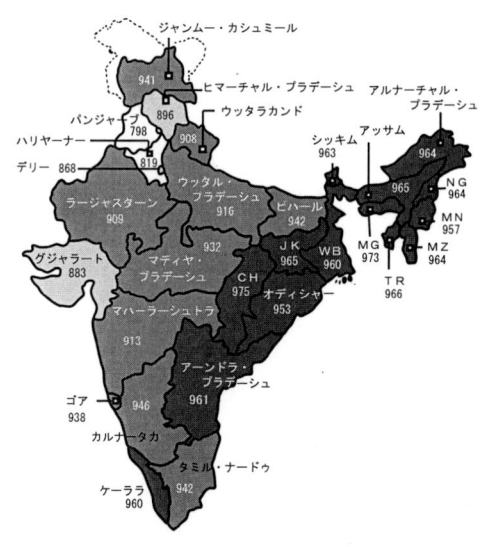

(a) 2001年（全インド平均927）

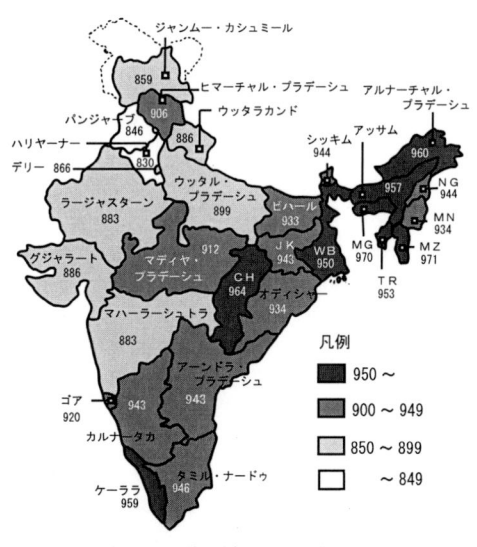

(b) 2011年（全インド平均914）

図C2.2　インドにおける6歳以下の乳幼児の性比（男子1000人に対する女子の数）
JK：ジャールカンド，CH：チャッティースガル，NG：ナガランド，MN：マニプル，MZ：ミゾラム，TR：トリプラ，MG：メガラヤ，WB：西ベンガル．デリー以外の連邦直轄地は地図上に記載していない

3 自然的基礎と自然災害

　南アジアの中心部に位置するインドは，美しいサンゴ礁がみられる熱帯から，世界一険しいヒマラヤ山脈の氷雪気候まで，地球上のありとあらゆる自然環境が凝縮された，変化に富んだ国土を有している．インド洋に突き出した半島部，はてしなく続く西部の砂漠地帯，そして衝立のように立ちはだかる高山地形は，この地域の経済や文化の基層形成に少なからず影響を与えている．本章では自然環境の特徴を概観し，その恵みと厳しさの両面について理解を深めてみよう．

3.1 地形とその成立ち

3.1.1 多様な地形

　南アジアの中心部に位置するインドの国土は，実に多様な地形から成り立っている．その原因は，国土の範囲が広範に及ぶことだけではなく，他の大陸にはない独特な地形の成立過程によるところが大きい．インドの地形は，白亜紀後期（約1億年前以降）にゴンドワナ大陸からインド亜大陸が分離してインド洋を北上し，約5000万年前にユーラシア大陸に衝突したことにより形成されたと考えられている（図3.1）．その後もインド亜大陸はユーラシア大陸の下に潜り込みながら衝突し続けた結果，地殻の厚みが増したことに加え，断層や褶曲により地殻が短縮することによって，ヒマラヤのような巨大山脈が，ユーラシアとインド亜大陸の境界部に形成されたのである．

　このような成立過程は地質構造に明瞭に現われている．ゴンドワナ大陸に起源をもつ南部インド亜大陸の土台を作る地質は，始生代の古い大陸地殻からなっており，表層にゴンドワナ大陸時代の堆積物や衝突直前に噴出したデカン玄武岩を載せている．ゴンドワナ堆積物の中には現在インドの貴重な天然資源となっている石炭が含まれている．北部山岳地帯の地質は，かつてインド亜大陸とユーラシア大陸の間にあったテーチス海の海洋地殻や堆積物，およびユーラシア大陸の地殻が強く圧縮されることによって形成された変成岩類，さらにゴンドワナ大陸の堆積物までも断層や褶曲

古生代末（3億年前）

パンゲアが分裂してローラシアとゴンドワナに

中生代ジュラ紀（1億5000万年前）

ローラシアとゴンドワナが分裂

中生代白亜紀（1億3000万年前）

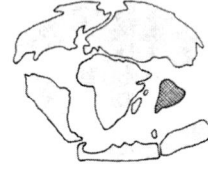

新生代新古第三紀初（6500万年前）

ユーラシアとインドの衝突は5000万年前

現　在

図3.1 ゴンドワナ大陸の分裂とインドとユーラシアの衝突（木崎（1994）により作成）

により折りたたまれた複雑な構造になっている（図3.2）．

　インドの地形は大きく分けて3つの地域に区分

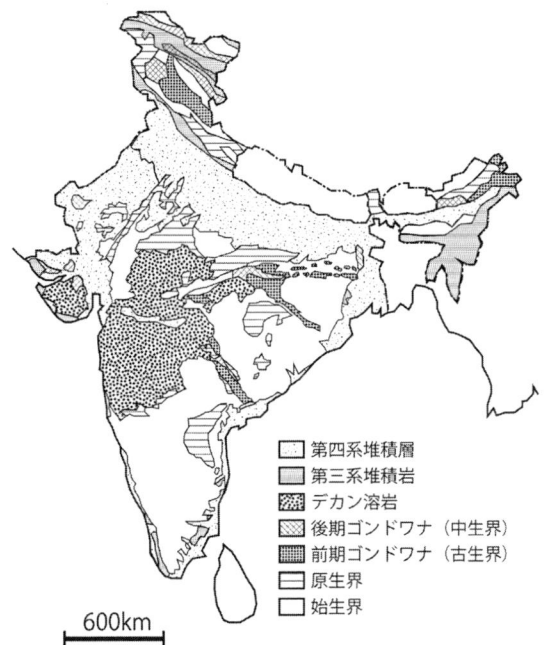

図 3.2 インドの地質（ジョンソン（1986）およびインド地質調査所の WEB サイト（http://www.portal.gsi.gov.in）より作成）

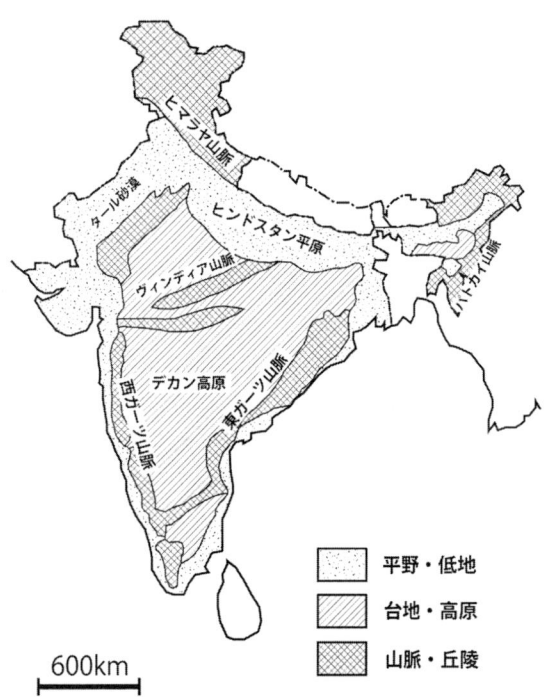

図 3.3 インドの地形区分（ジョンソン（1986）より作成）

される（図 3.3）．すなわち南アジアの北を限るヒマラヤ山脈を中心とする脊梁山脈，モンスーンが涵養する氷河や大河川が脊梁山脈を侵食した結果生産された大量の土砂が，その南面に運搬され堆積して形成されたヒンドスタン平原（Indo-Gangetic Plain），そして，インド洋に三角形に突き出した，かつてはゴンドワナ大陸の一部だったインド亜大陸（インド半島）である．

インド洋上にあるその他の国土として，インド・オーストラリアプレートとユーラシアプレートの境界部に形成された島弧であるアンダマン・ニコバル諸島やインド半島西方のチャゴス・ラカディーブ海嶺上に形成されたサンゴ礁群島であるラカディーブ諸島などがある．

3.1.2 ヒマラヤ山脈

インド北部に衝立のように鎮座するヒマラヤ山脈は，その周辺の山脈も含めると，長さ 2000 km を超え，世界一標高が高い山脈であることから，「世界の屋根」と呼ばれている．世界に 14 座ある標高 8000 m を超える山は，すべてこの地域に分布している（ヒマラヤ山脈 11 座，カラコルム山脈 3 座）．ヒマラヤ山脈は，インド亜大陸の衝突により約 2000 万年前頃から急速に隆起し始め，現在の高さまで持ち上げられた．現在も年間 5 mm くらいの速度で隆起を続けていることが，GPS 観測などから明らかにされている．

ヒマラヤ山脈をさらに細かく地形区分すると，断層帯で区分された 3 列の山地帯に分けられる．一番南側には標高 1000 m 以下の亜ヒマラヤ帯があり，その北側には主境界断層（MBF）をはさんで，標高 3000 m 以下の低ヒマラヤ帯，そしてその北側に主中央断層（MCT）をはさんで，標高 8000 m を超える高ヒマラヤ帯がある．高ヒマラヤ帯の北側にある，チベット高原に続くチベット・ヒマラヤ帯を含めて 4 列に区分されることもある（図 3.4）．

亜ヒマラヤ帯は別名シワリク山地とも呼ばれ，ヒマラヤ山脈が急激に隆起し始めて以降，それに伴う侵食作用により山麓に堆積した河川性の砂礫層が，さらに断層・褶曲により隆起した最も時代が新しい山地である．その南側を縁どるヒマラヤ前縁断層帯（HFT）はきわめて活動的であり，歴

3.1 地形とその成立ち

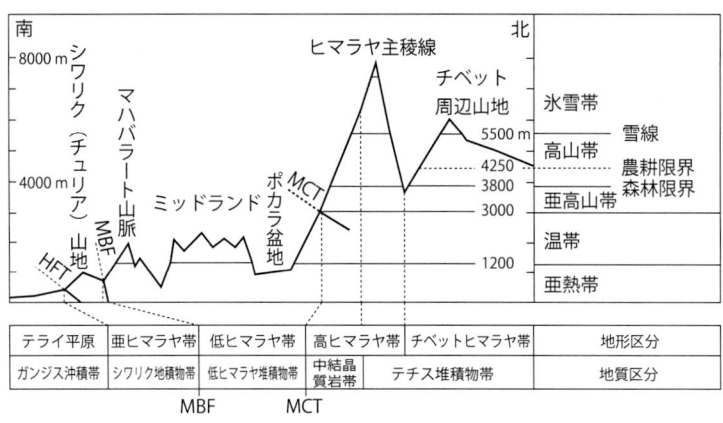

図3.4 ヒマラヤ山脈の地形・地質区分
（木崎編，1988）

史時代にも多くの巨大地震が発生している.

　低ヒマラヤ帯は弱い変成作用を受けた堆積岩からなるところが多く，比較的おだやかな山容である. 稜線付近に発達する地すべり性緩斜面が農地として利用できることから，古くからインドやチベットから人々が入植し，狭い範囲ではあるが，インドとチベットの文化を融合させながら独自の文化圏を形成してきた場所である.

　ヒマラヤを代表する高ヒマラヤ帯は 8000 m を超える高峰が連なる. 標高 4000 m くらいまでは主にチベット系民族が定住しているが，それ以上の高度は夏の放牧地として利用されていることが多く，標高 5000 m を超えると岩と氷河だけの世界である. このような高い山脈の存在は，北部のチベット系文化と南部のインド系文化を遮断する障壁となり，それぞれ独自の世界観が醸成される背景となったと考えられている. また, ヒマラヤ山脈は，インド洋からの夏季の湿潤な気流を受け止め，それによる降水が大河川となって南麓に大量の水を供給する水源としての役割を果たしており，南アジア社会の経済を支える大黒柱とも言える.

3.1.2　ヒンドスタン平原

　インド洋からのモンスーンが涵養する大河川により，隆起し続ける脊梁山脈から大量の土砂が運搬され，その麓に堆積して形成された沖積平野をヒンドスタン平原と呼ぶ. 平原を構成する主な水系は，西部のインダス川水系, 中部のガンジス川水系, そして東部のブラマプトラ川水系の3つである (図 3.5). 雨季の氾濫により，ほぼ毎年肥沃な土壌が供給されることから，インドでは大農業地帯となっている. インド全体の面積では2割以下であるが，人口の4割以上が集中している. 沖積平野が隆起などにより台地化したバンガルと呼ばれる部分と，現成の沖積作用がおよぶ低地のカダールに区分される. 現在では台地も含め灌漑用水路が張り巡らされており, 米の二期作や小麦などを取り入れた二毛作など集約的な農業が行われている. 紀元前 1500 年頃，アーリア人が北方からパンジャーブ地方に侵入して以降，インド・アーリア文化熟成の中心的役割を果たした地域でもある.

3.1.3　インド半島

　インド洋に三角形に突き出したインド半島は，その形成過程からインド亜大陸とも呼ばれ，ユーラシア大陸とは異なった地質からなっている. その地形は全体的に平坦で，標高 300～700 m くらいの東側に緩やかに傾斜した台地状の地形が中心であり，デカン高原と呼ばれている. デカン高原の周辺は高原よりやや標高が高い山地になっている.

　西側の山地は西ガーツ山脈と呼ばれ，北のグジャラート州から南のケーララ州まで 1600 km に渡る長大な山脈である. 平均標高は 1200 m 程度であるが，特に南部は標高が高く，ケーララ州には最高峰のアナイ・ムディ山 (2695 m) がそびえる. 西ガーツ山脈の北部はデカン玄武岩と呼ばれる火山岩からなり，溶岩流の構造により何段か

24　3. 自然的基礎と自然災害

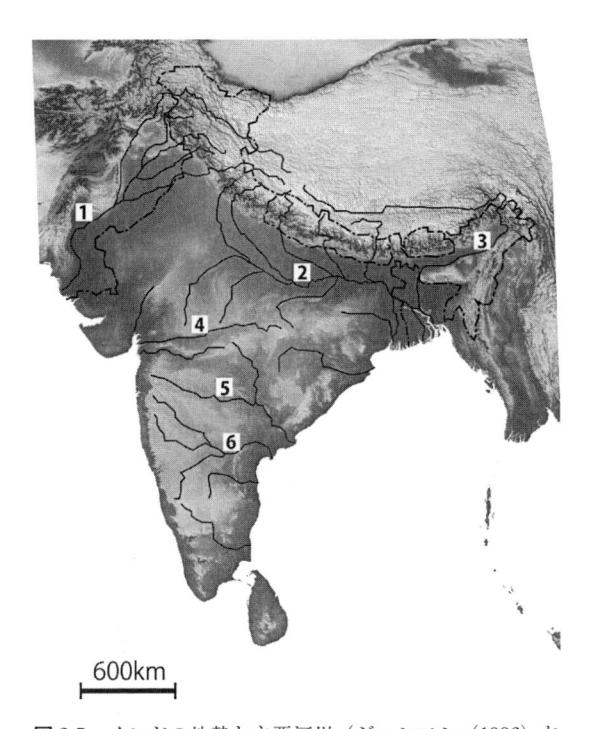

図 3.5 インドの地勢と主要河川（ジョンソン（1986）およびGTOPO30 より作成）
1. インダス川, 2. ガンジス川, 3. ブラマプトラ川, 4. ナルマダー川, 5. クリシュナー川, 6. ゴーダーヴァリー川.

のテーブル状山地になっている．西ガーツ山脈には，アラビア海からの夏季の南西モンスーンが直接吹きつけ，山脈西側を中心の多量の降水がもたらされる．また東に傾斜するデカン高原を横切るゴーダーヴァリー川，クリシュナー川などの水源にもなっており，北部におけるヒマラヤ山脈と同じく，インド半島の農業を支える水源としての機能を果たしている．

東側の山地は東ガーツ山脈と呼ばれ，北部の西ベンガル州から南部のタミル・ナードゥ州に至る長大な山脈である．平均標高は数百mであり西ガーツ山脈に比べ低い．最高峰は中部のアーンドラ・プラデーシュ州にあるジンダーガーダ山（1690 m）である．また，デカン高原を東流するいくつかの大河川の河口部沖積平野により，山脈が分断されている．東ガーツ山脈南部の東海岸平野地域は，西ガーツ山脈とは対照的に，ポストモンスーンのサイクロンと，冬季北東モンスーンがベンガル湾を渡ってくる気流が山脈にぶつかることにより降水がもたらされるため，11月〜1月の降水量が多くなる傾向がある．

インド半島北部には，ヒンドスタン平原との境界部に，ビンディヤ山脈など東西に延びる小山脈や高原地帯が分布している．最高地点は1000 m程度であるが，ナルマダー川など数少ないインド半島を横切って西流する河川が夏季モンスーンに涵養されており，降水量が少ないインド半島北西低地部のグジャラート州にとっては貴重な水源となっている．

3.2 気候と土壌

インドの気候は，その広大な国土のため，地形の場合と同じく多様な気候帯に属している．国土の南限は，ベンガル湾南東部に浮かぶニコバル諸島で，北緯6度45分，インド本土最南端コモリン岬は約北緯8度であり，赤道に近接する熱帯である．一方，北限はインド実効支配地域で約北緯35度，パキスタン実効支配地域を含めると約北緯37度であり，日本の関東地方の緯度と同等である．また，北部には世界の屋根と呼ばれるヒマラヤなどの高山地域があることから，ケッペンの気候区分で言えば，A（熱帯），B（乾燥帯），C（温帯），D（冷帯），E（寒帯，高山帯）が含まれており，ほぼ地球上のあらゆる気候帯を一国内で体験できる珍しい国である．植生や土壌は，気候や地質，および地形と関係して形成され，農業生産性の基礎になっている．

3.2.1 インドの気候

インドの気候は多様であるが，国土の大部分の気候を支配するキーワードは「季節風（モンスーン）」であろう．モンスーンとは，明らかな季節的転換を伴う優勢な気流と定義される．インドにおける季節風とは，夏季の南西モンスーンと冬季の北東モンスーンであり，大気大循環により地表面近くで南北から気流が集まってくる熱帯収束帯が，地軸の傾きに由来する季節変動により，南北に振動することに起因している（図3.6）．6月下旬に北回帰線付近で太陽が真上に来る北半球では，熱帯収束帯も北上し，南半球から吹き込む気流がコリオリ力によって東向きに転向するため，

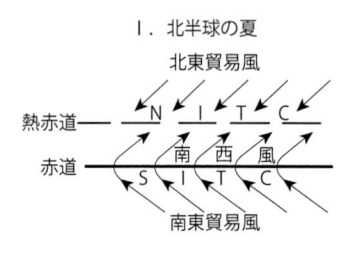

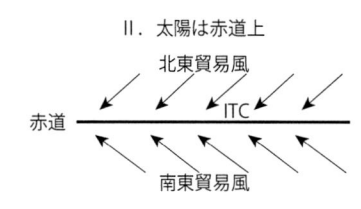

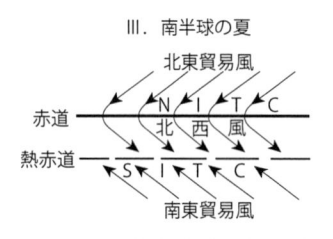

図 3.6 熱帯収束帯（ITC）の季節変動（吉野，1978）

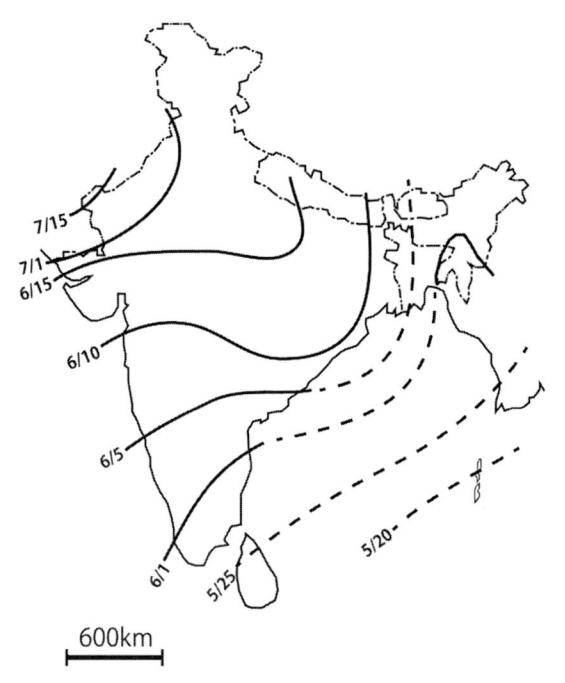

図 3.7 夏季モンスーンの開始日平年値（ジョンソン（1986）より作成）

海水温が高いインド洋西部を通過して南アジアに湿った南西風をもたらす．これが夏季の南西モンスーンであり，南アジアを中心にインド洋から供給される水分と地形的効果によって，多量の降水がもたらされる．反対に 12 月下旬に南回帰線付近で太陽が真上に来る北半球の冬には，南下した熱帯収束帯に向かって，高気圧が張り出したユーラシア大陸から冷たく乾いた北東風が吹き出す．これが冬季の北東モンスーンであり，冬季の冷涼化と，ベンガル湾を通過する気流はインド南東部へ降水をもたらす．このメカニズムは冬季に日本海を渡ってくる北西季節風が，日本列島の日本海側地域に多量の降雪をもたらすメカニズムに類似している．

インド北部を標準として，インド気象庁がモンスーンの変化を基準に，以下のように季節区分を行っているが，国土が広範なインドでは，南部と北部で約 1 ヶ月季節変化にずれが生じることがある（図 3.7）．3 月～ 5 月のプレモンスーン期は，太陽高度の上昇につれて気温が急激に上昇する時期である．首都のデリーでは 5 月には最高気温 40 度を超える猛暑となり，雨はほとんど降らない．6 月～ 9 月の南西モンスーン期は熱帯収束帯の北上によって突然の雷雲とともに始まる．西ガーツ山脈では激しい地形性降雨がある反面，デカン高原西部は雨陰地域となり降水量は少ない．ヒンドスタン平原では南東からヒマラヤ沿いに入ってきた気流により降水が生じ，ヒマラヤから流下する河川は氾濫を起こす．東北部のメガラヤ州などはベンガル湾からの湿った気流と地形効果により多量の降水が生じる．同州チェラプンジでは，1860 ～ 1861 年に 2 万 6461 mm の世界一の年降水量を記録している．10 月～ 11 月のポストモンスーン期は，熱帯収束帯の南下に伴って北方から大陸性高気圧が張り出し，天気が安定し降水はほとんどみられなくなる．晴天が多くなるため 10 月には南西モンスーン期より一時的に気温が上昇し，その後下降に転じる．南部や南東部の海岸地域は，この時期にインド洋で発生する熱帯低気圧（サイクロン）が通過することがあり，多量の降水をもたらす．12 月～ 2 月の北東モンスーン期は，北部では気温が下がり，デリーでは最低気温

が10度を下回る．寒帯前線帯の南下により地中海付近で冬季に降水をもたらす温帯低気圧が，偏西風によりインド北西部まで東進した場合，北西部の山岳地域では冬季に降雨や降雪が生じることがある．一方，南部や東南部の海岸地域では，ベンガル湾を渡ってくる北東からの気流が，東ガーツ山脈の影響で生じる地形性降雨をもたらし，南西モンスーン期を上回る降水がある．

インドにおけるモンスーンの挙動は，いまだインド経済の土台を支える農業にとって非常に重要な役割を果たしており，インドはモンスーンの賜物といわれるゆえんである．おもに降水のパターンや時期に注目して，インドの気候を区分したのが図3.8である．北西部～デカン高原中西部は基本的に乾燥しており，一部は砂漠地帯になっている．これは，インド北西平野部はアラビア海から入ってくる南西からの湿った気流が上昇して凝結するような山地がないためと，東のベンガル湾からヒマラヤ沿いに入ってくる湿った気流もインド北西部に達するまでにかなり水分を落としているためである．ニューデリーでは，年降水量は700 mm程度であり，南西モンスーン期に集中して降り，その他の季節にはほとんど降水がない（図3.9 a）．また，デカン高原中西部は西ガーツ山脈の雨陰地域にあたり降水がきわめて少ない．西ガーツ山脈，デカン高原北東部，およびヒンドスタン平原東部は，アラビア海，ベンガル湾からの湿潤な気流が山地にあたって上昇する際に凝結し，その前面に多量の降水を生じさせるため，多雨で温暖である．西ガーツ山脈の西麓海岸部に位置するムンバイーは，年降水量2000 mmを超えるが，やはり降水は南西モンスーン期に集中する．西ガーツ山脈では多いところで6000 mmを超える降水がある．ベンガル湾からの湿潤な気流が直接ぶつかる東北部は，南西モンスーンに加えて，ポストモンスーン期のサイクロンや寒帯前線などにより，冬季を除き年中多雨であり，1万mmを超える降水が毎年のようにもたらされている．南西部海岸地域は亜熱帯性の気候で，年中温暖多雨であり，マンガロールでは3600 mm程度の年降水量がある．南東部海岸地域のチェンナイでは年降水量は1200 mm程度であるが，北東モンスーン期に降水が多いのが特徴である（図3.9 b）．

3.2.2 インドの土壌

土壌の性質は，土壌母材を提供する表層付近の地質と，河川や風による運搬・堆積作用，気候条件など自然地理的要素に深く関係している．基本的にインドの土壌は，ヒマラヤの山岳地帯，インド半島の古い大陸地殻，そしてその間にあるヒンドスタン平原の沖積層という地質学的な3大区分に規定されている（図3.10）．

インド半島南部～東部に分布する赤色土もしくは赤黄色土は古い大陸地殻を構成する片麻岩や花崗岩が風化して形成された土壌であり，一般的に植物の生育に必要なリン，カリウム，カルシウムなどの養分に乏しく痩せた土壌とされている．しかし，灌漑による塩類化作用を引き起こしにくいことから，灌漑農業には有利に働く場合もある．

インド半島中西部にはデカン玄武岩を母材としたレグールと呼ばれる黒色土が広く分布してい

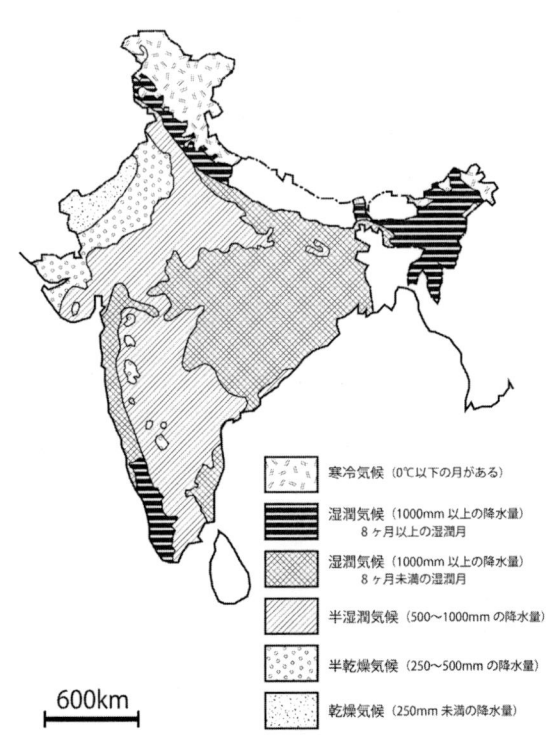

図3.8 インドの気候区分（ジョンソン（1986）より作成）

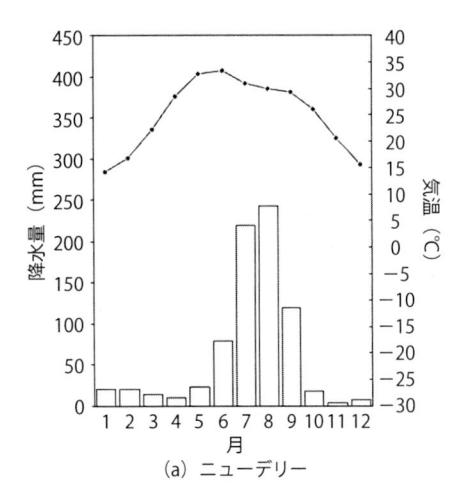

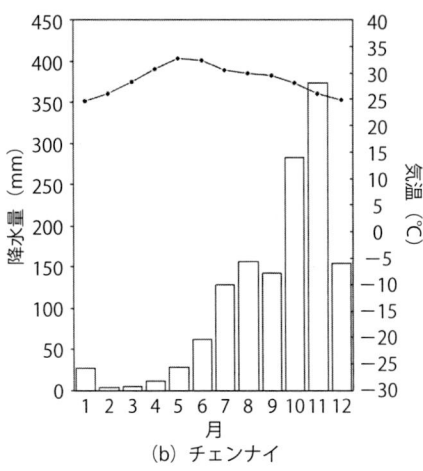

図3.9 インド主要都市の月別平均気温と降水量（理科年表より作成）
棒グラフは平均降水量を，折れ線グラフは平均気温を表す．データは1961年から1990年のもの．

(a) ニューデリー
(b) チェンナイ

る．カリウムやリンなどの養分に富むが，粘土質で保水性が良い反面，乾燥すると固くなってひび割れする欠点もある．黒色綿花土という別名をもち，土壌の性質とともに気候条件も相まって，綿花の作付面積が比較的大きいのが特徴である．レグールはデカン高原だけでなく，西部低地のグジャラート州半島部にも拡がっている．

西部の乾燥地帯には，灰褐色度〜砂質の砂漠土であるが，非常に乾燥しているため，灌漑施設が整えられた環境でなければ農業は成立しにくい．ヒマラヤ山脈の南麓部には森林が広がり，褐色森林土がみられる．

ヒンドスタン平原を構成する新しい沖積土は洪水により養分が毎年供給され，きわめて肥沃である．ヒマラヤ山麓に近い地域ほど，扇状地性の礫質土壌になる．台地化したやや古い沖積層はカンカールと呼ばれる石灰結核を含んでいるのが特徴である．湿潤なアッサムなどの東北部には，古い沖積層が洗脱作用を受け，ラテライト土壌（ラトソル）が形成されている．ラテライト土壌は多雨地域の南西部海岸部にも細長く分布している．ラテライト土壌は，デカン高原中部や東部にも部分的に分布しており，現在の半乾燥気候では形成されないと考えられることから，過去の多雨であった環境によって形成された化石土壌であると捉えられている．

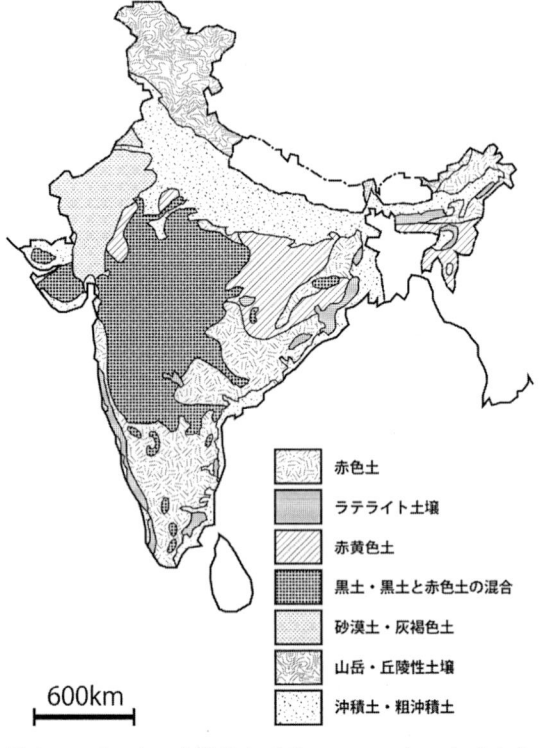

赤色土
ラテライト土壌
赤黄色土
黒土・黒土と赤色土の混合
砂漠土・灰褐色土
山岳・丘陵性土壌
沖積土・粗沖積土

図3.10 インドの土壌分布（ジョンソン（1986）より作成）

3.3 自然災害

自然災害には地震，火山噴火など地球内部に蓄えられたエネルギーに起因するものと，豪雨，高潮など，大気・水循環の過程で生じる気象災害がある．

インドの活火山はバレン島などアンダマン諸島

28　3. 自然的基礎と自然災害

にのみ分布するが，記録にある噴火活動はいずれも小規模な噴火であり，直接的な人的被害を及ぼしたことはない．これに対して地震災害は，ユーラシアプレートとインドプレートのプレート境界であるヒマラヤ山麓で頻繁に発生している．さらに，インドプレート内部のグジャラート州やデカン高原西部などでも時折地震が発生し，大きな被害を及ぼしている．

気象災害に関しては，洪水，土砂災害，干害などは慢性的に発生しており，数百万人規模の被害が生じることもある．

3.3.1 地震災害

インドおよびその周辺では，インドプレートのユーラシアプレートへの衝突により，そのプレート境界付近を中心に，マグニチュード8クラスの巨大地震が100年間に数回の頻度で発生しており，数万人規模の死傷者を出す大災害となっている．また，マグニチュード6〜7クラスの地震は，インドプレートの内部でも発生しており，人口密度が高いことと，建造物の耐震性が低いことなどから，数千人規模の死傷者がでている（図3.11）．

1897年6月12日にインド東部アッサム州とメガラヤ州の境界付近で発生したアッサム地震は，マグニチュード8.1の巨大地震であった．震源となったシロン高原北縁部のオールダム断層は，インドプレート内の活断層で，断層面上で18±7mの変位が生じたとされている（Bilham and England, 2001）．死者の数は1500人ほどと推定されており，地震の規模の割に死者数が少なかったのは，非常に降水量が多い地域であるため，重いレンガ造りの家屋より木造家屋が多かったことが原因の一つではないかとされている．多くの建物や橋梁が倒壊したが，死者は斜面崩壊などの土砂災害によるものも多かった．また，巨大な石碑が空中を飛んで位置を変えていることから，地震動による加速度は重力加速度を上回っていたことも指摘されている．隣国のミャンマーや遠く離れたデリーでも建物が倒壊する被害があった．

1905年4月4日にインド北西部ヒマチャル・プラデーシュ州カングラ地域で発生したカングラ

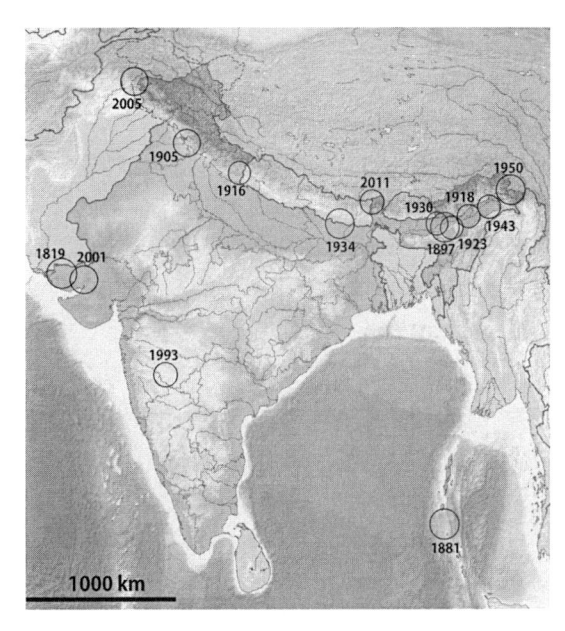

図3.11 インドで19世紀以降発生したM7以上の地震（Ambraseys and Douglas（2004）およびアメリカ地質調査所（USGS）のウェブサイトより作成）
1993年と2011年の地震はそれぞれM6.2とM6.9であったが，被害が大きかったので図示している．

地震は，ヒマラヤ山麓のプレート境界付近で発生した逆断層型の地震で，マグニチュード7.8とされている（Ambraseys and Bilham, 2000）．最近200年間においてヒマラヤ山麓で発生した四大地震の1つである．10万棟以上の建物が倒壊し，死者は2万人を超え，被害額は290万ルピーであった．近隣のダラムシャラなどでも建物崩壊や斜面崩壊などの大きな被害が生じた．

1934年1月15日にインド北部のビハール州北部とネパール国境地域で発生したビハール地震は，マグニチュード8.1の巨大地震であり，3万人を超える死者を出した．ビハール州の州都パトナーはもちろん，震源から300km以上離れたネパールのカトマンズや650km以上離れたコルカタでも多くの建物が倒壊し，多数の死者が出た．特徴的な現象として，震源断層に沿って約300kmも液状化現象が集中し，一帯が水浸しとなった．インド独立の父，マハートマー・ガンディーは，地震後ビハール州を訪れ，ビハール地震はインド政府がカースト差別撲滅に失敗したこ

とに対する天罰であると述べたとされる.

1950年8月15日にインド東部の中印国境付近で発生したアッサム・チベット地震は，マグニチュード8.6という巨大な地震であり，全世界で20世紀に発生した地震では9番目に大きいものであると同時に，海洋プレートの沈み込みによらない地震としては世界最大規模の地震として知られている．死者数はインド側，中国側合わせて1500人を上回り，多くの建物が倒壊した．また，多くの場所で谷壁斜面の崩壊が発生し，地すべりダムによる広域の冠水や，村全体が地すべりによって河川に崩れ落ち流失する災害も発生した．

ヒマラヤ山麓で発生する巨大地震に加えて，インド西部のグジャラート州周辺でもマグニチュード7以上の大地震が発生している．被害が大きかった地震としては1819年6月16日に発生したカッチ地震（M=7.7～8.2）は1500人以上の死者を出した．この地震に伴って「アッラーバンド」と呼ばれる高さ6m，幅6km，長さ80kmに渡る隆起帯が出現し，それによって堰き止められた河川が氾濫し，1000 km^2 にも及ぶ大規模な堰止め湖（シンドリ湖）が出現した．同地域では2001年1月26日にもグジャラート地震（M=7.6～7.7）が発生し，2万人を超える死者を出し，40万以上の家屋が倒壊した．これらの地震はインド．ユーラシアプレート境界から400 km以上離れているが，中生代に活動した東西方向の正断層群が，最近逆断層として再活動し始めたのではないかと推定されている．

大きな地震が歴史上まったく発生した記録がないデカン高原西部のマハーラー・シュトラ州でも，1993年9月30日にマグニチュード6.4の中規模地震が発生した．耐震構造をもたない脆弱な建物が多かったため，地震の規模の割に死者数が多く7000～1万人とも言われている．プレート内断層による地震と考えられるが，安定したインドプレート内部でなぜこのような断層が突然活動したのかについてはさまざま議論がある．震源近くに作られたダム湖が断層活動の引き金になったのではないかとも言われている．

インド半島南東岸やアンダマン・ニコバル諸島では，2004年12月26日に発生したスマトラ大地震の際発生した津波による被害も受けており，インドでは死者は1万2000人以上と推定されている．

インド気象局は地震危険度を5段階に分類した地震危険度マップを発表している（図3.12）．

3.3.2 気象災害

洪水，高潮，高波などによってもたらされる多量の水が原因となって引き起こされる災害を一般に水害と呼ぶ．豪雨に伴う山崩れや土石流などは土砂災害として区別される．また，海底面の地殻変動などによって生ずる津波は，地震災害の一種とされる場合が多い．降雨が平年に比べ非常に少なく，水不足の状態になることを渇水というが，特に農業に関する水不足について記述する際には干ばつという言葉を用いることがある．干害とは渇水による被害の総称を指す．

インドでは，夏季の南西モンスーンにより，ヒマラヤ南麓や西ガーツ山脈西麓に大量の降水がもたらされる．また，これに加えて，ポストモンス

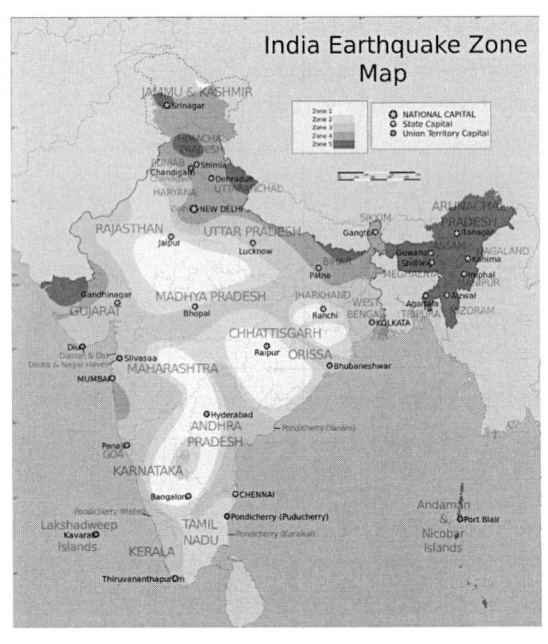

図3.12 インド地震災害区分図（口絵参照，インド気象庁のウェブサイトなど）
Zone1 地震危険度最低（MM V ≧），Zone2 地震危険度低（MM VI），Zone3 地震危険度中（MM VII），Zone4 地震危険度高（MM VIII），Zone5 地震危険度最高（MM IX ≦），MM scale（改正メルカリ震度階級）

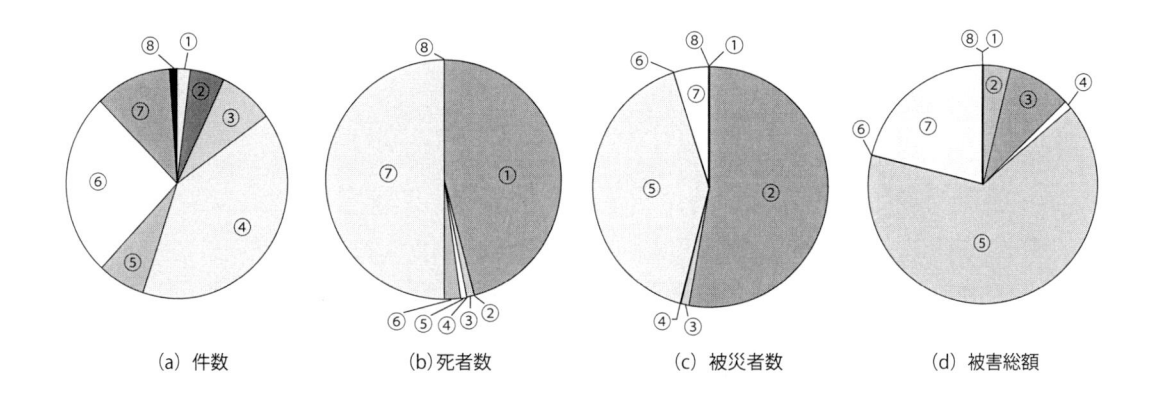

	(a) 件数	(%)	(b) 死者数	(%)	(c) 被災者数	(%)	(d) 被害総額	(%)
①	干ばつ	2	干ばつ	46	疫病	<1	疫病	<1
②	地震・津波	5	地震・津波	<1	干ばつ	53	干ばつ	4
③	気温異常	8	気温異常	1	地震・津波	1	地震・津波	9
④	洪水	40	土砂災害	<1	気温異常	<1	気温異常	1
⑤	土砂災害	7	洪水	1	洪水	41	洪水	65
⑥	暴風雨等	26	暴風雨等	2	土砂災害	<1	土砂災害	<1
⑦	疫病	11	疫病	50	暴風雨等	5	暴風雨等	21
⑧	その他	1	その他	<1	その他	<1	その他	<1

<1 は 1% 未満を表す.

図 3.13 インドにおける 20 世紀以降の自然災害（疫病を含む）発生状況（International Disaster Database より作成）
各グラフの番号の指示内容と割合は左の表のとおり.

ーン期にはベンガル湾沿岸地域を中心に大量の降水をもたらすサイクロンが通過する．このため，洪水による水害や山地での斜面崩壊による土砂災害は，ほぼ毎年のように各地で発生し，インド・南アジアでは最も被害が大きい災害となっている（図 3.13）．近年では，2008 年のモンスーン期に大量の降水があり，インド西部のマハーラー・シュトラ州から中北部のアーンドラ・プラデーシュ，ビハール州を中心に大きな被害を受けた．ネパールとの国境に近いビハール州ではヒマラヤ山脈から流れるコシ川が人為的に固定された流路から大規模に氾濫し，洪水後には数キロ東側の旧流路に本流が移動した．この洪水で農地や住宅地が大規模に冠水し，住民 120 万人に大きな被害を与えた．インド政府は，2008 年の洪水は最近 50 年間では最大の被害を出した洪水であり，被災地に 2 億 3000 万ドルの援助を行うと発表した．多雨の傾向は 2009 年にも継続し，南部や北東部の州に死者を出す被害が出た．

1977 年 11 月 19 日にインド南部アーンドラ・プラデーシュ州を襲ったサイクロンは，史上最悪の被害をもたらした．確定数で 1 万 4000 人以上の死者，推定では 5 万人以上，被害額は 5 億ドルに達した．被害はクリシュナー川河口部のデルタ地帯に集中し，高潮や地すべりなどにより多くの死者・行方不明者が出ただけでなく，十数隻の船舶も強風により沈没した．

主要産業が農業であるインドでは，雨が平年より少なくなる干ばつも深刻な被害を及ぼす気象災害である．干ばつの深刻さは，洪水に比べて被害が広域に及ぶことや，飢饉に加えて疫病の発生など影響が長期に及ぶ可能性が高いことである．図 3.14 は降水量が平年値の 25% 以下になりやすい，いわゆる干ばつ常襲地域を示している．

干ばつは，通常なら適度な降雨があり，人口支持力が高い地域に発生した場合，その影響はさらに深刻なものとなる．19 世紀半ばにオリッサ州で発生した干ばつでは 100 万人を超える死者を出した．

20 世紀に入ってからも数十年間隔で規模が大きい干ばつは常に発生している．1965〜66 年に主にインド北部の地域で発生した大干ばつは，米の収量が 70% 以上減少した州もあり，きわめて深刻な干ばつとなった．インド気象局によれば，

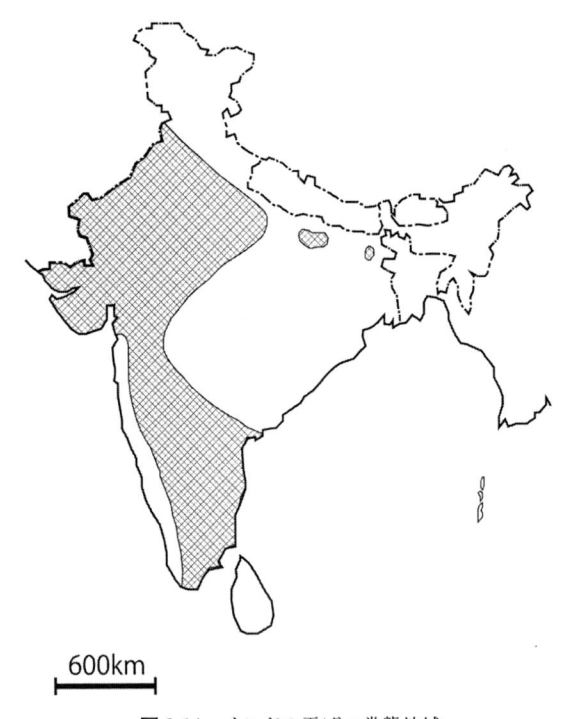

図 3.14 インドの干ばつ常襲地域
網掛けは平均降水量の25％以下になる確率が20％以上ある地域を示す（ジョンソン（1986）により作成）.

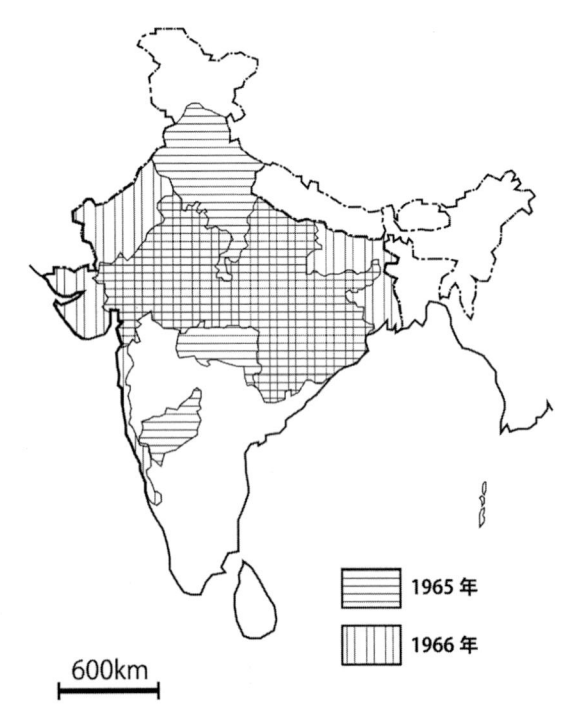

図 3.15 1965年と1966年にモンスーン降水量が対平年比−20％以下だった地域（ジョンソン（1986）より作成）

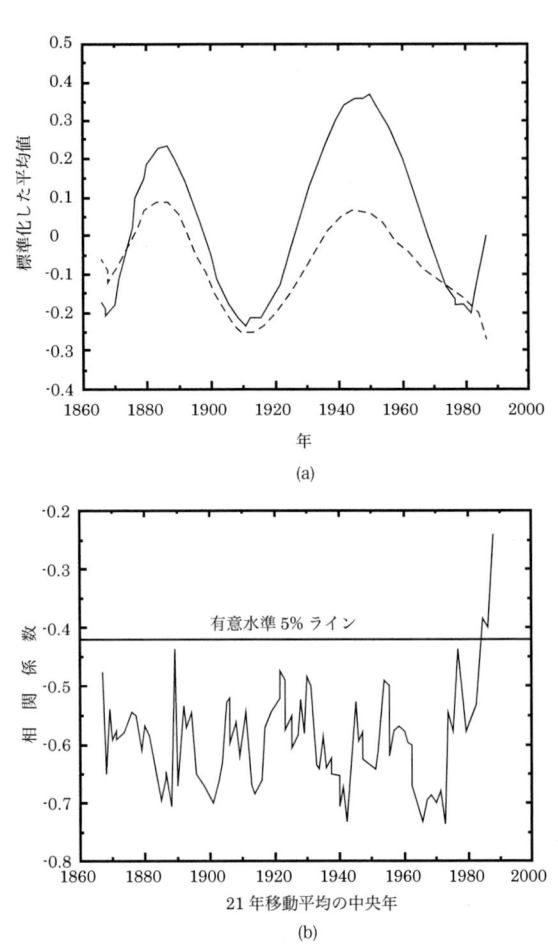

図 3.16 インド夏季モンスーンとエル・ニーニョ（ENSO）の相関関係（Kumar et. al.（1999）より作成）
(a) 平滑化したインド夏季（6月〜8月）モンスーン降水量（平年値で標準化）の21年移動平均値（実線）と中部赤道太平洋における海面水温（点線）との関係. 海面水温は対比をわかりやすくするため反転させている.
(b) 両者の相関係数の経年変化. 1980年代後半までは有意な負の相関関係が認められる.

平年値の上下19％以下の範囲での降水は平常とみなされ，20％以上多い場合は多雨，20〜60％少ない場合は雨不足，60％以上少ない場合は寡雨とされる. 1965年と1966年のモンスーン期の対平年比−20％以下だった地域を示したのが図3.15である. 両年とも雨不足の地域が北部を中心に広く分布しているのがわかる. 実際にこの時期に発生した干ばつによる死者は150万人を超えるといわれている.

最近では2000年〜2003年にかけて少雨の年が

続き，ラージャスターン州では平年比で70％以上降水が減少した年もあった．インド全域でも30〜40％前後の降水の減少があり，インド全域で干ばつ状態に陥った．

インドでのモンスーンの異常は，太平洋のエル・ニーニョ（ENSO）やインド洋ダイポール（IOD）の発生と関係が深いことが近年指摘されている．たとえば，インド夏季モンスーンとエル・ニーニョの関係をみると（図3.16），インド夏季モンスーン降水量の21年移動平均値と中部赤道太平洋における海面水温（点線）には，1980年代後半までは有意な負の相関関係が認められる．このような相関関係のメカニズムについては，大気と海洋の相互作用の観点から総合的に解明する努力が続けられており，近い将来，インドモンスーンの正確な長期予報が可能になるかもしれない．

[前杢英明]

引用文献

木崎甲子郎（1994）：ヒマラヤはどこから来たか―貝と岩が語る造山運動―．中公新書．

ジョンソン，B. L. C. 著，山中一郎ほか訳（1986）：南アジアの国土と経済―第1巻インド―．二宮書店．Johnson, B. L. C. (1983): *"India; Resources and Development."* Heinemann Educational Books.

木崎甲子郎編著（1988）：上昇するヒマラヤ．築地書館．

吉野正敏（1978）：自然地理学講座2 気候学．大明堂．

Ambraseys, N. N. and Douglas, J. (2004): Magnitude Calibration of North Indian Earthquakes. *Geophysical Journal International*, **159**, 165-206.

USGS：http://earthquake.usgs.gov/earthquakes/world/india/seismicity.php

International Disaster Database：http://www.emdat.be

インド気象庁：http://www.imd.gov.in/main_new.htm

Kumar, K. K., Rajagopalan, B. and Cane M. A. (1999): On the Weakening Relationship Between the Indian Monsoon and ENSO. *Science*, **284**, 2156-2159.

Bilham, R. and England, P. (2001): Pkateau Pop-up during the 1897 Assam Earthquake. *Nature*, **410**, 806-809.

Ambraseys, N. and Bilham, R. (2000): A Note on the Kangra Ms＝7.8 Earthquake of 4 April 1905. *Current Science*, **79**, 45-50

コラム3　インダス文明と環境変化

ここ1万年間の温暖で安定した地球環境のもとでは，技術や社会の発達により，地球表面のエクメーネ（可住地域）は拡大する方向で推移してきた．しかし，それは必ずしも安定的に拡大してきたわけではなく，技術や社会が未発達な古代文明社会においては，環境変化に起因したエクメーネの不安定化は，現在とは比べものにならないくらい当時の社会に深刻な影響を与えたであろう．環境変化が引き金となって衰退したとされる過去の文明・民族集団には，インダス文明，中米のマヤ文明など，低温や乾燥の狭間で翻弄された多くの事例が指摘されている．

インダス川は，ヒマラヤやカラコルムの氷河の融け水などを集めてアラビア海に注ぐ南アジア最大級の河川である．インダス川の流域やその周辺地域には，紀元前3000～2000年紀にモエンジョ・ダーロやハラッパーなど，都市を中心とするインダス文明（ハラッパー文明）が栄えたことで有名である（図C3.1）．また，インダス文明の他の四大文明との相違点は，全体を統治するような中央集権的な組織がなかったのではないかということと，インダス印章などに記されているインダス文字が解明されてないため，文明の詳細がいまだに謎に包まれていることなどである．さらにインダス文明は，文化繁栄期である盛期ハラッパー文化期（紀元前2500～1900年）に続くポスト都市ハラッパー文化期（紀元前1900～1000年）には多くの主要な都市が放棄され，集落の数が急減したことが遺跡の調査などから指摘されている．紀元前1900年頃を境に，文明の急激な衰退，もしくは文明拠点の大規模な移動が行われた原因として，北部からのアーリア人侵入・征服説，自然環境変化原因説，過剰土地利用説などが挙げられている．アーリア人侵入説は現在では否定的見解が多いが，自然環境変化原因説に関しては，現在でも大きく分けて以下のような可能性が議論されている．① 気候の変化，とくにモンスーン変動による乾

図C3.1　インドの水系と主要な遺跡

燥・寒冷化による農牧業への悪影響．② ガッガル・ハークラー川（旧サラスヴァティー川）の河道変化による急激な水量低下と流域都市社会の崩壊．③ インダス川下流部での大地震と洪水による中心的都市の壊滅．④ インド西部沿岸の地盤隆起による港湾都市の機能障害と，それに伴うメソポタミアなどとの貿易衰退．

インダス文明を窮地に追い込んだ可能性がある自然環境に関わるこれらの"事件"については，現在もさまざまな手法で検証が行われている．最新の研究成果によると，②や③のような天変地異に原因を求める説には，否定的な報告が多い．また①や④のような比較的長期間にわたる環境変化に関しても，自然環境の変化が直接文明衰退をもたらしたわけではなく，受け入れる人間社会側の脆弱性や復元力が，文明の持続性を左右する要素としてもっと重要ではないかという指摘もある．

［前杢英明］

4 農業の発展

インドは，世界有数の農業国に変貌した．耕地面積は世界で最も広く，穀物生産量は中国に次ぐ世界第2位に達している．慢性的な飢餓に悩まされていた1960年代以前のインドの姿は，もはや完全に過去のものになったと言える．その一方，農業が相対的に成長力を失っていることも事実であり，このことが農村部の貧困問題を生じさせてもいる．本章では，食料事情を劇的に変えた「三色の革命」に特に注目しながら，インド農業の発展過程と地域的多様性について概観していく．

4.1 農業の発展過程

農村部の貧困は，インドにおける主要な社会問題の一つである．近年の急速な経済発展に伴って，都市と農村の格差はますます拡大している．その要因として，農村部における過剰人口の滞留と，基幹産業である農業が相対的に成長力を失っている点を挙げることができよう．

2011年の国勢調査によると，インドの総人口は12.1億人．発展途上国としては農村人口率（68.8％）が高いうえに，農村部の労働参加率（人口に占める労働者の割合）は41.8％と低い．そして，農村部の労働者3億4860万人のうち，耕作者が1億1497万人，農業労働者が1億3699万人を占める．合計すると，農村労働者の7割強が農業に従事している．農村部における過剰労働力の吸収先として，農業は依然として重要な地位を占めている．ところが，GDPに占める農業の比率は，1970年代から低下し続けてきた．1970年には42.3％あった農業の構成比は，1990年に30.0％を割り込み，2010年には14.2％にまで低下した．インド経済に占める農業の地位低下が，農村部にさまざまな困難をもたらしている．

現在みられるインドの都市の多くは，イギリスによる植民地経営の拠点として形成されたものである．それゆえ，18世紀以前のインドでは，人口のほぼすべてが農村部に住んでいた．しかし，当時の総人口は1億人強にすぎず，農村部の人口密度は低かった．タミル・ナードゥ州のある地域では，耕地比率が32％と低く，耕地の拡大余地も十分に残されていたという（水島，2008）．また，非農業従事者人口比率が45％と高く，農家の平均耕地面積は6.22 haと広かった．これは，農村内部にさまざまな職業が存在し，それぞれの職業が親から子へと代々継承されていたためである．このように，カーストに基づく職業規制と生産物の取分権とが結びついた分業体制（ミーラース体制）が，在地社会の再生産を可能にしていた．

ところが，植民地化によってミーラース体制は崩壊し，19世紀にはライヤットワーリー制に移行していく．土地は細分化され，それぞれの地片について定められた税額を支払う義務がライヤット（農民）に課されたのである．ザミーンダーリー制が採られた3州（ベンガル，オリッサ，ビハール）を除いて，農村は小農で満ちあふれ，中間階層は消滅し，相互扶助的な農村共同体は崩壊した．新規の農地開発も積極的に進められた結果，19世紀後半には利用可能な農地をほぼ開発し尽してしまう．しかし，劣等地までも農地化した無理がたたり，農業生産は不安定化した．人口が数倍に急増する一方で，納税義務を果たすために商品作物の生産がさかんになったため，ひとたび干ばつが起きると深刻な飢饉になった．19世紀中にインドで餓死した人は，2000万人を超えるという．さらに，1920年代以降の急速な人口増加と農産物価格の変動により，農村部は困窮の度合いを深めていく．居住と就業の機会を求めて大都市に移り住む人や，インド国外への移民を選択する人も増えた．それでもなお，総人口の80％以

上が依然として農村部に滞留していたため，農村部における貧困問題が顕在化するようになった．

1960年代以降における農業技術の革新，すなわち「三色の革命」の進展や灌漑施設の普及によって，インド農業の生産性は飛躍的に向上した．しかし，技術革新の普及テンポは地域によって異なり，農村間の格差は拡大の一途をたどった．地力や水資源の劣化も著しく，農業生産がますます不安定化した地域もある．さらに，都市における工業やサービス業の急速な発展は，都市と農村間の経済格差を拡大させた．農村経済は，都市住民や海外移民からの送金への依存度を高めていく．都市部や海外に移動する経済力がある上層農が相次いで離村し，小農化した下層農が農村部に残されることになった．また，農村経済の多様化も進み，工業やサービス業のウェイトが年々高まってきた．農業は，過剰労働力の吸収先として機能し続けているものの，その経済的地位は農村内部においても大きく低下した．こうした傾向は，1990年代以降の急速な経済成長によって，さらに助長されている．

こうした問題に対処するため，インド連邦政府は2000年に「国家農業政策」を策定した．州政府に広汎な自治権が認められているインドにおいては，国防・外交・通信の3分野のみが連邦政府の専管事項とされている．そのため，農業政策の枢要な部分の多くは，それぞれの州政府によって策定・実施されてきた．もとより，技術革新の支援や公的分配システムの実施など，連邦政府が長らく手掛けてきた農業政策の重要性を看過することはできない．とは言え，農業政策において連邦政府はあくまで補助的な位置付けであり，ゆえに州ごとに独自性の強い政策が展開されてきた．連邦政府による中長期的な農業政策に関しても，1947年に策定された第1次五カ年計画以来，経済開発計画において言及されるのみだった．しかし，農村部の貧困問題につながる農業政策の重要性に鑑み，連邦政府として農業政策を特に重視する姿勢を打ち出すために，「国家農業政策」を策定したものといえる．2007年には，「国家農業政策」を全面的に見直した「国家農業者政策」が策定され，連邦政府の農業予算も2051億ルピーから5480億ルピーへと大幅に増額されている（野島・立花，2008；日本総合研究所，2011）．

連邦政府が実施する農業政策の中で，最も重要なのが公的分配システム（PDS, Public Distribution System）である．これは，消費者省の関連機関であるインド食料公社が，コメや小麦などの買い付けと売り渡しを行う制度である．政府が定めた最低保証価格にて上限を定めず買い付けることで，農家が再生産可能な価格水準を支持している．また，穀物の備蓄機能を備えた制度であるうえ，売り渡し価格が市場価格より安めに設定されているので，物価を安定させる効果もある．貧困ライン以下の世帯（BPL, Below Poverty Line）に対しては調達コストを下回る価格で販売されるなど，貧困対策としての性格も併せ持っている．さらに，地域間に生じた食料需給のアンバランスを是正する役割もある．現在では，コメや小麦の総生産量の2割程度が，PDSによる流通ルートに乗せられて消費者の手に届けられている．

4.2　農業地域の分布と変化

インドの国土面積は328万km²．そのおよそ半分にあたる159万km²が，耕地として利用されている．世界の総耕地面積のうち11.3%が，インドに分布している計算になる．そして，この広大な国土には多様な自然環境が存在する．各地域では，気候や土壌の特性を生かした農業が営まれている（図4.1，図4.2）（日本総合研究所，2009）．

穀物の中で最も生産量が多いのは，コメ（9530万t）である（図4.2）．インドではさまざまな品種のコメが栽培されており，一説には20万種もの在来種が現存しているといわれる．「インディカ種」と呼ばれることが多い長粒種だけでなく，日本のコメによく似た短粒種や，生産性が高いといわれる中粒種など，さまざまな品種が栽培されている．コメが多く栽培されている地域は，水が豊富に得られる地域に限られる（図4.1 (a)）．すなわち，西ベンガル州を筆頭とするベンガル湾沿いの諸州と，ガンジス川が流れるヒンドスタン平原である．また，灌漑設備の整備が進んでいるパ

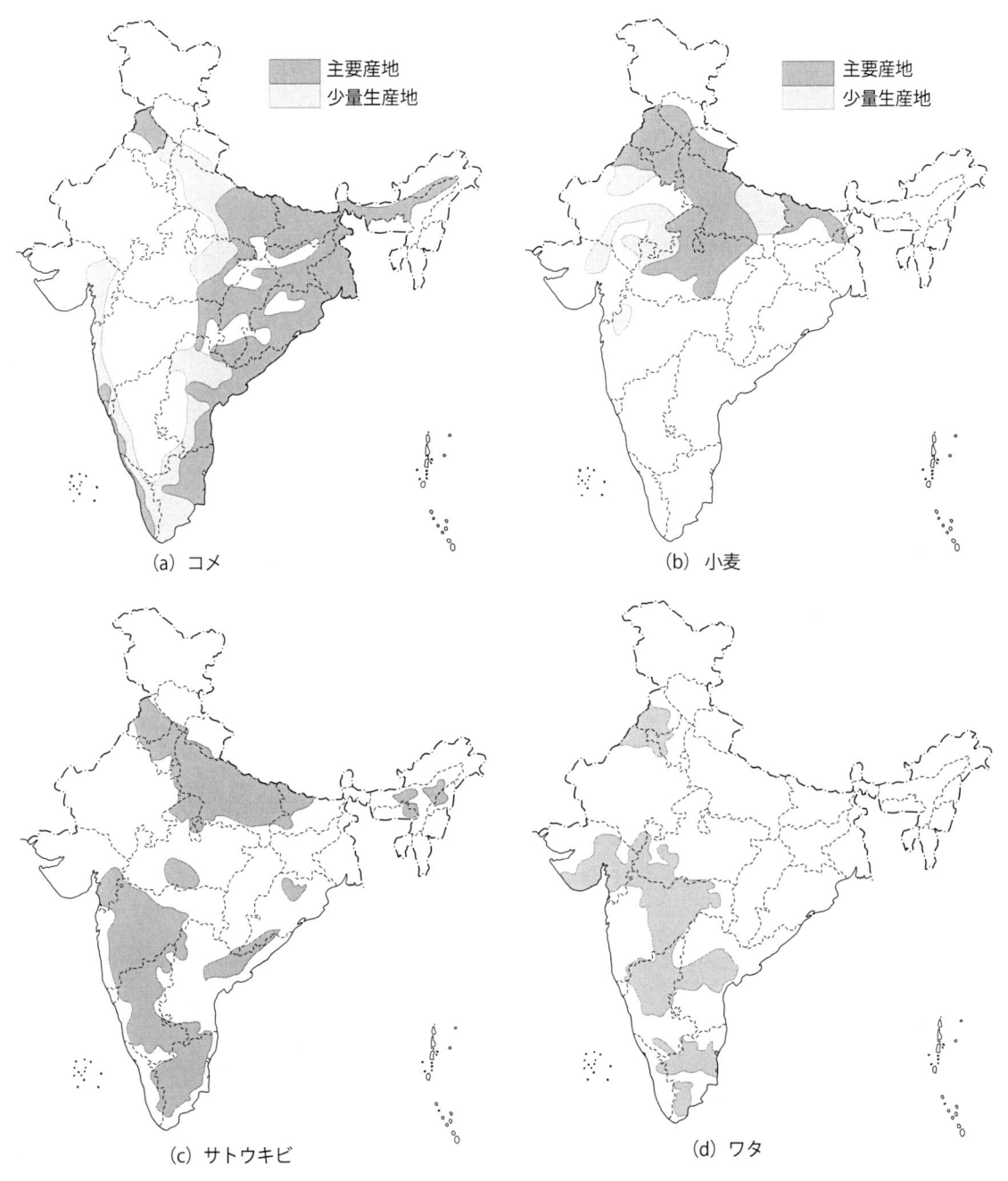

(a) コメ　　(b) 小麦　　(c) サトウキビ　　(d) ワタ

図 4.1　各種作物の耕作地域（"Oxford Student Atlas for India, 2nd ed."（Oxford University Press, 2011）により作成）

ンジャーブ州も，コメの主要産地の一つになっている．パンジャーブ州や，南部のタミル・ナードゥ州，アーンドラ・プラデーシュ州では，1 ha 当り収量が 3000 kg を越えている．次節で述べる「緑の革命」の恩恵を受けたためである．それに対して，概して東部諸州では品種や技術の改良が進んでおらず，単収（面積当りの収穫量）も少ない状態から抜け出せていない．インド国内における穀物生産の地域格差は，「緑の革命」によって拡大したといえる．

小麦は，コメに次ぐ主要な穀類である．その生産量は 8590 万 t に達し，コメと同じく世界第 2 位の生産量を有している（第 1 位はいずれも中国）．インドにおける小麦生産量の 85% は，北西部の内陸 5 州（ウッタル・プラデーシュ（UP）州，パンジャーブ州，ハリヤーナー州，マディ

4.2　農業地域の分布と変化

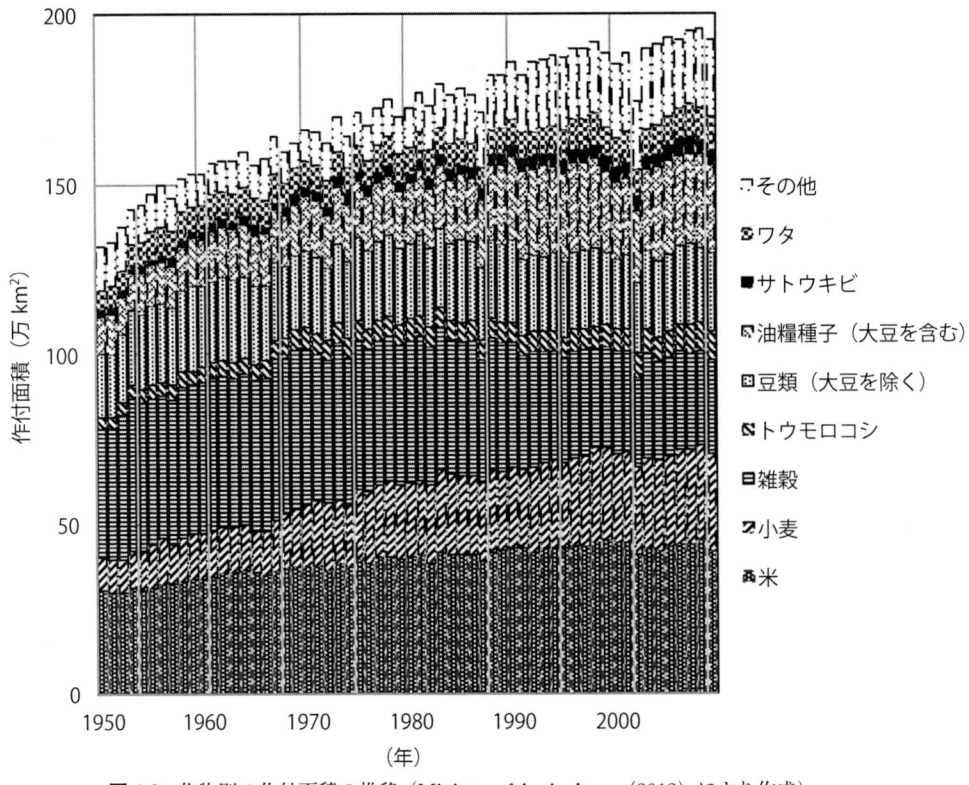

図 4.2 作物別の作付面積の推移（Ministry of Agriculture（2012）により作成）

表 4.1 主要作目の生産量上位 3 州とその占有率（単位％，2010 年）

順位	コメ		小麦	
1	アーンドラ・プラデーシュ	15.0	UP	34.5
2	西ベンガル	13.6	パンジャーブ	19.0
3	UP	12.5	ハリーヤーナー	13.4
順位	雑穀		豆類（大豆を除く）	
1	ラージャスターン	8.1	MP	18.6
2	カルナータカ	7.9	ラージャスターン	17.9
3	マハーラーシュトラ	7.3	マハーラーシュトラ	17.0
順位	油糧種子（大豆を含む）			
1	MP	24.8		
2	ラージャスターン	20.3		
3	マハーラーシュトラ	15.5		

資料：Ministry of Agriculture（2012）

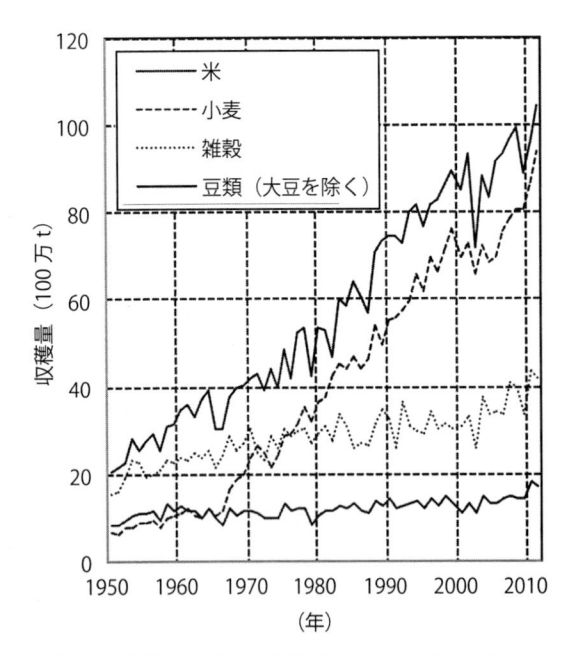

図 4.3 穀物の収穫量の推移（Ministry of Agriculture（2012）により作成）

4. 農業の発展

ヤ・プラデーシュ（MP）州，ラージャスターン州）に集中している（図4.1 (b)）．冬場の平均気温が10度台にまで下がるなど，インド国内では冷涼な気候であるうえ，適度な降雨や灌漑によって農業用水も確保できる地域である．イネ科に属しながらも寒冷・乾燥な気候を好む小麦にとって，まさに栽培適地なのである．

南部の中でも降水量が少なく，灌漑設備の整備も遅れている州（カルナータカ州，アーンドラ・プラデーシュ州，マハーラーシュトラ州）では，トウモロコシの生産量が多い．コメを栽培できるほどの農業用水を確保できないうえ，冬の夜にも気温があまり下がらないため，トウモロコシが主要穀物として選択されるのである．その中でも，「緑の革命」による恩恵を得られた地区（パンジャーブ州など）では，広大なトウモロコシ畑がどこまでも続く景観がみられる．しかし，ほかの雑穀やバナナとの混植など，在来農法が続けられている地区も少なくない．そのため，単収の地区間格差はきわめて大きい．また，畑作における地力維持作物と位置付けられる豆類の主要生産州は，トウモロコシのそれとほぼ重なっている．

インドは，ブラジルに次ぐ世界第2位のサトウキビ生産国でもある．主産地であるデカン高原北部（UP州・マハーラーシュトラ州）は，赤みがかったレグール土に覆われ，亜熱帯性の気候がみられる地域である（図4.1 (c)）．デカン高原では，ワタ（綿花）も広く栽培されている（図4.1 (d)）．やせたレグールの土壌と，年間降水量が500mmに満たない乾燥した気候でも，ワタはよく育つ．かつてイギリスの植民地だった頃，産業革命の原動力になる綿織物工業の原料を供給するために，東インド会社はデカン高原にワタを導入した．それ以来，ワタは重要な商品作物であり続けている．

茶もまた，植民地期にプランテーション作物として導入された作目である．アッサム州をはじめとするヒマラヤ山脈の東部諸州は，世界で最も降水量が多い地域である．昼夜の気温差が大きく霧がかかりやすいうえ，水はけがよい急斜面が広がる地区は，最高品質の紅茶の生産地として広く知られている．「セイロンティー」の産地として知られるスリランカと同様に，ユニリーバ社（イギリス発祥の茶商・リプトン社を買収）などの多国籍企業が，茶流通の大半を担い続けている．どのようにして利益を公正に分配し，茶園労働者の生活水準を高めていくのかが，課題として指摘されている．

4.3 「緑の革命」

インド農業を劇的に変えた「三色の革命」の中でも，「緑の革命」は穀物自給を達成し国民の栄養状態を大きく改善させた点において，とりわけ意義深い技術革新だったといえるだろう．

かつてインドは，慢性的な飢餓に悩まされていた．1943年のベンガル飢饉は，400万人もの餓死者を出したという．1950年代には，インド独自の混合経済体制下で経済活動が低迷する中，毎年数百万トンもの穀物を輸入するために外貨を振り向けねばならなかった．1960年代には，さらに飢饉が相次ぐことになる．とりわけ，1965～1966年の大冷害は，ネルー首相の死去（1964年）や第二次印パ戦争の勃発（1965～1966年）とほぼ同時に起きたこともあって，穀物価格の高騰と社会不安の高まりを招いた．「緑の革命」は，こうした苦境の打開を目指して導入された．

「緑の革命」に日本人農学者が深く関わっていることは，あまり知られていない．日本の農務省農事試験場に勤務した稲塚権次郎は，穀物の品種改良に生涯をささげた人物である．稲塚が開発にかかわった「水稲農林1号」（1931年登録）は，食味が良いうえに耐寒性・耐倒伏性も強いことから，急速に普及した．コシヒカリやササニシキの祖先になったことでも知られる．その次に稲塚が開発したのが「小麦農林10号」（1935年登録）である．半矮性在来品種である「白達磨」を祖先に持つ農林10号は，草丈が60cm程度と低いうえに耐肥性に優れ，収量も多かった．GHQが持ち帰った農林10号の種子は，ワシントンを経てメキシコの研究機関へと送られた．そこでは，アメリカ合衆国の大手化学メーカー，デュポン出身の農学者ノーマン・ボーローグが，ロックフェラ

ー財団の支援を受けながら，穀物の品種改良に取り組んでいた．ボーローグは，耐乾燥性や耐病性が強いメキシコ在来品種を，農林10号に交配することによって，Lerma Rojo 64 や Sonora 64 などの近代的高収量品種（以下，近代品種）を開発した．小麦における近代品種開発の成功は，稲にも応用された．開発の舞台になったのは，フィリピンにある国際稲研究所（IRRI, International Rice Research Institute）である．ロックフェラー財団やフォード財団の支援を受けて活動するIRRIは，インドネシアと台湾の在来品種を交配させることによって，1966年に近代品種IR8を開発した．栽培期間が在来品種（150〜180日）に比べて大幅に短く（120日程度），収量は在来品種の2倍にも達したIR8は，「ミラクルライス」と称賛されたのである．

インドにおける「緑の革命」の普及は早かった．最初の実験地に選ばれたのは，気候に恵まれた伝統的な穀倉地帯であり，灌漑設備の整備も進んでいたパンジャーブ州だった．インド政府やフォード財団によって，農業機械や水資源開発などのインフラ整備のほか，農地運営や施肥など栽培技術に対する支援も行われた．メキシコのCIMMYT（International Maize and Wheat Improvement Center, 国際トウモロコシ・コムギ改良センター）からは，パンジャーブ州へと，1万8000tもの種子が送り込まれた．実験の結果は実に目覚ましく，それ以降「緑の革命」が急速に普及していく．インドのコメ栽培面積に占める近代品種の割合は，1966年に90万ha（総栽培面積の2.5%）だったのが，1984年には2340万ha（同56.9%）に拡大した．小麦における近代品種の普及はさらに早く，1966年に50万ha（同4.2%）だったのが，1984年には1960万ha（同82.9%）に広がった．パンジャーブ州では小麦とコメの二毛作が定着し，単収・作付面積ともに大きく伸びた．その結果，1960年代前半に1000t台だった小麦生産量が1990年には1万2159tに，1960年代前半に200t台だったコメ生産量が1990年には2015tに急増した．インドは，1970年代半ばに穀物自給をほぼ達成し，1990年代半ばには主要な穀物輸出国に躍り出たのである．

「緑の革命」への取り組みは，アジア，アフリカをはじめ世界各国で広く進められた．その中でもインドは，「緑の革命」が最も成功した国の一つといわれている．穀物生産量を大幅に増やし，多くの国民を飢餓状態から脱却させた．乳幼児死亡率は激減し，農村住民の所得や生活水準は著しく向上した．また，農村部の購買力強化は，1990年代以降における急速な経済発展の布石にもなった．しかし，その成果があまりにも大きかったがゆえに，数々の問題点を指摘する声も絶えない．

「緑の革命」に対する最も大きな批判は，持続可能性に対する疑問であろう（ヴァンダナ，1997）．近代品種の栽培には，多量の水と農薬・化学肥料の使用が必要となる．しかし，過剰な地下水のくみ上げは地下水位を低下させ，井戸の枯渇を招いている．化学肥料の多投や不適切な水管理は，表土の塩類集積や砒素集積を生じさせる．パンジャーブ州における塩類集積の被害面積だけでも，6万haに及ぶという．半乾燥地域における水資源の過剰な利用は，水収支バランスを悪化させ，乾燥化・砂漠化の原因にならざるをえないのである．インダス川上流域における大規模な灌漑設備の建設が，下流側のパキスタンとの間で緊張関係を生じさせたこともある．また，近代品種は単位面積当り収量が多いため，土壌中の窒素・リン酸・カリウムなどの栄養分が不足がちになるし，害虫も発生しやすくなる．そこで，農薬や化学肥料を多投するのだが，長年にわたる連続的な多投は土壌中の有機質成分を減少させ，地力の低下を招くことになる．初期に近代品種を導入した圃場において，1980〜90年代に単収の顕著な減少がみられたのは，塩類集積と地力の低下が原因とみられる．さらに，施用した農薬や化学肥料のうち半分程度は，土壌中を浸透して帯水層に到達する．河川水や地下水の水質を汚染し，生態系を破壊する要因にもなっている．

第二に，経済的格差の拡大を招いたとの批判がある．近代品種を導入するためには，種子や農薬・化学肥料のほか，さまざまな農業資材・機械を揃える必要がある．こうした初期投資が可能だ

ったのは，ある程度の土地面積を有する上層農のみだった．貯蓄が乏しい下層農は，「緑の革命」の恩恵を受けにくかったという．そのため，上層農への農地集積が進み，農村内部の階層分化が急激に進んだとの批判である．ただし，近代品種を導入することの費用対効果は大きいので，階層を問わず近代品種の普及が進んだとの主張もある．その一方，「緑の革命」が地域間格差の拡大を招いたことは，まず間違いないとみてよい．高収量品種の導入率や単位面積当りの肥料投入量，灌漑設備の普及率などは，地域によって大きく異なっている．その結果，「緑の革命」の先進地域であるパンジャーブ州，ハリーヤーナー州や，両州に追随しているアーンドラ・プラデーシュ州の農民たちは，高い単収を得られるようになった（図4.4）．これら3州は，農村部の貧困率が最も低い3州とも一致している．また，所得の地域間格差は，再生産のための投資にも格差を生じさせる．地域間格差は拡大再生産され，構造化されているのである．

第三に，多国籍アグリビジネスによる農業支配に対する批判がある．パンジャーブ州に近代品種が導入された時期は，アメリカ合衆国の食料戦略が転換した時期と一致する．すなわち，アメリカ産穀物の現物支援を縮小し，穀物メジャーによる現地事業の拡大を重視するようになった時期である．現に，近代品種を栽培する農民には，主に欧米の多国籍アグリビジネスが必要な投入財を供給している．インドにおける「緑の革命」の進展によって，彼らが莫大な利益を獲得したのは事実であろう．ボーローグがかつて勤務していたデュポンも，そうした企業の一つである．しかし，「緑の革命」がインド国民のもたらした富の巨大さの前には，多国籍アグリビジネス批判も霞んでしまうように思えてならない．

いずれにせよ，「緑の革命」がインドを飢餓から救ったことだけは事実であろう．

4.4 「白い革命」

インド国民の8割を占めるヒンドゥー教徒にとって牛は神聖な動物であり，殺したり食べりすることはタブー（禁忌）とされている．豚肉を食べることも稀である．ヒンドゥー教徒の多くは豚を「汚い動物」と考えているし，人口の13〜14％を占めるムスリム（イスラーム教徒）にとって豚肉の食用はタブーだからである．また，ヒンドゥー教のほかジャイナ教や仏教には，アヒンサーと呼ばれる不殺生・非暴力の教義が広く浸透している．そのため，インド国民の3人に1人はベジタリアン（菜食主義者）であり，動物肉や魚を食べない人びとである．ただし，戒律の厳格性はさまざまであり，根菜すら食べようとしない厳格なベ

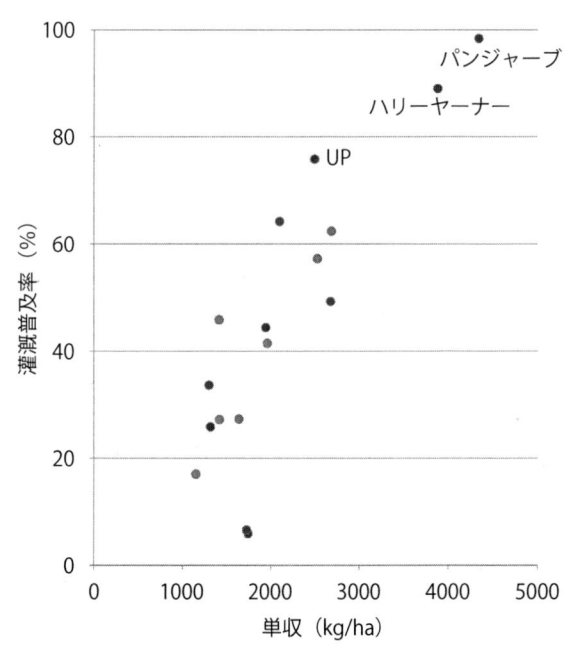

図4.4 州別に見た灌漑普及率と穀物の単収（Ministry of Agriculture (2012) により作成）

写真4.1 街中を闊歩する牛たち（2011年，著者撮影）

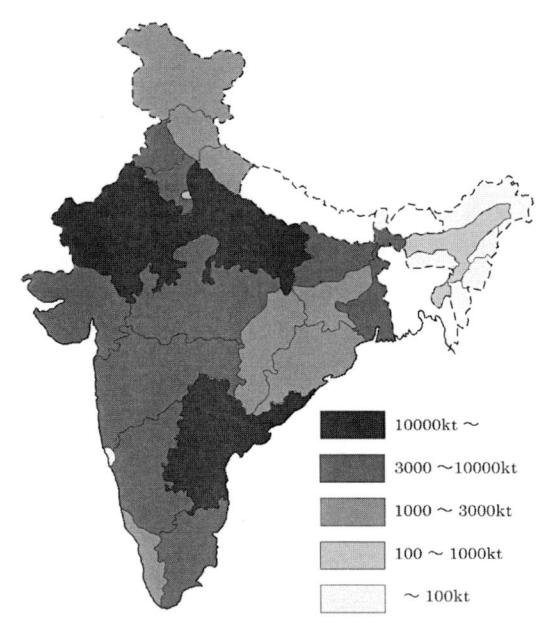

図4.5 州別にみる生乳の生産量（2010）（Ministry of Agriculture（2012）により作成）

ジタリアンもいれば，特定の曜日以外は肉食を可とする緩やかなベジタリアンもいる．また，ノンベジタリアンであっても，普段の食事は菜食中心であり，ときどき動物肉や魚を食べる程度という人が多い．このような事情から，インド国民の1人あたり年間食肉消費量（4.3kg）は極端に少なく，中国（55.9kg）の10分の1にも満たない（上原，2012）．

ところが，乳や乳製品の摂取は殺生にあたらないとされる．それゆえ，ヒンドゥー教徒の多くは，貴重な動物性タンパク源として乳や乳製品を好んで口にする．このように，神と崇められるうえに，貴重なタンパク源を供給してくれる牛たちは，インド人にとって大切な存在である．地球上に暮らす14.1億頭の牛と1.5億頭の水牛のうち，2.0億頭の牛と1.1億頭の水牛がインドに分布している．生乳生産量も年間1.2億t（水牛乳を含む）に達し，世界全体の16%を占める．インドは，名実ともに世界最大の酪農国なのである（図4.5）．

乳食文化が根付いているインドには，独特の乳加工技術が根付いている．高温環境下において腐敗させることなく生乳を利用するためには，保存性が高い乳製品への加工が不可欠なのである．搾乳した生乳をマッタル（matalu）と呼ばれる素焼きの壺に入れ，半日ほど乳酸菌発酵させると，ダヒ（dahi）と呼ばれるインド風ヨーグルトができあがる．ラッシー（lassi）は，ダヒをベースにして作られた飲料である．ダヒをチャーニングする（バター粒子を生成するために攪拌すること）と，マカン（makhan）と呼ばれる発酵バターができる．マカンをゆっくり加熱すると，ギー（ghee）と呼ばれるバターオイルが完成する．純度99%以上の乳脂肪であるギーは，常温で長期間保存することが可能である．ギーは，インド料理に欠かせない食材である．調理油として広く用いられるほか，ナンやチャパティに塗ったりカレーの味付けに使ったりもする．アーユル・ヴェーダ（インド伝統医学）の万能薬にもなるし，ヒンドゥー教の宗教儀式にも用いられる．このように，インド人の生活と乳食文化は，切っても切り離せない関係にある．

しかし，多くの国民が日常的に牛乳を飲めるようになったのは，ごく最近の出来事である．1970年のインドにおける1人1日あたり生乳供給量は，わずか107gにすぎなかった（中里，1998）．それが現在では281gと，日本（257g）を上回る水準にまで増加した．Operation Flood Scheme（OF計画）と名付けられた世界最大規模の酪農開発計画，いわゆる「白い革命」の成功が，インド酪農の急激な発展をもたらした要因の一つであることは間違いない．ちなみに，Operation Floodとは，インドの4大都市（ムンバイー，デリー，チェンナイ，コルカタ）を「ミルクの洪水で満たす」ことを含意した名称である．

OF計画発祥の地，グジャラート州アーナンド市．ムンバイーの北350kmに位置する，人口30万人の地方都市である（2001年）[1]．伝統的に酪農がさかんだったこの地に，Anand Milk producer's Union Ltd.（AMUL）が産声を上げたのは，1946年のことだった．その当時，農村部におけ

---

1) 近年の急速な経済発展に伴って労働者の流入が相次ぎ，2011年の人口は63万人に増加している．

る生乳流通のほとんどは，仲介業者や仲買人によって支配されていた．農村部の識字率は低く，酪農民は中間商人に対抗する術をもたなかった．そのような時代に，酪農民自身が組織したインド初の民主的な協同組合として，AMULが誕生したのである．インド独立運動に貢献した政治家の支援を受け，自前の生乳処理プラントを整えたAMULは，ムンバイー有数の市乳供給拠点として成長を遂げた．AMULの組合員に支払われる生産者乳価は，非組合員のそれより20～40%も高かったという（中里，1998）．

1964年にアーナンドを訪問したシャストリ首相（当時）は，AMULの成功に注目した．そして，AMULをモデルとして協同組合酪農をインド全土に広め，酪農振興と農村開発を推進しようと考えた．このプロジェクトを推進するための組織として，シャストリ首相はインド酪農開発公社（National Dairy Development Board, NDDB）を設立することにし，その初代総裁への就任をクーリエン博士に打診した．彼は，アメリカ合衆国のボストンで酪農工学を学んだ後，インドに帰国してAMULの組合長に就いていた人物である．クーリエン博士は，NDDBの本部をアーナンドに置くことを条件に，NDDB総裁への就任を受諾した．これ以降，クーリエン総裁の強力なリーダーシップの下で，OF計画が立案・実行されていく．

1970年7月1日に，OF計画は正式に開始された．全国の農村に酪農協同組合を組織し，近代的な生乳生産・流通システムを普及させることによって，農村の貧困問題と都市の牛乳不足を一挙に解消させようという壮大なプロジェクトである．事業遂行の資金は，連邦政府による拠出のほか，世界食糧計画（WFP）やヨーロッパ経済共同体（EEC）からの援助によって確保した．それからの10年間，すなわちOF計画の第一期に成し遂げられた実績は，実に輝かしいものだった．全国に設立された1万強ものアナンド型酪農協同組合に，150万人もの組合員が所属するようになった．その大半は零細酪農民だったとされる．また，近代的な集送乳設備や人工授精施設を整備したり，獣医や普及員を配置したりするなど，酪農振興に不可欠なインフラが次々と構築された．さらに，NDDBの100%出資によって設立されたMother Dairy社が，主に4大都市において市乳・乳製品の供給を開始した．近代的な生乳処理プラントを建設し，強力な販売網を構築することによって，Mother Dairy社はまたたく間に高いシェアを獲得した．こうして，OF計画における生乳販路を確保するとともに，4大都市における市乳・乳製品供給の安定化を実現したのである．

OF計画は，その後も成果を出し続けている（久保田，2001）．アーナンド型酪農協同組合の数は，1997年には7.4万，2011年には14.0万に達した．それらに所属する組合員数も，1997年には958万人，2011年には1450万人に増加している．3段階にわたる系統組織の整備も進められてきた．村ごとに組織されたアナンド型酪農協同組合は，集乳や乳質検査など，最も基礎的な業務を行っている．県単位の連合会は，乳業工場・飼料工場の運営や獣医・普及員の配置など，一定のスケールメリットが要求される業務を主に担当する．そして，州単位の連合会は，州間移動を含む生乳販売業務などを管掌している．このように，それぞれの業務の最小最適規模に応じて，空間スケールが異なる3段階の組織を整備することによって，効率的な組織運営を目指したのである．そのほか，インフラの整備や販売網の強化も一層進められたし，生乳需給の地域間不均衡を是正するための枠組みなども整えられてきた．また，農村開発政策としてもOF計画は高く評価されている．農村部の貧困問題を少なからず解消し，子どもたちが教育の機会を得るのに貢献しているからである．

しかし，OF計画がすべて順調に進んでいるわけではない．さまざまな課題を抱えていることも事実である．とりわけ最大の課題は，系統組織率の低さであろう．インドには膨大な数の牛が飼われているため，アーナンド型酪農協同組合の組合員数が1450万人に達したといえども，その組織率は2割程度にすぎない．休眠中の酪農協同組合も数万に及ぶものといわれている．また，インド

写真 4.2　牛乳缶とオートバイによる生乳輸送
（2011 年，著者撮影）

で生産された生乳の 82％は，インフォーマルな流通経路を経て消費者に届けられる（長谷川・谷口，2006）．仲買人が牛舎を回り，集めた生乳を収めた牛乳缶をバイクの両脇にくくりつけ，顔見知りの得意先に売り歩くのである．自家消費の比率も高い．そのため，インド全体の生乳生産量の中で OF 計画によるものが占める割合（系統集乳率）は，わずか 7.8％にすぎないのである．

系統集乳率の州間格差も大きい．OF 計画発祥の地であるグジャラート州（35.9％）において顕著に高いほか，伝統的に協同組合運動がさかんな西部・南部の諸州（カルナータカ州，マハーラーシュトラ州，タミル・ナードゥ州）で 10％を超えている．しかし，それ以外の州における系統集乳率は，10％を下回っている．OF 計画の恩恵がインド全域にくまなく行き渡っているわけではないのである．さらに，インドを代表するような大酪農地域の多くは，OF 計画が浸透していない地域であることも事実である．生乳生産量が最も多い UP 州（2 万 1031 t）では，系統集乳率（0.9％）が極端に低い．同州に次ぐ生乳生産量を有するのは，ラージャスターン州（1 万 3234 t）やアーンドラ・プラデーシュ州（1 万 1203 t），パンジャーブ州（9423 t）であるが，各州とも系統集乳率は 4％台にとどまっている（2010 年）．これら 4 州は，穀物生産量の上位 4 州と同じ顔触れでもある．そして，インドにおける上位 4 州の生産量シェアは，生乳・穀物ともに 45％できっかり一致している．

とはいえ，家畜に対する穀物飼料の給与は，ごく一部の例外を除いて，インドにおいてはいまだ一般的とはいえない．穀物消費量に占める飼料向けの割合（6.6％）は，日本（55.6％）や中国（31.6％）に比べると極端に低い（草野，2012）．Dairy India（2007）によれば，家畜飼料に占める購入飼料の割合は 12％にすぎないという．食品残渣などを活用した自家配合飼料（28％）や，放牧・雑草地（60％）への依存度が高いのである．そこで，牛を放し飼いにすることによって，町中の雑草などを飼料として利用する手法が，ごく一般的に行われている．しかし，草の成長速度を確保しうるだけの雨水を得られる地域でなければ，放牧・雑草地に依存した乳牛飼養は不可能である．また，熱帯生まれのインド在来牛は，高温多湿には適応するものの，年間産乳量は平均 780 kg と少ない．これに対して，ジャージーやブラウンスイスなどのヨーロッパ系牛との交雑牛は，牛体が大きいため高温多湿には弱いものの，年間産乳量は平均 2507 kg と顕著に多い．ただし，種雄牛の導入や人工授精施設の整備など，十分な酪農インフラが構築されていることが，交雑牛の普及を可能にする条件となる．また，素牛の購入費用も交雑牛のほうが高額である．

生乳生産量の上位 4 州は，上記の諸条件を満たす地域である．すなわち，年間 1000 mm 前後の適度な降水量があり，明確な四季がみられる気候なので，十分な草地生産力を確保しながら交雑牛飼養に適した環境を得ることができる．先行した「緑の革命」による資本蓄積を生かし，インフラ整備や素牛購入のための費用も負担できた．パンジャーブ州やアーンドラ・プラデーシュ州など一部の穀倉地帯の中には，飼料穀物を給与して産乳量を飛躍的に増やすことに成功した地域もある．恵まれた自然条件と「緑の革命」による資本蓄積が，上位 4 州における酪農の飛躍的な発展をもたらしたといえよう．

こうして酪農は，インド国内における畜産生産額の 70％，農業生産額の 15％を占める基幹部門の一つに成長した．しかし，近年の急速な経済成長は，インド酪農の発展を加速させるとともに，

新たな課題も生じさせている．生活水準の向上による生乳需要の急増に，生産拡大が追い付かないのである．2005〜11年の6年間に，インドの生乳生産量は3割増えた．酪農民の生産意欲を刺激する必要もあることから，同じ時期に生産者乳価は5割も上昇した．それでも，産乳量が減少する暑期を中心に生乳不足が恒常化している．需給ギャップを解消するためには，2020年までに5000万t以上の増産が必要との試算もあるが，実現の見通しは立っていない．高乳量牛の導入や家畜改良の推進によって，日本（8046 kg）の2割以下にすぎない年間平均産乳量（1512 kg）の引き上げを図るなど，大胆な政策的対応を取ることが不可欠であろう．

酪農の持続可能性にも疑問が呈されている．地下水の過剰利用による水資源の不足や汚染，塩類集積の深刻化による草地資源の毀損など，全国的規模で深刻な環境問題が起きている．とりわけ，大都市周辺に次々と設けられている酪農団地は，集約度が高い多頭育経営が行われていることから，周辺環境に高い負荷をもたらす．また，生乳の衛生水準の低さも問題視されている．もともと基準が低いうえに，すすぎ残した洗剤・漂白剤や化学肥料がしばしば混入している．量をごまかすための加水は，汚染や腐敗の原因になることもある．食品安全当局の調査によると，インドで流通する牛乳の7割が，水で薄められていたり不純物が混じっていたりするという．

多様性を内包しながらも，飛躍的な発展を遂げてきたインド酪農．今後のさらなる発展から目を離すことはできない．

4.5 「黄色の革命」と青果物流通の広域化

インドにおける油糧種子の生産量は，1980年代後半〜90年代前半に急激な増加を遂げた．この現象を「緑の革命」「白い革命」になぞらえて，「黄色の革命」と呼び習わしている．

「黄色い革命」を主導したのは連邦政府である．1986年に連邦政府が策定した油糧種子生産プログラム（OPP）に基づいて，①新品種の開発・導入，②収穫後の処理・加工技術の向上，③農業投入財の供給強化，④関連産業や市場との連携強化，の4点について政策を実行してきた．インドの三大油糧種子は大豆・落花生・マスタードであるが，それらの中でも大豆の増産が積極的に図られている．大豆の生産量は，1987年に90万tしかなかったのが，1998年に714万t，2009年には996万tに急増した．とりわけ，主要産地であるMP州やマハーラーシュトラ州において，新品種の導入や栽培技術の向上が集中的に進められてきた．現在では，インドは植物油の自給に成功し，年間300万t強を海外に輸出している．

最後に，近年みられる新しい動向として，インド各地に出現している巨大青果物産地（表4.2，4.3）について触れておきたい．インドでは，輸

表4.2 園芸作物の生産量上位3州とその占有率（2010年）

順位	野菜		果実		花卉	
1	西ベンガル	18.2	タミル・ナードゥ	13.3	西ベンガル	34.7
2	UP	12.1	マハーラーシュトラ	12.7	マハーラーシュトラ	11.5
3	ビハール	10.0	アーンドラ・プラデーシュ	12.6	アーンドラ・プラデーシュ	9.0

資料：Ministry of Agriculture (2012)

表4.3 主要作目の生産量上位3州とその占有率（2010年）

順位	ジャガイモ		タマネギ		ココナッツ	
1	UP	32.1	マハーラーシュトラ	32.4	ケララ	36.8
2	西ベンガル	31.6	カルナータカ	17.1	タミル・ナードゥ	34.1
3	ビハール	13.7	グジャラート	10.0	カルナータカ	13.8

資料：Ministry of Agriculture (2012)

送システムの整備が遅れているうえ，州境をまたぐ物品の移動が課税の対象になるため，青果物の長距離輸送は従来ほとんどみられなかった．しかし，冷蔵トラックの普及による長距離輸送環境の改善や，巨大化した4大都市における近郊産地の供給能力不足によって，青果物の入荷圏は急速に拡大している．入荷圏の拡大を可能にしているもう一つの要素は，卸売市場ネットワークの整備である．生産された青果物をいったん産地市場に集め，そののち消費地市場に転送するシステムが確立されている．したがって，長距離輸送に耐えうる品目（ジャガイモ，キャベツなど）や単価が高い品目（ブドウ，リンゴなど）においては，インド全土を出荷先とするような巨大産地が成立しやすく，市場間転送によって長距離輸送される比率が高い．逆に，単価や保存性が低い品目は，各都市の近郊産地から多く入荷する傾向にある（荒木，1999；2008）．このように，先進国に比べると距離の摩擦がまだ大きいとは言え，インドにおいても全国的な青果物流動体系が着実に形成されつつあると言えよう．

4.6 インド農業の課題

「三色の革命」は，20世紀後半のインド農業に劇的な変革をもたらした．食料事情は格段に好転し，農村経済は確実に潤った．しかし，1990年代以降，インド経済が高度成長を遂げる中で，農業は新たな課題を突き付けられている．農村工業化を進めることも必要ではあるが，それだけで全国すべての農村を再生させることは難しい．これ以上の都鄙間格差の拡大を阻止し，社会不安の高まりを未然に防ぐためには，農村の基幹産業である農業の成長力を回復することが不可欠と思われる．

先進国に比べると，インド農業の生産性はまだ低い．「緑の革命」を経てなおコメの単収は日本の3分の1にすぎず，「白い革命」を経てなお乳牛の平均産乳量は日本の5分の1に満たない．しかし，農地の外延的拡大は既に不可能であり，資源収奪型農業の限界性も露呈している．そこで必要になるのは，環境との親和性に優れた農業技術を高めることによって，生産性の向上を図り，農業の内包的拡大を目指すことであろう．そのためには，先進国から導入した新技術をインドの環境に適合するようアレンジし，インド人みずからが当該技術の問題解決能力を高めることが肝要となる．自然環境・人文環境ともに欧米諸国とは大きく異なるインドにおいては，先進国の技術を単に移植するだけでは不十分と考えられるからである．先例は「緑の革命」であろう．アメリカ人学者が開発した新技術を移植したことによって，特にパンジャーブ州やハリーヤーナ州において大成功を収めたことは事実であり，そのことは高く評価せねばならない．しかし，その後に起きた付随的な諸問題には，必ずしも適切に対処できてきたとは言えないのではないか．現場で迅速に問題解決にあたりうるシステム，すなわち連続的なイノベーションを創出しうるネットワークが十分に構築されていなかったのである．

インドの教育水準は確実に高まっている．農村部に知識経済化の波が襲ってくる日も，そう遠いことではないだろう．その波に果敢に立ち向かい，上手に乗る力のある農村を育てていくこと．それが実現した暁には，十色の革命，百色の革命も決して夢ではないに違いない．

[梅田克樹]

引用文献

荒木一視（1999）：インドにおける長距離青果物流動―デリー・アザッドプル市場を事例として―．経済地理学年報，45, 59-72.

荒木一視（2008）：アジアの青果物卸売市場―韓国・中国・インドにみる広域流通の出現―．農林統計協会．

上原秀樹（2012）：インドの食料消費パターンと資源争奪戦：中国の事例と比較して．明星大学経済学研究紀要，43-2, 27-32.

久保田義喜（2001）：インド酪農開発論．筑波書房．

中里亜夫（1998）：インドの「白い革命」に関する文献的研究．文部科学省科学研究費補助金基盤研究（C）報告書．

日本総合研究所（2009）：インド農業の現状と供給力．農林水産省大臣官房国際部国際政策課編『平成21年度 海外農業情勢調査分析事業（アジア）報告書』pp.89-138, 農林水産省．

日本総合研究所（2011）：インドの農業基本政策・制度．農林水産省大臣官房国際部国際政策課編『平成23年度

海外農業情勢調査分析事業（アジア）報告書』147-210，農林水産省．

野島直人・立花広記（2008）：インドにおける農業政策─第11次5ヵ年計画における農業政策─．農林水産省大臣官房国際部国際政策課編『平成20年度 海外農業情勢調査分析事業（アジア）報告書』150-170，農林水産省．

ヴァンダナ S. 著，浜谷喜美子訳（1997）：緑の革命とその暴力．日本経済評論社．

水島 司（2008）：前近代南インドの社会構造と社会空間．東京大学出版会．

Ministry of Agriculture, Government of India（2012）：Agricultural Statistics at a Glance 2012. http://eands.dacnet.nic.in/latest_2006.htm.

コラム4　ブロイラー産業

　インドでは1990年代以降の経済発展に伴って食肉消費量が拡大し，食肉産業が急速に発展している．このような食肉産業の飛躍的発展は，インド農業における「緑の革命」や「白い革命」になぞらえて「ピンク革命」と呼ばれている（中里，2001）．ここでは，インドにおける食肉産業のなかでも，他に類をみないスピードで成長を遂げてきたブロイラー産業に注目し，その地域的な展開プロセスをみてみたい．

　インドにおいては，1990年代まで最大の生産量を誇っていた食肉は水牛肉であり，鶏肉の生産量は水牛肉の半分程度にとどまっていた．ところが，2009年にはインドの鶏肉生産量は209万tにまで拡大し，水牛肉の146万tを大きく上回りインド最大の食肉部門に成長している．インドでは宗教上の理由から牛肉や豚肉は消費の対象となり難く，経済発展による食肉需要が鶏肉に集中しやすいという社会的背景がある．すなわち鶏肉は，インドにおいて「最も多数の人びとが無難に口にできる」食肉であり（友澤，2007），その需要が急速に拡大したことがブロイラー産業の飛躍的発展につながったことを理解できよう．

　しかしながら，インドにおいて短期間でブロイラー産業が成長した背景に，アグリビジネス（農業関連企業）が大きな役割を果たしたことはあまり知られていない．インドのブロイラー産業において大きな影響力を持っているのが，農家にブロイラー用の雛を供給する孵卵企業（ハッチェリー）である．インドでは鶏の流通は生体流通が大半を占め，日本のように鶏を解体処理して加工品として販売するケースはいまだに主流とはなっていない．よってインドのブロイラー産業では，鶏を解体処理する企業よりもむしろ，雛を供給する企業が産地形成主体（インテグレーター）として大きな影響力を持っているのである（後藤，2006）．インドのブロイラー産業における主要な孵卵企業は，最大手のベンカテシュワラ・ハッチェリーズ社（本社：マハーラーシュトラ州プネー）を始めとして，もともと養鶏業の盛んな南インドにルーツを持つ企業が多い．

　これらインドの孵卵企業は，1990年代から飼養効率に優れた外国産品種の雛（アメリカ系のコッブ種など）を地元農家に供給し，ブロイラーの産地形成を積極的に進めてきた．インドにおける2007年時点のブロイラー飼養羽数を州別にみると，1位がタミル・ナードゥ州の6453万羽（全国シェア24.6％），2位が西ベンガル州の4154万羽（15.9％），3位がアーンドラ・プラデーシュ州の3763万羽（14.4％），4位がマハーラーシュトラ州の3622万羽（13.8％），5位がカルナータカ州の1831万羽（7.0％）であり，これら上位5州で全国の75.7％を占める．総じて，インドにおけるブロイラー産業は，南インド各州と西ベンガル州を中心とする東インドに二大産地が展開しているといえる．インドにおけるブロイラー飼養羽数の増加率（1997～2007年）をみると，南インド各州における増加率が相対的に高くなっている．このことから，孵卵企業の影響下にある南インドの産地が，インドにおけるブロイラー産業の成長を牽引してきたといえる．

　このように孵卵企業が産地形成に関与した結果，南インドではブロイラー農家における外国産品種の導入率が高く，農家1戸当たりの飼養規模が大きい近代的な養鶏産地が卓越する傾向にあ

写真 C4.1　北インドの養鶏農家の人々（著者撮影）

る．それに対して，現在も孵卵企業の進出が活発でない東インドでは，外国産品種よりも在来品種ブロイラーの飼養比率がいまだに高く，小規模な庭先養鶏（バックヤード・ポートリー）による伝統的な養鶏産地が卓越している．このように2000年代以降，インドのブロイラー産業においては，「企業的養鶏が中心の南インド」と「伝統的養鶏が色濃く残る東インド」という明瞭な地域性が現れているのである．さらに近年は，南インドで展開してきた企業的養鶏が北インドにまで拡大するなど（写真 C4.1），養鶏業の発展がインドの農業構造に少なからぬ影響を与えていることを理解できる．

　インドの経済発展を語る際，事例として ICT 産業や自動車産業が注目されがちであるが，ここでみたブロイラー産業の発展は，インドにおける最近の食習慣や農業構造の変化を知るための興味深い教材になりえよう．　　　　　　　　［後藤拓也］

引用文献

後藤拓也（2006）：インドにおけるブロイラー養鶏地域の形成―アグリビジネスの役割に着目して．地誌研年報，**15**, 171-187.

友澤和夫（2007）：インド―発展途上国の近代化に着目した地誌．矢ケ﨑典隆・加賀美雅弘・古田悦造編著『地誌学概論』pp.69-78．朝倉書店．

中里亜夫（2001）：インド・グジャラート州の女性酪農協同組合の展開―アムダーヴァード県ドゥーマリ村の女性酪農協同組合の分析．福岡教育大学紀要，**50**, 47-68.

5 鉱工業の発展

インドにおける鉱工業の急速な発展は，世界から注目を浴びている．レアアースの採掘やターター・モーターズの小型乗用車・ナノの発売など，枚挙に暇がない．とりわけ2000年代後半からの鉱工業の発展は目覚ましく，ICT産業と並んで非常に高い成長をみせている．一方，急速な発展は不均等な地域的発展や産業間格差といった問題を同時にはらんでいるのも事実である．本章ではこうした発展と変化を把握するとともに，そこにみられる課題について考える．

5.1 工業の発展過程

5.1.1 工業政策の変遷

独立後のインドでは，「社会主義型社会」の実現を目指した経済政策が実施されてきた．1991年に経済自由化政策が開始されるまでの工業政策の特徴は，① 産業ライセンス制度に基づく民間部門の経済統制，② 公共部門の重視，③ 内向型の輸入代替工業化の推進，の3点に集約される．以下，その内容の概略を示す．

まず，第一次五カ年計画期間中の1951年に「産業（開発・規制）法」が制定され，民間製造業に対して産業ライセンス制度が実施された（①）．これは，国家の経済計画目標に合わせて民間部門の活動を規制するという内容である．一定規模以上の生産工場を有する企業は，工場の新設，既存工場の生産能力の大幅拡張，既存工場での新製品製造，立地変更などについて政府から承認を受けること（ライセンス）を義務づけられた（絵所，2008）．こうした厳しいライセンス規制から，インドは「ライセンス・ラージ（ライセンス王国）」と呼ばれた．また，初代首相ネルーは，短期間で重工業化を推進した当時のソビエト連邦の方法に関心を示しており，ソビエト連邦と同様に公共部門を中心とする重工業化を推進した（②）．さらに，インドはイギリスによる植民地支配の影響などもあって，輸入品や外国資本に強い警戒感をもっていた．そのため，インド政府は輸入品に対して高関税，輸入数量制限といった厳しい規制を課した．外国資本による直接投資についても，1973年にその比率の上限を41%に設定し，輸入代替工業化の促進を狙った（③）．

一方，上述の重工業部門は資本集約的であるため，雇用拡大や地域分散などの点で限界がある．こうしたことから，1960年代後半以降は労働集約的で従来から国全体に分布していた小工業が雇用創出の場として位置づけられ，インド政府により保護された．具体的には，機械・設備への投資額が1000万ルピー以下と定義される小規模工業部門（Small Scale Industry, SSI）に対し，税制優遇や政府等による優先的買い付け，機械購入における支援制度，特定品目における中・大企業の排除（生産留保制度）などが実施された（二階堂，2001）．

その後，インドは1980年代の部分的な規制緩和を経て，1990年代から本格的な経済自由化に踏み切ることになる．1990年代に入り，インドではイラクのクウェート侵攻（1990年8月）や湾岸戦争（1991年1月）などにより輸入原油価格が上昇したうえ，中東諸国のインド人出稼ぎ労働者からの送金も減少して外貨準備高が急激に減ってしまい，債務危機に陥った．そこで当時のナラシマ・ラーオ首相はIMFと世界銀行の構造調整プログラムを受け入れて，本格的な経済自由化に踏み切った．これにより，産業ライセンス制度の撤廃，公共部門の縮小，関税比率の引き下げ，外資出資比率の上限引き上げ，小規模企業の保護政策（生産留保制度）の段階的撤廃など，上述し

た①〜③に関わる制度は順次消滅し，これまでの産業政策を 180 度転換する経済制度改革が行われている．

5.1.2　工業発展の推移と全体像

工業の成長について具体的にみていこう．インド政府が公表する基礎的な統計として「年次工業調査（Annual Survey of Industries）」があり，インド工業の全体像を把握する際によく用いられている（友澤，2007 など）．この調査は，公共部門に属する工場，調査時点から過去 1 年間に 10 人以上が労働したことがあり動力を利用している工場，動力は使用しないが過去 1 年間に 20 名以上が労働したことのある工場を対象としている．インドではこれらの企業を組織部門，それ以外のものと自営業は非組織部門として区分している．したがって，「年次工業調査」は零細企業などの非組織部門をカバーしていないが，インド全国の工業活動を把握する基礎的資料としてきわめて有用である．

図 5.1 は 1981 年以降における組織部門の工場数，従業員数，投下資本額，純付加価値額の推移をみたものである．1980 年代は，工場数，従業員数とも増減を繰り返しているが，投下資本額と純付加価値額は徐々に増加している．経済自由化が開始された 1990 年代前半からは，いずれの指標も増加しはじめる．とりわけ，投下資本額と純付加価値額の伸びは大きく，1990 年度から 1994 年度の間に倍増した．1990 年代後半から 2000 年代前半にかけては，4 指標とも停滞ないし減少傾向にある．これは，この時期に経済自由化に伴う既存工場の再編成が行われたことなどが影響している（友澤，2007）．その後は 2005 年頃から急速に工業活動が活発化しており，工業部門の著しい成長が確認できる．

次に，2008 年度「年次工業調査」の結果から近年における工業の状況を把握しよう．工場数は 15 万 5300，従業員数は 1125 万人，1 工場あたりの従業員数は 72.4 人であった．工場は大規模なものほど少ない傾向にある（図 5.2）．すなわち，従業員数 0 〜 49 人の工場は 11 万 2000 工場と最も多く，全体の 72% を占めているのに対し，5

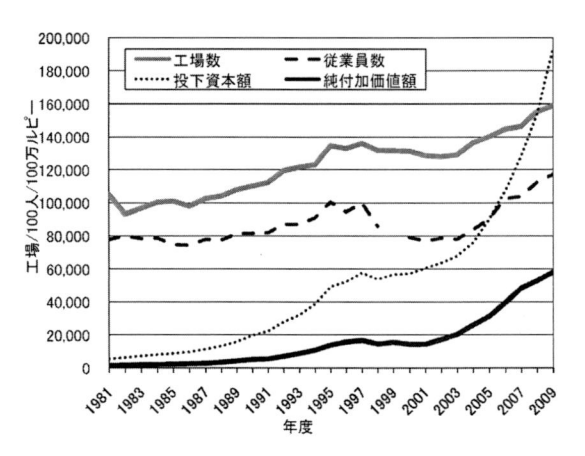

図 5.1　組織部門の推移（Annual Survey of Industries より作成）
1999 年の従業員数は値が欠損している．

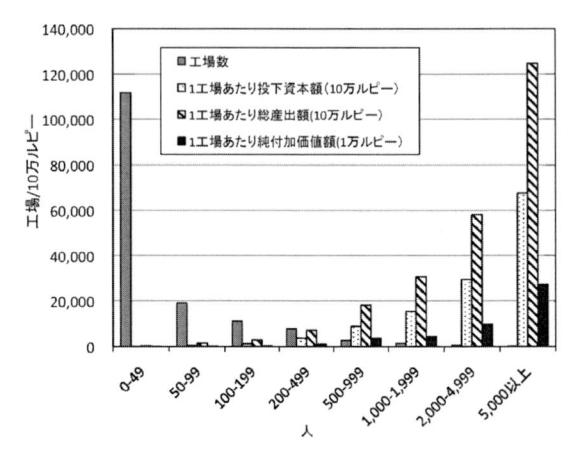

図 5.2　組織部門の従業員規模別特性（2008 年度，Annual Survey of Industries より作成）

千人以上の工場はわずか 274 工場（0.2%）である．しかし，1 工場当たりの総産出額や純付加価値額，投下資本額は，従業員規模が大きくなるにつれて指数関数的に値も大きくなっている．1 工場当たり総産出額をみると，従業員数 5 千人以上の工場は従業員数 0 〜 49 人の工場の 366 倍，1 工場当たり純付加価値額では 727 倍にもなる．このように，インドの工業は組織部門であっても従業員数 50 人以下で経営規模の小さい工場が多数を占めている一方，少数ながら高付加価値を生み出す大規模工場が存在しており，その差が非常に大きい．小規模工場は家族経営や個人経営によるもの，大規模工場は財閥グループによるものが中心となっている．とりわけ財閥グループは大きな

存在であり，インドのGDPの6割が財閥によって生み出されるといわれる．なかでもターター，リライアンス，ビルラーは「インド三大財閥」と呼ばれているが，現在はターターとリライアンスの「新二強時代」といわれている（須貝，2011）．

図5.3は「年次工業調査」の対象工場を主な業種別にみたものである．ここに示す業種分類は，インド標準産業分類に基づいている．またここでは，従業員数ではなく雇用者や管理職を含めた労働者数を示している．工場数では，「食品」（16.5％），「その他の非金属鉱物製品」（11.0％），「繊維」（8.4％），「金属製品（機械及び設備を除く）」（6.8％）などが多い．1工場当たり労働者数をみると，「タバコ製品」（127.9人）や「衣服」（120.9人），「自動車，トレーラー」（114.6人），「コンピュータ，電子工学製品，光学製品」（107.0人）が100人を超えており，平均（62.6人）の2倍近くに達している．これらは労働集約型工業の代表例である（写真5.1）．また，1工場あたり純付加価値額は，「コークス，石油精製品」が5億3千万ルピーと群を抜いて高いほか，「製薬，医療化学，植物薬」，「その他の輸送用機器」，

写真5.1　農業用トラクターの生産ライン（2011年9月，著者撮影）

「コンピュータ，電子工学製品，光学製品」，「卑金属」，「自動車，トレーラー」が高水準である．これらは生産工程が自動化された装置型工業であるものが多く，資本集約型工業の代表例である．

次に図5.4は，インドにおける主要工業間の動向を比較するため，1993年度の値を100とした生産指数を示したものである．平均値をみると，2004年度に1993年度の2倍（204.8）となり，それからわずか5年後の2009年には3倍（316.2）に成長した．ここでも，2000年代以降における

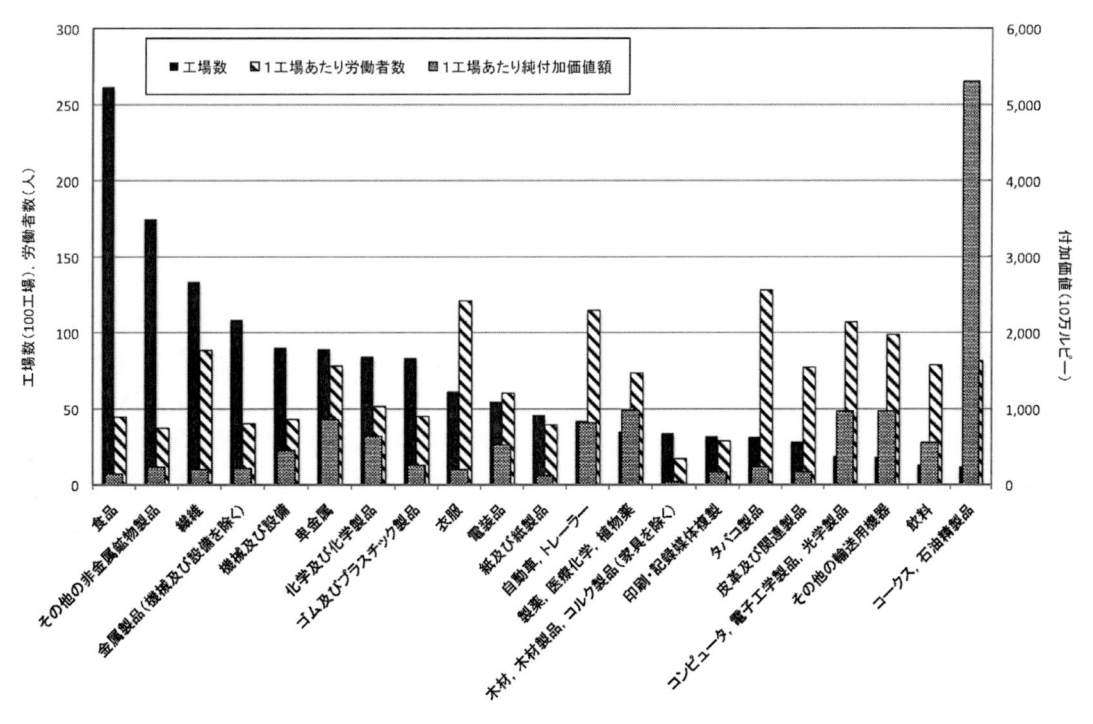

図5.3　組織部門の主な業種別統計（2009年度，Annual Survey of Industriesより作成）

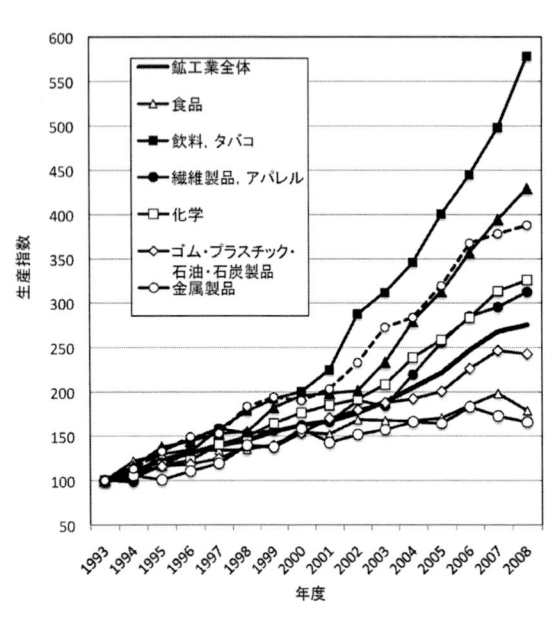

図 5.4 主要工業部門の生産指数の動向（Economic Survey 各年より作成）
1993 年度の値を 100 とした生産指数を示した.

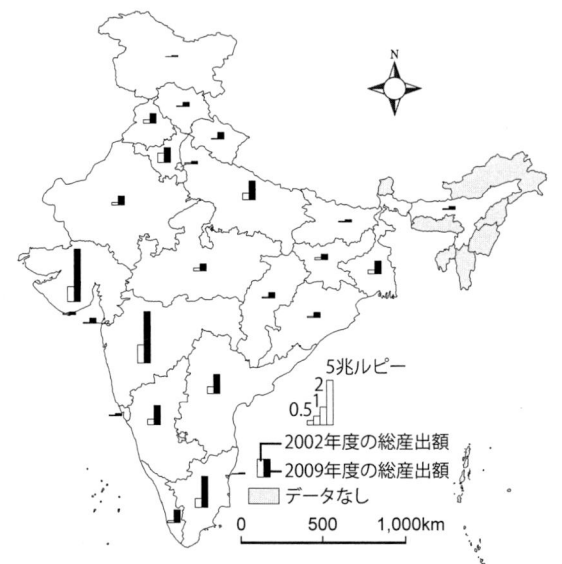

図 5.5 州別の工業総産出額（2002, 2009 年度. Annual Survey of Industries より作成）

工業の成長が確認できる．部門別にみると，「飲料，タバコ」や自動車などが含まれる「輸送用機器」，「一般機械・工作機械」，「化学」，「繊維，アパレル」の成長が鉱工業全体を上回っている．これらは 2000 年代以降に急速な成長をみせており，近年におけるインド工業の牽引役といえる．一方，「金属製品」や「食品」，「ゴム・プラスチック・石油・石炭製品」は伸び悩んでおり，工業間で成長の差が現れている．

5.2 工業地域の分布と変化

前節では，2000 年代から急速に工業生産が活発化したことが確認されたが，その動きを空間的にみるとどのような傾向が示されるだろうか．図 5.5 は，2002 年度と 2009 年度における州別の工業総産出額を表したものである．2002 年度の総産出額は 11.3 兆ルピーであったのに対し，2009 年度は 37.3 兆ルピーと 7 年間でおよそ 3 倍に増加した．同図をみると，グジャラート州，マハーラーシュトラ州で総産出額が顕著に増加している．また，タミル・ナードゥ州やアーンドラ・プラデーシュ州，カルナータカ州といった南インド諸州，UP 州やハリヤーナー州，パンジャーブ州といったデリー周辺の北インド諸州も増加が目立つ．一方，西ベンガル州等東インドでは他地域と比べて増加割合は低い．

このように，インド工業は北から西，南インドにかけての地域が顕著に成長している一方，東側の成長は鈍く，「西高東低」の様相を強めている．さらにミクロなスケールでみると，工業地域は大都市からその郊外，さらに周辺地域へと拡大する傾向にある（岡橋編，2003；友澤，2011，2012 など）．大都市の郊外地域は，都市化とあいまってインド経済における発展の「場」として機能するようになっている．

多様性をもつインドでは，工業部門の構成についても地域的に大きな差異がある．図 5.6 は，2009 年度において各州の産出額に占める上位 4 部門とその他の割合を示したものである．全国的に展開しているのは，工場数の最も多い「食品，飲料」や「金属，金属製品（機械及び設備を除く）」，「コークス，石油精製品」などである．とりわけ，「金属，金属製品（機械及び設備を除く）」は東インドのチャッティースガル州，ジャールカンド州，オリッサ州，西ベンガル州，そしてメガラヤ州で高く，これらの地域の主要工業となっている．「コークス，石油精製品」も東イン

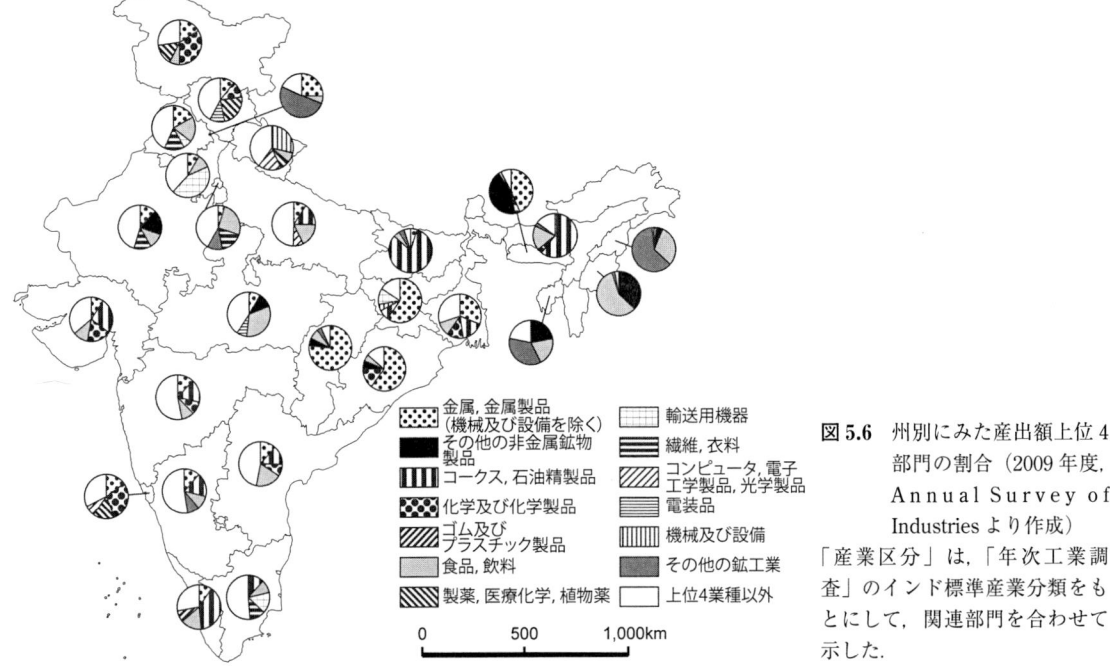

図 5.6 州別にみた産出額上位 4 部門の割合（2009 年度, Annual Survey of Industries より作成）
「産業区分」は,「年次工業調査」のインド標準産業分類をもとにして, 関連部門を合わせて示した.

ドのビハール州, アッサム州で非常に高い割合を占めているほか, グジャラート州からケーララ州からにかけての地域においても一定の割合を有している. 北インドでは, ハリヤーナー州において「輸送用機器」が高い割合を示している. 同州には自動車企業スズキの現地工場があるなど, インド屈指の自動車工業集積が形成されている.

5.3 天然資源の開発

5.3.1 著しい近年の資源開発

インドにおいて, 水資源や森林資源などは古くから全国で利用されてきたが, 石炭や鉄鉱石といった鉱物資源の開発は 18 世紀頃から開始され, 独立以降, 本格的に進んだ. 石炭を例にとると, 商業的生産はイギリス東インド会社によって 1774 年に着手され, イギリス植民地期を通じて増加していった（神田, 2006）. ここでは, インドの天然資源を代表する鉄鉱石と石炭を中心に取り上げ, 開発状況とその地理的特徴を探る.

インドの鉄鉱石生産は, 中国, ブラジル, オーストラリアに次ぐ世界第 4 位であり, 2009 年の生産量は 257 百万 t となっている（世界鉄鋼協会『Steel Statistical Yearbook 2011』）. 2000 年代以降の伸びが著しく（図 5.7）, 2003 年から 2009 年の 7 年間で生産量は 2.5 倍以上に増加している. この要因として, インド国内における工業成長と世界需要の増大が挙げられる. とくに, 輸出向けの生産量が全体の半数かそれ以上を占めており, 輸出がインドにおける鉄鉱石開発をけん引してきた. 鉄鉱石の主な仕向地は中国である. 2005 年度の輸出量 8900 万 t のうち 83％（7400 万トン）が中国に輸出されている. これに次ぐのは日本（1000 万トン, 11％）である. 中国向けの鉄鉱石輸出が増加している背景には, 中国国内の経済発展に伴う鉄鉱石需要の増大や中国で採石される鉄鉱石の品質が比較的低いことなどが挙げられる. なお, インドから中国への輸出のうち, 鉄鉱石を中心とする「鉱産物」の割合は 2010 年において 6 割と高い（朱, 2012）.

石炭の生産は中国, アメリカ合衆国に次ぐ 3 位で, 生産量は 626 百万 t である（2009 年）. 石炭も鉄鉱石と同様, 2004 年頃から生産量が急速に伸びている一方, 国内の石炭火力発電所での消費が増加していることなどから輸入超過傾向にあり, 2009 年では 6700 万 t が輸入された（経済産業省資源エネルギー庁『エネルギー白書 2011』）.

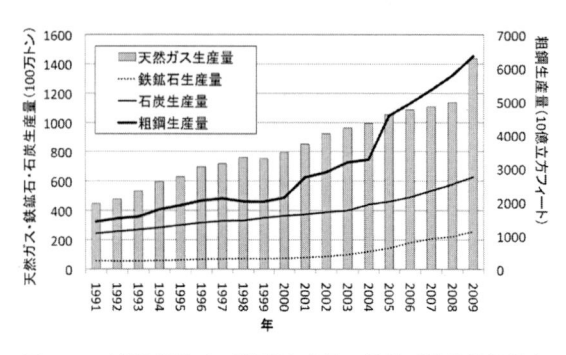

図 5.7 天然資源および粗鋼生産量の推移（世界鉄鋼協会ウェブサイト "Steel Statistical Yearbook" 各年 (http://www.worldsteel.org/statistics/statistics-archive.html)，アメリカ合衆国エネルギー省エネルギー情報局ウェブサイト (http://www.eia.gov)，経済産業省資源エネルギー庁ウェブサイト「エネルギー白書 2011」(http://www.enecho.meti.go.jp/topics/hakusho/2011energyhtml/index.html) より作成）

また，インドの一次エネルギーとして石油とならび重要度を増しているのが天然ガスである．インドの大都市では，オートリキシャ（三輪自動車）やバスに天然ガス燃料の使用を義務づけるなど，その普及が進んでいる．2010 年における天然ガスの国内生産量は 1 兆 8480 億立方フィートである．輸入量は 4290 億立方フィートで，ミャンマーやパキスタンなどの周辺諸国からパイプラインや船舶により運ばれている（国際エネルギー機関ウェブサイト）．近年はレアアースの採掘も注目されている．2013 年からはその一部が日本にも輸出され，自動車部品用に使用されることになっている．

5.3.2 天然資源の開発と分布

インドの天然資源開発は，国営または過半数の株式をインド政府が所有する公営企業を中心に進められてきたが，近年は新たな展開がみられる．すなわち，国内外における資源需要の増大に対応するため，インド政府は 2005 年に鉱業法を改正して規制緩和を実施し，鉱山を探索・開発する事業への外資導入を進めている．その結果，資源メジャーの参入が進み，天然資源の開発が加速している．また，国営企業の民営化も計画され，一部ですでに着手している．ただし，全体でみると鉱業活動全体の 85% がいまだ国営部門で占められ

ているといわれる（石油天然ガス・金属鉱物資源機構ウェブサイト）．

天然資源の採掘は東インドや西インドに集中しており，その他の地域は比較的少ない．2009 年 4 月から 2010 年 2 月における主な資源の採掘量を州別にみると，鉄鉱石はオリッサ州（38％），カルナータカ州（20％），ゴア州（17％），石炭はチャッティースガル州（21％），オディシャー州（20％），ジャールカンド州（19％），ボーキサイトはオリッサ州（35％），グジャラート州（20％），マハーラーシュトラ州（13％），石油（海洋部での採掘を除く）はタミル・ナードゥ州（65％），アッサム州（18％），アルナーチャル・プラデーシュ州（14％）などとなっており，特定地域に偏っている（インド政府 Indian Bureau of Mines）．

図 5.8 をもとに，より詳細に天然資源の採掘地域をみよう．石炭は西ベンガル州西部からジャールカンド州，チャッティースガル州北部にかけてのダモーダル川流域，オリッサ州北部からチャッティースガル州にかけての地域が主な産地である．このうちダモーダル川流域では，鉄鉱石・石炭も豊富に産するので，鉄鋼業をはじめとする重化学工業が発展してきた．鉄鉱石はゴア州周辺からカルナータカ州一帯，アーンドラ・プラデーシュ州北部やオリッサ州で採掘される．

そのほか，石灰石は主にジャールカンド州南部で，マンガンは MP 州，アーンドラ・プラデーシュ州，ゴア州，グジャラート州，カルナータカ州などでそれぞれ採掘されている（Mukherjee, 1997）．また，天然ガス田はムンバイの沖合やグジャラート州，アーンドラ・プラデーシュ州，アッサム州に分布しており，ベンガル湾沖でも大規模なガス田が発見されている．ムンバイの沖合の採掘場はボンベイハイと呼ばれ，石油と天然ガスの大油田となっている．なお，鉱物資源は外貨獲得のための重要な輸出品でもあることから，各地で資源積出し港が開発されている．その一つであるアーンドラ・プラデーシュ州のヴィシャーカパトナムでは，国営の製鉄所も建設されている．

5.4.1 鉄鋼業

インドでは，国内の豊富な天然資源を活用した鉄鋼業が成長してきた．とりわけ，重工業化戦略が進められた第二次および第三次五カ年計画（1950年代〜1960年代）において鉄鋼業への投資が戦略的に重視され，鉄鋼業は国家主導型の重工業化の中心的工業として位置づけられた．これにより1953年以降，製鉄所が次々と新設された．製鉄所の建設にあたって，インド政府は冷戦下における東西陣営による「援助競争」を利用した．旧ソビエト連邦，旧西ドイツ，イギリスの援助によって，チャッティースガル州ビライ，オリッサ州ルールケラー，西ベンガル州ドゥルガプルにそれぞれ建設された（中村・石上，2006）．その後，1960年代後半から1990年頃まで，インド政府は鉄鋼業への十分な投資額を確保できず，生産量は伸び悩んだ．この間，鉄鋼生産に貢献してきたのは小規模圧延業者や電炉業者である．これらの事業者は，小形鋼片や金属片，棒鋼類を圧延して加工して利益を上げていった（石上，2011）．また，インド政府による小規模企業の保護政策を利用したこともこれらが成長した要因となった．

長い低迷の時期を経て，鉄鋼業に変化をもたらしたのが1991年以降の経済自由化である．ライセンス制度の撤廃や関税引き下げなどにより外資の参入や既存工場の生産拡大が進んだ結果，鉄鋼生産が拡大していった．とりわけ，鉱業法が改正されて外資参入がみられた2005年以降，生産量の増加が顕著になっている．実際，2003年度には粗鋼生産量のうち民間企業が60％を占めていたが，2008年度には70％となっている．こうした民間企業の多くは2000年代の参入であるが，例外的にターター鉄鋼会社（現ターター・スチール）は独立以前の1912年から上述のダモーダル川流域にあたるジャールカンド州シングブーム地方ジャムシェードプルで生産を開始しており，インド鉄鋼業の発展において100年にわたり重要な役割を果たしてきた．同社は2006年に自社よりも生産高が4倍もある英蘭系のコーラス社を買収し，世界第6位の鉄鋼メーカーとなっている（石上，2011）．

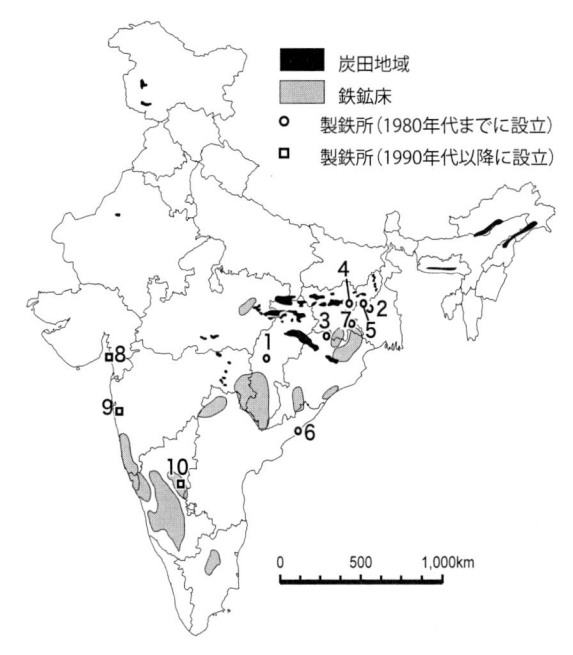

図5.8 天然資源と主要製鉄所の分布（石上（2011）より作成．原資料はCoal India社，Geological Survey of India，鉄鋼各社の各ウェブサイト）

製鉄所名（社名）は下記のとおり．1. ビラーイー（インド国営鉄鋼公社（SAIL），国営），2. ドゥルガプル（SAIL，国営），3. ルールケラー（SAIL，国営），4. ボカロ（SAIL，国営），5. IISCO（バーンプル）（SAIL，国営）6. ヴァイザーグ（ラシュトゥリヤイスパット・ニガム，国営），7. ジャムシェードプル（ターター・スチール，民営），8. ハズィラ（エッサール・スチール，民営），9. ドルヴィ（イスパット・インダストリーズ，民営），10. ヴィジャナガル（JSWスチール，民営）

以上のように，インドは外資参入を進めることで資源開発を促進し成長をみせているが，一方で世界的には資源ナショナリズムの台頭などもあり問題は多い．また，オリッサ州では地元住民やNGOなどが外資の製鉄所やアルミニウム工場の建設に反対し，数年にわたり建設が進まないなど，地元からの反発も生じている．

5.4 基幹工業のダイナミズム

ここでは，基幹工業として鉄鋼業，自動車工業および繊維衣料工業を取り上げ，発展過程と空間的特徴を明らかにする．いずれも近年成長の著しい工業であり，規模も大きく，社会経済的影響力を有している．

製鉄所の新設は鉄鋼業の立地変化を伴っている．1950年代頃に建設されたものは，鉄鉱石や石炭の主な採掘地域である東インドを中心に立地していたが，1990年代以降は経済成長の著しい西インドの沿海部に立地する傾向にある．つまり，製鉄所は原料立地型から港湾立地型ないし市場立地型に変化している．臨海部に立地するようになった要因の一つとして，天然ガスを利用して鉄鉱石を還元する新たな技術が開発されたことにより，沿海部の天然ガス工場に近接立地することが求められるようになったこと，世界的な鉄鋼業のブームによって輸出向け生産が増加し港湾への近接性が重要になったことなどが挙げられる（石上，2011）．

5.4.2　自動車工業

　インドの自動車工業は経済成長に伴って急成長しており，新興自動車生産国の一つとなっている．2011年における自動車生産は392万6千台で，フランスやイタリアを抜いて世界第6位に位置している．1999年は81万8千台（15位）と2011年の5分の1であったことから，近年の生産台数の伸びがいかに大きいかがわかる．目覚ましい経済発展を遂げる新興国の代表としてブラジル，ロシア，インド，中国が挙げられ，それぞれの頭文字をとってBRICsと呼ばれる[1]．図5.9はBRICsの自動車生産台数の推移をみたものである．中国が群を抜いて増加しており，2009年から世界一となっているが，インドも順調に増加している．2008年に発生した世界同時不況などの影響によりロシアとブラジルの生産台数が伸び悩み，インドはそれらの国を追い越す格好となっている．

　インドの自動車工業もほかの工業と同様に，独立後から1980年までは産業ライセンス制度に基づく少数の企業によって少量生産が行われ，停滞的状況を招いていた．当時，自動車は先進国からの技術援助を受けて製造されたが，デザインや技術などが旧式であり生産車種も少なかった．また，自動車工場の立地は，ムンバイー（ボンベイ）やチェンナイ（マドラス），コルカタ（カル

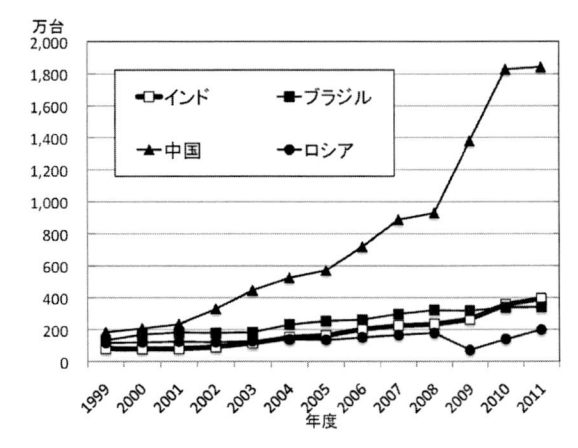

図5.9　BRICsにおける自動車生産台数の推移（OICA国際自動車工業連合会の資料より作成）

カッタ）などの大都市に限られており，都市型工業の性格が強かった（友澤，2011）．1980年代に入ると，外資規制や産業ライセンス制度の部分的緩和が行われたことにより，インド企業と外資との合弁による自動車生産や生産車種の増加などがみられた．この時期に新設された自動車工場は，インド政府による投資補助や外資企業に対する立地規制の緩和等によって，「後進地域」や「無工業県」への立地が中心となった．例えば，トヨタ（デリー郊外）や日産（アーンドラ・プラデーシュ州ハイダラーバード郊外），マツダ（チャンディーガル郊外），三菱自動車（MP州インドール郊外）などがインド企業との合弁企業によって後進地域で操業を開始した（友澤，2011）．

　インド最大の自動車企業であるマルチ・スズキ（当時マルチ・ウドヨグ）も1980年代前半に操業を開始した企業である．同社は，第5，8代首相インディラ・ガーンディーの次男サンジャイ・ガーンディーが設立したマルチに起源をもつ．サンジャイは低燃費で低価格の自動車生産に高い関心をもっており，1971年に乗用車の生産ライセンスを取得した．しかし，彼は1980年に航空機の墜落事故によって死去し，事業が頓挫してしまった．翌年，同社は国有化され，インド進出に関心を示したスズキとの合弁という形で生産開始にこぎつけた．同社は日本車名アルトを改良して販売されたマルチ・800が大きな成功を収めたこと

---

[1] 2011年より南アフリカ共和国を加え，BRICSとも呼ばれることもある．

で，インド有数の自動車企業として成長している（絵所，2008）．なお，現地企業も乗用車市場，商用車市場の双方で成長しており，ターター・モーターズやアショーク・レイランドなどが健闘している．このほか，韓国のヒュンダイもインドでシェアを伸ばしている．

1990年代以降は経済自由化の流れを受けて自由な経済活動が可能となり，自動車工場は再び大都市近郊に立地するようになった．2009年時点では，23社の自動車企業がインドで操業している（友澤，2011）．これらはデリー首都圏，チェンナイ，マハーラーシュトラ州プネーといった地域に集積している（図5.10）．デリー首都圏はインド最大の自動車工業集積地となっており，乗用車の44%，二輪車の61%が同首都圏で生産されている（友澤，2011）．プネーはムンバイーの南東に位置する工業都市であり，ターター・モーターズやメルセデスベンツ・インディア，フィアット・インディアといった企業が立地している．一方，ヒマラヤ山系に位置するヒマーチャル・プラデーシュ州とウッタラーカンド州でも自動車工場の新規立地がみられる．インド政府は「後進地域」である両州の工業化を促進する政策を2003年に開始しており，これに呼応した動きといえる．

自動車は1万点以上の部品を組み立てることで完成するため，自動車生産には部品工業の成長が不可欠である．そこで自動車部品企業の本社の位置に着目すると，それらはハリヤーナー州グルガオンを含むデリー首都圏，プネーやムンバイーを含むマハーラーシュトラ州西部，そしてチェンナイ–バンガロールの地域に集積している．これら3地域では，本社設立場所の変化がみられる．すなわち，1970年代まではそれぞれデリー，ムンバイー，チェンナイに本社が集中していた．しかし1980年代以降になると，大都市の土地不足や大都市郊外での工業団地開発の進展により，デリー首都圏は南部のハリヤーナー州グルガオンに，マハーラーシュトラ州西部はプネーに立地するようになった．チェンナイ–バンガロールの場合，2000年代に入って両都市の周辺に立地するよう

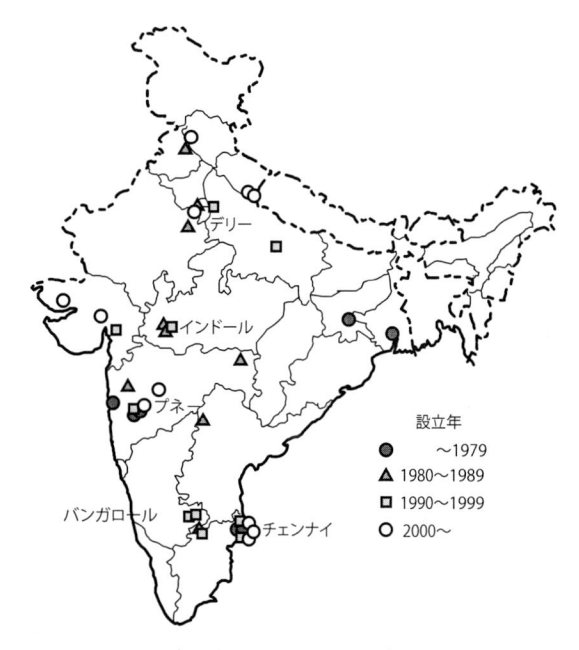

図5.10 自動車工場の立地展開（友澤，2011）
2011年時点で現存する四輪車工場を示した．

になった（友澤，2012）．このように，インドの自動車工業は大都市からその郊外，さらに周辺地域へと外延的に拡大しており，現在もその途上にある．

5.4.3 繊維衣料工業

繊維衣料工業は，GDPの4%，輸出割合の17%を占め，雇用者数は間接のものを含めると1億人近くにのぼるとされる．また，インドの繊維衣料生産量は中国に次いで第2位である．このようにインドの繊維衣料工業は重要であるため，同工業に関わる省庁として繊維省を設置しているほどである．

繊維衣料工業における製造工程は，「原料生産」（川上部門），「紡績」「織布」「染色・加工」（川中部門），そして「縫製」（川下部門）に分類される．ここでは工程順に特徴を述べたのち，「織布」および「縫製」工程の空間的特性を示す．まず，繊維衣料工業の原料は化学合成繊維と綿などの天然繊維に分けられる．化学合成繊維の生産は大きな設備投資を必要とするため，一般に大企業が担っている．インドではリライアンスグループの独占状態にある．一方，インドは綿や生糸などの天然繊維の生産が活発であり，その原料である綿花

写真 5.2 マハーラーシュトラ州のテキスタイルパーク内にある力織機工場（2012年3月，著者撮影）

や繭の生産は主に農村地域において重要な生業となっている．世界的にみても，綿花と生糸の生産量はいずれも中国に次いで世界2位である（2010年）．綿花の栽培は，グジャラート州やマハーラーシュトラ州，パンジャーブ州，ハリヤーナー州，アーンドラ・プラデーシュ州で盛んである．生糸は主にカルナータカ州，アーンドラ・プラデーシュ州，西ベンガル州で生産されている．

原料から糸を紡ぐ「紡績」工程は，化学合成繊維の生産と同様に大規模な設備投資によって生産される．そのため，小規模企業は少なく，中規模以上が多い．ただし，老朽化した機械を使用している工場が多く，設備の刷新が求められている（ジェトロ，2004）．これに対して，「織布」工程は小規模企業が卓越している．この工程では，織り手が手動で布を織る手織部門，動力による力織部門，工場部門に分けられており，力織部門が8割以上を占めている（写真5.2）．手織部門は生産量こそ力織部門の7分の1程度だが，南アジア地域で広く女性が着用する民族衣装のサリーや，装飾の入った各種布の生産は手織りに頼っている部分が大きい．また，1980年代中頃までは綿製の織布が中心であったが，次第に化学合成繊維による織布が増加し，綿布に匹敵する規模となっている．次の「染色・加工」工程も小規模企業が多く，近代的設備の導入が遅れているため技術の低さが問題となっている（ジェトロ，2004）．

縫製工程（アパレル）は繊維衣料工業の最終工程であり，企業数は3万社あるといわれている（ジェトロ，2004）．近年まで生産留保制度や外資出資比率規制が適用され，小規模企業が優遇されてきたことから，小規模企業が卓越している．ただし，2000年代に入って欧米系のアパレル企業が豊富で安価な労働力を求めて進出してきており，その新しい動向が注目される．こうした外資企業や一部の国内企業が衣料製品の輸出を引っ張っており，主にアメリカ合衆国や欧州向け衣料を中心に輸出が2005年頃から急増している（表5.1）．その背景には，多角的繊維協定（MFA）の撤廃がある．繊維衣料工業では，巨大市場の欧米諸国に安価な製品が大量に流入するのを防ぐため，貿易数量制限が実施されていた．しかし，この協定は自由貿易に反するということから2005年に撤廃された．これにより，インドをはじめとした繊維衣料生産地からの輸出量が増大したのである．

表 5.1 南アジア3か国における繊維製品の輸出量の推移（単位：億ドル）

国	品　種	2003	2004	2005	2006	2007	2008	2009	2010
インド	繊維製品	68.5	70.1	84.6	89.1	96.7	102.7	91.1	128.7
	アパレル製品	66.2	66.3	92.1	94.2	97.9	108.5	114.5	112.5
	計	134.7	136.4	176.7	183.5	194.6	211.2	205.6	241.2
パキスタン	繊維製品	60.3	61.2	70.9	74.7	73.7	71.9	65.1	78.5
	アパレル製品	28.4	30.3	36.0	39.1	38.1	39.1	33.6	39.3
	計	88.7	91.5	106.9	113.8	111.8	111.0	98.7	117.8
バングラデシュ	繊維製品	4.8	6.0	6.3	7.3	8.8	10.9	10.7	12.6
	アパレル製品	44.6	63.0	81.6	105.2	88.6	109.2	107.3	156.6
	計	49.4	68.9	87.9	115.5	97.4	120.1	118.0	169.2

資料：日本化学繊維協会（2011）：『繊維ハンドブック2012』，日本化学繊維協会（2012）：『繊維ハンドブック2013』

ここで，繊維衣料工業において生産規模の大きい「織布」工程の力織部門および縫製部門を取り上げ，その空間的特徴をみていこう．2010年度における力織部門は51万9千工場，織機数は229万8千機，雇用者数は561万人である．工場はマハーラーシュトラ州やタミル・ナードゥ州とその周辺に多く立地しており，北インドや東インドは比較的少ない（図5.11）．とりわけ，マハーラーシュトラ州は全体の半数近くを占めており，最大の規模を誇っている．具体的な生産拠点として，マハーラーシュトラ州ではムンバイー郊外のビワンディや，南部のイチャルカランジ，北部のマレガウン，グジャラート州ではスーラト，タミル・ナードゥ州ではコインバトールやセーラム，イーロードゥなどが挙げられ，力織機による織布産地を形成している．インドでは，力織機を用いた織布生産が19世紀中頃にムンバイーから本格的に開始され，20世紀に入って成長した．西インドの大都市では，資本力をつけた民族資本の手織業者や貿易商人等が力織部門に参入してきた．これに対し，タミル・ナードゥ州を中心とする南インドでは1950年代以降に力織部門が拡大し，手織物を手がけていた織物カーストが主に参入した．同時に，タミル・ナードゥ州は西インドに比べて中小都市が分散して分布していることから，力織機による織布生産はそうした中小都市に拡がっていった（Roy, 1998）．

縫製工程は，ミシンや手縫いによって手作業で行われるため労働集約的であり，多くの労働力を必要とする．そのため，縫製企業は都市を中心に立地する傾向にある．主な集積地は，タミル・ナードゥ州やマハーラーシュトラ州，カルナータカ州，ハリヤーナー州，パンジャーブ州，デリー特別州，UP州などである（図5.12）．上述の力織機の分布と比較すると，デリー首都圏の位置する北インドやコルカタの位置する西ベンガル州の生産額が大きく，縫製業が都市立地型の工業であることを確認できる．

近年のインド繊維衣料工業の新しい動きとしては，インド繊維省が進めている繊維衣料専用団地テキスタイルパークの開発がある．パークの開発は企業経営のコンサルタントなどが手掛け，そこに紡績から織布，縫製といった工程を担う企業群が立地して一貫生産型の繊維衣料工業クラスター

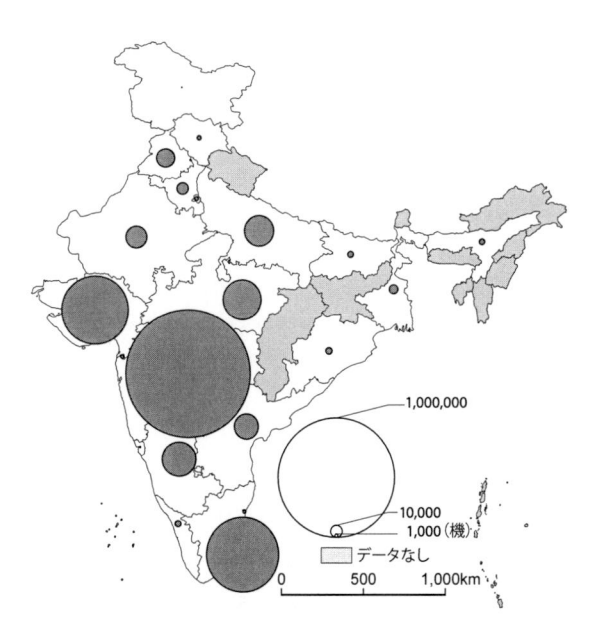

図5.11 州別の力織機の分布（2009年．Central Institute for Cotton Research (Indian Council of Agricultural Research) のウェブサイトより作成 (http://www.cicr.org.in/Database.html)）

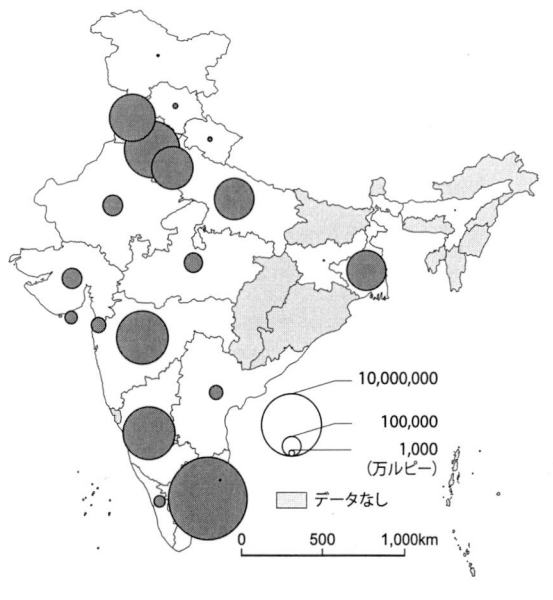

図5.12 州別の衣料製品生産額の分布（2008年．Annual Survey of Industries より作成）
Annual Survey of Industries のインド標準産業分類2桁区分における Division14 Manufacture of wearing apparel を示した．

を形成することが目指されている（宇根，2011）．2011年時点で61のテキスタイルパークが繊維省に承認され，順次操業を開始している．これらの開発地域も，主にはマハーラーシュトラ州やタミル・ナードゥ州といった従来の繊維衣料工業集積地となっている．

5.5 インド工業の課題

1991年の経済自由化以降，工業発展の著しいインドであるが，急成長を遂げているがゆえの課題が山積している．ここでは主に3点に絞って述べる．

1点目は工業発展に伴う地域格差の進展である．経済成長率や所得，インフラなど，さまざまな内容の州間格差が拡大している．ビハール州やジャールカンド州，UP州，ラージャスターン州にかけては，ヒンディー語地域であることから「ヒンディー・ベルト」と呼ばれている．この地域は，本章でみたように天然資源の重要な採掘地域ではあるものの，工業発展が遅れている．これに対し，デリーやハリヤーナー州，マハーラーシュトラ州，グジャラート州などは高所得地域であり経済発展も著しい（岡橋，2012）．また，州間だけでなく，都市と農村との間，そして都市間にも大きな格差がある．

2点目は組織部門と非組織部門との雇用格差の問題である．本章では組織部門を中心に述べたが，小規模企業は雇用形態が不安定であり賃金も比較的低い．雇用の格差は，組織部門と非組織部門との間だけでなく，組織部門における正規雇用と非正規雇用との間にも生じており，後者の拡大が問題となっている．組織部門における非正規雇用の割合は，1998年度の15.5％から2005年度には28.6％へと上昇した．その背景には，企業側が非正規労働者を導入して人件費を抑制したいという考えがある（石上，2011）．そのため，抑圧された労働者側によるストライキや暴動といった行動も増加している．また，児童労働の問題も根深い．既述した繊維衣料工業の縫製や織布部門などでは多くの児童が労働に従事しているのが実情である．

3点目は，環境汚染の問題である．鉱工業の発展や交通量の増加などに伴い，大気や水質等の汚染が拡大している．汚染は大都市圏のみならず農村地域でも発生しており，深刻である．先に述べたオリッサ州における鉱業開発の中止要求は，まさに農村地域における環境問題といえる．インド鉱工業の持続的発展のためには，環境汚染の改善が不可避である．

［宇根義己］

引用文献

石上悦朗（2011）：第6章　産業政策と産業発展．石上悦朗・佐藤隆広編著：シリーズ・現代の世界経済6　現代インド・南アジア経済論．pp. 149-182．ミネルヴァ書房．

宇根義己（2011）：インドにおけるテキスタイルパークの開発と立地特性．広島大学現代インド研究―空間と社会，**1**：47-58．

絵所秀紀（2008）：シリーズ・現代経済学7　離陸したインド経済―開発の軌跡と展望―．ミネルヴァ書房．

岡橋秀典編（2003）：日本地理学会　海外地域研究叢書2　インドの新しい工業化―工業開発の最前線から―．古今書院．

岡橋秀典（2012）：現代インドの空間構造と地域発展―メガ・リージョン研究に向けて―．広島大学現代インド研究―空間と社会，**2**：1-16．

神田さやこ（2006）：植民地期インドの工業化に関する一考察―エネルギー市場との関連から．慶應義塾大学経商連携21世紀COEプログラム，Keio University Market Quality Research Project, Discussion Paper Series DP2005-022：1-21．

経済産業省資源エネルギー庁ホームページ「エネルギー白書2011　第2部　エネルギー動向　第2章　国際エネルギー動向」http://www.enecho.meti.go.jp/topics/hakusho/2011energyhtml/index.html

国際エネルギー機関ウェブサイト，http://www.iea.org

須貝信一（2011）：『平凡社新書604　インド財閥のすべて　躍進するインド経済の原動力』平凡社．

世界鉄鋼協会ウェブサイト　"*Steel Statistical Yearbook*" 各年，http://www.worldsteel.org/statistics/statistics-archive.html

朱　炎（2012）：中国とインドの経済関係：補完的関係の発展と摩擦．海外事情60-4：44-60．

ジェトロ（2004）：多角的繊維協定（MFA）撤廃による南西アジア繊維産業への影響に関する調査．ジェトロ．http://www.jetro.go.jp/jfile/report/05000684/05000684_001_BUP_0.pdf

石油天然ガス・金属鉱物資源機構ウェブサイト「世界の鉱業の趨勢2012 インド」http://mric.jogmec.go.jp/public/report/2012-04/india_12.pdf

友澤和夫（2007）：インド―発展途上国の近代化に着目し

た地誌．矢ケ﨑典隆・加賀美雅弘・古田悦造編著『地理学基礎シリーズ3　地誌学概論』pp. 69-78. 朝倉書店．
友澤和夫（2011）：台頭する2000年代のインド自動車工業とその空間構造．広島大学現代インド研究―空間と社会 **1**：1-17.
友澤和夫（2012）：インド自動車部品工業の成長と立地ダイナミズム．広島大学現代インド研究―空間と社会 **2**：17-34.
中村平治・石上悦朗（2006）：独立インドの国家建設．内藤雅雄・中村平治編著：南アジアの歴史．pp. 199-247. 有斐閣．

二階堂有子（2001）：インドにおける小規模工業―優遇政策制度の概観―．文部省科学研究費・特定領域（A）「南アジア世界の構造変動とネットワーク」Discussion Paper 12, 東京大学東洋文化研究所：1-62.
Mukherjee, S. (1997): Iron and Steen Industry. Siddhartha, K., Mukherjee, S. eds. *"Indian Industry：A Geographical Perspective"*. pp. 77-97. Kisalaya Publications.
Roy, T. (1998): Development or Distortion? 'Powerlooms' in India, 1950-1997. *Economic and Political Weekly* 33-16：897-911.

―――― コラム5　製薬産業 ――――

テレビコマーシャルなどで「ジェネリック医薬品」という言葉をよく聞く．ジェネリック医薬品とは，特許期限が切れた医薬品と同じ有効成分をもつものを，開発した企業とは異なる企業が製造・販売している薬である．インドはそのジェネリック医薬品の生産大国である．インドのなかで製薬産業の政策的位置づけは高く，たとえば，ヴァジパイ政権（1998〜2004年）ではICTと並び「新知識産業」としてインド経済成長をけん引する産業の1つにあげられている．

正確な数字はわかっていないが，アーユルヴェーダなど伝統医学も含めるとインドには2万もの製薬企業があるといわれる．化学・肥料省医薬品局のデータによると，2010年の国内販売額は6206億ルピー，輸出額は4215億ルピーであり急成長を続けている（2006年の国内販売額は3999億ルピー，輸出額は2122億ルピー）．また，主要な輸出品であり，2010〜11年における医薬品・ファインケミカルの輸出額はインド輸出額全体の4.2％を占める．2010年の売上上位企業の輸出比率をみると，ランバクシー・ラボラトリーズ（以下，ランバクシー）が75.6％，ドクター・レディース・ラボラトリーズが82.1％，シプラが54.8％と高い（Department of Pharmaceuticals, Annual Report 2011-12より）．

立地をみると，州別では本社，工場ともにマハーラーシュトラ州とグジャラート州に多い．都市別では，マハーラーシュトラ州ムンバイーに集積している．そのほか，アーンドラ・プラデーシュ州ハイダラーバードには，民間商業銀行と州政府によって開発されたインド最大規模の医薬品・バイオ関連の工業団地（バイオパーク）があり，製薬・バイオ企業の研究機関の集積がみられ「ゲノムバレー」と呼ばれている．

製薬産業が発達している背景には，人口の多さ，化学・薬学系人材の豊富さ，公企業・公的研究機関の存在などさまざまあるが，特に，成長を支えていたのが1970年の特許法である．インドでは製法特許のみしか認められていなかったため，欧米からの導入品の模倣が可能で，製法を変えれば開発コストとリスクをかけずに安価な医薬品を生産可能であった（なお，医薬品開発にかかる費用は1製品あたり数百億円，成功確率は1万分の1とされる）．ところが1995年1月発効の「知的所有権の貿易的側面に関する協定」（TRIPS協定）を受けて，2005年に特許法が改正され物質特許も認められるようになった．これまでのような模倣品の生産ができなくなり，開発競争や特許権侵害争いが激化している．そのため，各インド企業は，海外企業との提携や海外進出，M&Aなど再編を進めている．

その一端として，製薬産業においてもインドと日本

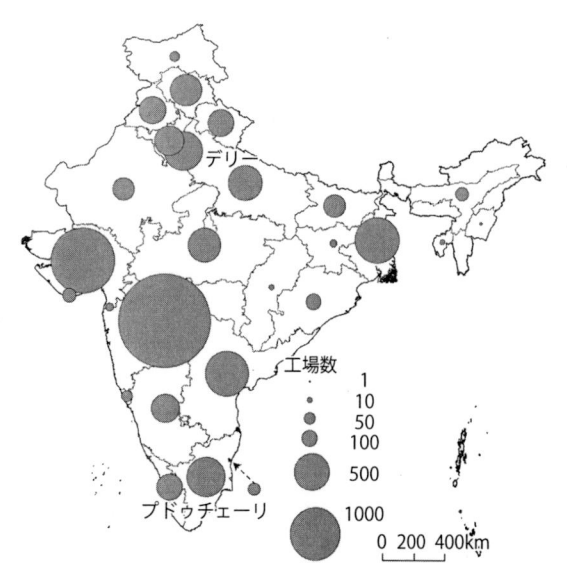

図C5.1　州別にみた製薬工場の分布（"Directory of Pharmaceutical Manufacturing Unit India 2007"より作成）

とのかかわりは深まりつつある．インド企業の日本への進出がみられ，日本企業を買収した企業もある．例えば，2007年4月にザイダス・カディラ（以下，ザイダス）が日本ユニバーサル薬品を，同年10月にはルピンが共和薬品工業を傘下におさめた．一方，日本の第一三共が2008年6月にランバクシーを買収した．生産に関しても，2010年11月にインドで作られたジェネリック医薬品がザイダスより日本で発売された（ザイダスファーマウェブサイトより）．さらには，2013年8月の稼働に向けグジャラート州アフマダーバードの本社工場内に日本向け専用工場を建設中である（日本経済新聞，2012年4月13日）．また，共和薬品工業は日本向けジェネリック医薬品のインドでの生産を発表した（日刊工業新聞，2012年1月5日）．

インド製薬産業のダイナミックな変化は今後も目が離せない．品質管理などの問題もあり，まだ本格的な動きではないが，近い将来，風邪をひいた際にインドで作られた薬の世話になるかもしれない．

［佐藤裕哉］

6 ICT サービス産業の発展

インドにおいて製造業が国内市場を指向して成長を遂げているのに対して，ICT サービス産業は輸出を指向して成長してきた．今やインドはアメリカ合衆国をもしのぐ世界最大の ICT サービス輸出国となっている．これにはソフトウェア開発だけでなく，労働集約的なコールセンター業務といったサービスも含まれる．本章では，インドにおける ICT サービス産業の成長過程を簡潔に跡づけるとともに，それがインド大都市にもたらした地理的なインパクトについて，「インドのシリコンバレー」とも称されるバンガロールをとりあげ紹介する．

6.1 「サービス貿易」の拡大とインド

インドは，サービスの主要な「輸出国」として地位を急速に上昇させている．とりわけ，これは ICT サービス分野において顕著である．ここでの ICT サービスとは特に断らない限り，主に ① ソフトウェア開発やシステム保守などの IT サービス部門（IT service and software），および ② コールセンターやバックオフィスなどの情報通信技術を利用した業務受託サービス部門（ITES−BPO），の両者から生み出されるサービスを指す．まず，ここでは世界的な視点からインドの ICT サービス産業について把握してみよう．

世界におけるサービスの貿易額は，モノの貿易額をいまだに下回っている．とはいえ，WTO の資料に基づくならば，世界全体のモノの輸出額に対するサービスの輸出額の割合は，1990 年では 22.6 ％ であったものが 2010 年には 24.0 ％ に，「輸出額」も 3830 ドルから 3 兆 6639 ドルへと約 9.6 倍も拡大する．

こうしたなか，世界のサービス貿易におけるインドの存在感は次第に大きくなってきている．

表 6.1 世界上位 10ヶ国のサービス輸出額（受取）の推移

（単位：100 万ドル）

順位[*1]	国名	1985 年	1990 年	1995 年	2000 年	2005 年	2010 年
1	アメリカ合衆国	73,093	146,460	217,353	285,362	371,928	544,357
2	イギリス	31,306	56,422	79,796	120,397	207,674	256,705
3	ドイツ	30,399	62,447	79,507	82,929	163,446	236,979
4	中国	3,055	5,855	19,130	30,430	74,404	171,203
5	フランス	35,557	76,457	84,090	82,703	122,221	144,973
6	日本	21,648	41,384	65,274	69,238	110,210	141,457
7	インド	3,384	4,625	6,775	16,685	52,527	123,762
8	スペイン	12,723	27,937	40,468	52,453	94,663	123,627
9	シンガポール	4,688	12,811	27,329	28,540	55,674	112,308
10	香港	n.a.[*2]	n.a.	n.a.	40,430	63,709	106,161
	世界計	394,887	804,009	1,189,610	1,520,282	2,518,500	3,746,234
	（国数）	147	147	158	161	172	160

*1：順位は 2010 年の輸出額に基づく．
*2：n.a. は「該当せず」の意．
資料：国際貿易統計研究所　国際比較統計（http://www.iti.or.jp/）

IMFの国際収支統計資料（Balance of Payments）に基づいてインドのサービス輸出額（受取額）をみてみると，1990年には46.3億ドルでしかなかった．それが，2000年に166.9億ドルに，そして2010年には1237.6億ドルとこの20年間に26.7倍にも拡大する．その結果，インドは世界7位のサービス輸出国となった（表6.1）．同じ期間におけるインドのモノの輸出額をインド政府の刊行するEconomic Surveyでみると，181.4億ドルから2511.4億ドルへと13.8倍の拡大を遂げた．モノだけでなく，サービスの提供を通じて形成されるインドと諸外国との繋がりが急速に深化してきていることを確認できる．

インドのサービス輸出を大きく特徴づけるのがICTサービスであり，2010年においてインドのサービス輸出額全体の5割弱を占める．インドの2010年度のICTサービスの最大の輸出先は，アメリカ合衆国（51.6％）で，イギリス（21.4％）がこれに続く（図6.1）．このほかにカナダ，オーストラリア，シンガポールといった英語圏への輸出が活発であるとともに，近年ドイツやオランダ，フィンランドといったヨーロッパ諸国への輸出も行われている．これに対してアジアの占める割合はいまだ小さく，ICTサービスの市場規模が世界第2位とされる日本についても，インドの輸出先として占める割合はきわめて小さい．このように，インドのICTサービスの成長は，英語圏の国々，とくにアメリカ合衆国との関係の深まりによってもたらされている．

注目すべきは，2010年のインドのICTサービス輸出額がアメリカ合衆国のそれを上回り，世界第1位となった点である．実は，1990年代まで当該サービスの輸出において首位の座にあったのはアメリカ合衆国であった．それが2000年代になるとその順位が落ちていく一方で，インドの順位は上昇し，2010年には，アメリカ合衆国の輸出額（137.7億ドル）をインドの輸出額（567.0億ドル）が大きく上回る．また，輸出額と輸入額との差をみてみると，インドは541.7億ドルの黒字（受取超過）となり，その額も世界第1位であるのに対して，アメリカ合衆国は56.2億ドルの赤字（支払超過）となっている（表6.2）．アメリカ合衆国商務省による2010年のサービス貿易統計をみると，同国が輸入する「コンピュータおよび情報サービス」の4割弱をインドが占めており，最も大きい．これにはアメリカ合衆国に本社を置く企業がインドに設立した現地法人や子会社から輸出されるものも含まれるとはいえ，ICTサービスを通じてインドとアメリカ合衆国との関係が特に緊密であることをあらためて確認できる．

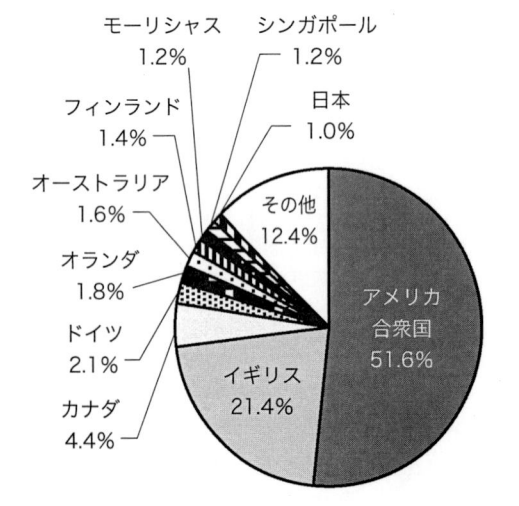

図6.1 インドICTサービスの輸出先（2010年度（ESC Statistical Year Book 2010-2011により作成））

表6.2 「情報サービス」貿易の推移（100万ドル）

	1990年	1995年	2000年	2005年	2010年
インド					
輸出額（受取）	n.a.*1	n.a.	4,727	21,875	56,701
輸入額（支払）	n.a.	n.a.	577	1,266	2,531
収支尻	n.a.	n.a.	4,150	20,609	54,170
アメリカ合衆国					
輸出額（受取）	1,310	2,418	5,622	7,319	13,766
輸入額（支払）	90	286	1,631	2,349	19,385
収支尻	1,220	2,132	3,991	4,970	-5,619

*1：n.a.は「該当せず」の意．
資料：国際貿易統計研究所国際比較統計（http://www.iti.or.jp/）

6.2 ICTサービス産業の発展過程

6.2.1 インドにおけるICTサービス産業の成長とインド中央政府の輸出振興策

　世界のICTサービス貿易において，インドは卓越した地位を築きつつある．ただし当初の輸出額はきわめて小さく，輸出額が10億ドルを超えるのは1990年代後半からである（図6.2）．とはいえ，その輸出額は1990年から2000年間の間に45倍，そして2000年から2010年の間に10倍弱にまで拡大した．こうしたICTサービス輸出拡大の背景には，世界的なICTサービスへの需要の増大といった外的な要因だけでなく，中央政府による規制緩和や輸出振興への取り組みといったインド国内での動きがあったことも見逃せない．

　そもそもインドのICTサービス輸出は，ソフトウェア開発の分野に限ってみれば中央政府の強い規制のもとに1970年代前半からわずかながら行われていたし，1980年代中頃からは当時の首相ラジーヴ・ガーンディーのもと，規制緩和が徐々に進められていた．また，インドの大手ICTサービス企業のなかには，1991年の経済自由化以前に設立され操業していたものもある．たとえば，タター・コンサルタンシー・サービシズ（TCS）は1965年に，インフォシスは1981年に設立されており，もともと家庭用品を製造していたウィプロも当該産業の成長を見込み1980年代には参入していた．現在これらの企業は世界各国に拠点を設立し，インドを代表する大企業として成長を遂げている．ICT産業の業界団体の設立も経済自由化以前に行われている．2012年現在でインド大手企業や外資企業など約1370社を擁し，インドのICTサービス産業界を代表する業界団体として発展したNASSCOM（National Association of Software and Service Companies）は，経済自由化以前の1988年に38会員でデリーに設立されている．

　このように，インドのICTサービス産業は，1991年の経済自由化によって突如として誕生したわけではない．経済自由化以前から一定の産業振興への取り組みが行われていたのである（Heeks, 1996）．そして，インドのICTサービス産業が輸出を梃子として大きく成長し始める1991年の経済自由化以降においても，中央政府による当該部門への関与は継続している（澤田, 2003）．

　中央政府は新経済政策のもと，ソフトウェア輸出を促進するための機関としてSTPI（Software Technology Park of India）を設立するとともに，他の産業では規制されていた100%外資出資による企業設立をICTサービス産業分野において認めた．また，高い関税のため輸入が困難であったコンピュータなどの情報機器の輸入を自由化し，さらにソフトウェアなどを輸出する企業に対して所得税の優遇措置などを講じた．これにより，先進国の大手企業がインドに現地法人を設立し，本国や世界各国に展開するグループ企業向けのソフトウェア開発が本格的に推進されるようになる．

　加えて，デリーに本庁を置くSTPIは，優遇措置の手続きを行う中央政府の窓口としてインド各地に支所を設立するとともに，操業間もない企業や中小企業に対して貸しオフィスを提供したり安価な通信回線を提供したりした．これらSTPIの支所は，1991年に全国に5カ所設立されたのを皮切りに，2001年には20カ所，2010年には51カ所とインド各州に設立されている（鍬塚, 2012）．中央政府は，ICTサービス産業に対して規制緩和を進め輸出の拡大を念頭においた産業振興に取り組むとともに，産業振興をはかるための

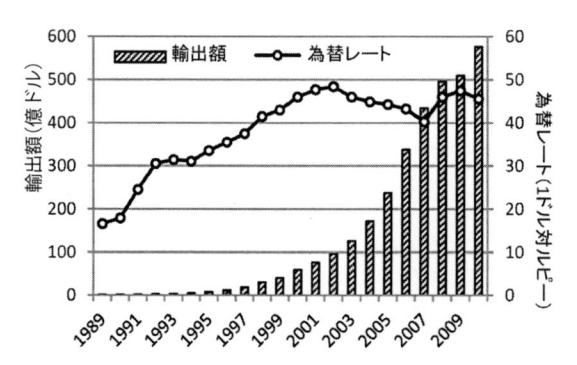

図6.2　インドのICTサービス輸出と対ドル為替レートの推移（ESC Statistical YearBook，各年版およびHeeks（1996）により作成）

地域的な拠点をインド各地に整備していった．

なお，ここで注意しておきたいのは，STPIが工業団地やオフィス・パークを開発するために設立された組織ではない点である．1990年代において情報通信機器を用いてサービスを輸出することは一般的ではなく，ICTサービス企業が入居するようなオフィスへの需要も大きくなかった．またオフィス・パークを含む産業用地の開発は中央政府ではなく州政府が強い権限を持っていた．そのため，中央政府によって設立されたSTPIは，衛星通信施設やインキュベーション施設を運営することはあっても，工業団地やオフィス・パークといった不動産を主体的に開発することはなかった．

6.2.2　ICTサービスの輸出形態の変化

インドからのICTサービス輸出は，当初，ソフトウェア開発などの分野に限られていた．コールセンターのように，オペレータがインドに居ながら国外にサービスを提供することを可能とする仕組みが一般化するのは，もっぱら2000年代からであり，膨大な情報量を瞬時にやりとり可能な帯域幅の広い通信回線を利用できるようになってからである．

ところで，こうした動きにサービスの輸出形態の変化が伴っていたことは見逃せない．先進国の技術者と比較して，労働コストという点で優位なインドの技術者を活用することによって，先進国企業はソフトウェア開発などに要する費用を安価に抑えることができる．特に，1990年代後半に先進国の企業や機関が「コンピュータの2000年問題」に対応するにあたって，様々なソフトウェアの修正が必要になった．その際に，注目されたのがIIT（Indian Institute of Technology）に代表される「優秀」な理工学教育のもとに「大量」に養成され，また先進国の技術者と比較して相対的に「安価」に利用できるインド人技術者であった．ただし，先進国企業に提供されたプログラムの修正や開発といったサービスの多くは，当初，インドから先進国への技術者の地理的な移動を伴うものであった．つまり，こうしたサービスの提供は，主として「人の移動」によって行われたのであった．

もちろん2000年代においては，情報通信技術を用いれば，技術者の開発したソフトウェアのプログラムを，遠隔地であってもデータとして即座に顧客に提供することが可能であろう．しかしながら，ソフトウェアの設計図や仕様書といったものを技術者が理解したり，顧客とともに共同でソフトウェアを開発したりする場合，技術者同士が顔をつきあわせながら意思疎通をはかる必要がある．今日「テレビ電話」は安価な通信手段となっているとはいえ，1990年代を振り返ると，当時の技術水準と帯域幅では，スムーズに意思疎通をはかることが難しい場合もあり，また専用回線を用いることから高価な通信手段でもあった．こうしたこともあって，インドのICTサービス産業，なかでもソフトウェア開発分野では，インド人技術者がアメリカ合衆国をはじめとする先進国の顧客企業のもとに派遣され，そこにおいてソフトウェア開発に従事することを通じて，サービスが「輸出」されていたのである．

こうしたインドからの「出稼ぎ」ともいえるような技術者の国境を越えた移動は「ボディ・ショッピング」とも呼ばれる（Xiang, 2007）．つまり，インド人技術者がインド国外において当該業務に従事し，サービスを提供することで得た賃金をインドに送金することによって，結果的にサービスがインドから「輸出」されたのである．こうした方法で提供されるサービスの形態を「オンサイト・サービス」と呼ぶ．前述のように1990年代のインドのICTサービス輸出は，もっぱら「オンサイト・サービス」というかたちで行われていた．1990年代のインドICTサービス産業の成長は，インド国外にいる顧客のもとにインドから技術者が移動することによってもたらされたものであった．この場合，インド国内には人材派遣を行う拠点があればよく，技術者の働く場所をインド国内に立地させる必要性は低かった．つまり，当該産業の成長は，インド国内における当該産業の立地という現象を十分に伴うものではなかったのである．

ところが2000年代になると「オンサイト・サ

ービス」の比率が低下する一方で，ソフトウェア技術者やオペレータがインドに居ながら，情報通信技術を用いて国外の顧客にサービスを提供する「オフショア・サービス」の割合が拡大する（表6.3）．ここでの「オフショア」とは，直接的には，インド国外に居る顧客企業もしくは発注側からみた表現であり，「オフショア（海外）」から当該顧客企業の立地する国へとサービスが提供される仕組みを説明するものである．とはいえ，インドから情報通信技術を用いてサービスを国外に輸出する場合において，一般的に用いられる用語となっている．こうした用語法からも，世界的な需給構造において，インドのICTサービス産業の置かれたポジションと特徴がうかがい知れる．

いずれにしても，インドのICTサービス産業が成長する過程において，サービスを提供する仕組みが変化したことを見逃すことはできない．なぜなら，こうした輸出形態の変化があってはじめて，ICTサービス産業が地理的にインド大都市に集積したり地方都市に立地したりすることが可能になったからである．そしてこのことが，インド大都市や地方都市の空間構造に大きな影響を及ぼすのである．

サービスの輸出形態が変化した背景には，2000年代になってインド国内に居ながらサービスを提供する仕組みが一般的になってきたことがある．また，インターネットの普及による通信コストの低下や帯域幅の拡大といった技術的な理由からだけでなく，ソフトウェアの開発工程管理や品質管理のノウハウをインド人技術者が顧客企業のもとで学習し，それらをインド国内でも行えるようになったことも見逃せない（鍬塚，2011）．「オンサイト・サービス」というかたちでインド国外の顧客のもとで仕事に従事した経験をもつインド人技術者の増加と，彼／彼女らのインドへの帰還は，情報通信技術の発達と通信速度の向上，さらにインターネットの普及と相まって，サービス輸出のあり方を変化させた．

インド国外で働いた経験をもつインド人技術者は，顧客が具体的にどのような製品を開発しているのかを，開発が行われる現場において業務に従事することで直接知ることができる．そのため，彼らがインドに戻った場合，顧客のもとで得た知識やノウハウを，そうした経験のない技術者に伝えることができるし，またインド国外に居る顧客とインド国内に居る技術者とを橋渡しする役割を担うこともできる．その結果，工程を分割することの可能なソフトウェア開発については，その多くの部分をインドで行うことが可能となる．もちろん2001年に起きた「アメリカ同時多発テロ」によって，アメリカ合衆国では外国人に対するビザの発給が厳しくなり，それ以前のようにインド人技術者がアメリカ合衆国において業務に従事することが容易でなくなったという制度的な要因も，「オンサイト・サービス」から「オフショア・サービス」への変化を説明するにあたって無視できない．

ところで，上述したようなサービス輸出の形態変化は，それまでソフトウェア開発分野に特化していたインドのICTサービス産業に，新たな成長分野を追加していくことになる．それが，コールセンター業務やバックオフィス業務である．ソフトウェア開発とコールセンター業務とでは必要とされる人材の特徴が大きく異なる．前者は理工学分野で教育を受けた技術者によって担われる一方で，後者は文系分野で教育を受けた人材によってもっぱら担われている．とはいえ，基本的に情報通信技術を用いてサービスを提供する技術的な基盤は同じである．そのため，ソフトウェア分野で確立されたサービス輸出の仕組みを，電話によ

表6.3 輸出形態別にみたインドのICTサービス

（単位：%）

	オンサイト・サービス	オフショア・サービス	その他[*1]
1990	90.0	5.0	5.0
1994	61.0	29.5	9.5
1998	58.2	33.9	7.9
1999	57.4	34.7	7.9
2000	56.1	38.6	5.3
2001	45.2	50.7	4.1
2002	38.9	57.9	3.2

[*1]：その他にはソフトウェア製品を含む．
資料：Guhathakurta and Parthasarathy (2007)

る通信販売の応対や購入製品のサポート業務といったコールセンター業務，さらに給与計算や会計処理といったバックオフィス業務などにも応用することができる．実際に2000年代になってから，こうした分野の輸出額はソフトウェア分野以上に拡大しており，インドのICTサービス産業の成長を大きく支えている．

以上のように，インドからのICTサービス輸出は当初，「人の移動」を伴うものであった．それが，ソフトウェア開発やコールセンターでの顧客対応業務といったサービスを，情報通信技術を用いてインドから国外へと「デリバリー」するかたちへと変化した．その結果，ICTサービス輸出の拡大は，インド国内で業務に従事する人員を増加させることにつながっていった．こうした変化は同時に，サービスを生産する場所そのものが，先進国からインドへと移転していく過程でもある．サービス輸出の形態変化は，インド国内において，働く場所としての企業や事業所がインド大都市に存在することの重要性を高めたのである．あたかも空間はICTによって圧縮されてしまったかのように印象づけられる一方で，それらの立地がインドの大都市や地域の様々な側面に波及していく．サービスを実際に生み出す人々の働く場所と，その立地は，新たなインドの「地理」を形づくるのである．

6.3 ICTサービス産業の分布と変化

インドからのICTサービス輸出額は，南部諸州からのものが大きい．2010年度の輸出について州別にみると，「インドのシリコンバレー」とも称されるバンガロールを州都とするカルナータカ州が169.9億ドルと最も大きい．次いでムンバイーを州都とするマハーラーシュトラ州（129.0億ドル），チェンナイを州都とするタミル・ナードゥ州（97.4億ドル）が続く．ここにハイダラーバードを州都とするアーンドラ・プラデーシュ州（76.3億ドル）を加えると，これら4州からの輸出額がインド全体の8割強を占める．このように，もっぱら南部インドから活発にICTサービス輸出が行われている（図6.3）．

ただし，当該産業の一大集積地として，北インドにおけるデリー首都圏の存在を見逃すことはできない．首都デリーは大規模な開発の進むハリヤーナー州のグルガオンやウッタル・プラデーシュ（UP）州のノイダなどとともに大都市圏を形成しており，こうした郊外部に相当数のICTサービス企業が立地しているからである．NASSCOMの会員について，その登録住所から当該企業の分布を確認してみると，バンガロールが300社と最も多い．ただし，デリー首都圏（デリー，ノイダ，グルガオン）を登録住所とする会員も290社あり，その数はムンバイー（213社）やチェンナイ（175社）を上回る（表6.4）．もちろん，これらの会員企業は，登録住所以外の都市にもソフトウェア開発センターやコールセンターなどの拠点を設立している．事実，バンガロールに本社を置くウィプロやインフォシス，ムンバイーに本社を置くTCSといったインドを代表するICTサービス企業は，いずれもデリー首都圏に複数の事業所を設立している．とはいえ，グルガオンが位置するハリヤーナー州とノイダの位置するウッタル・プラデーシュ州からのICTサービスの輸出額をみると，それぞれ34.2億ドルと26.3億ドルであ

図6.3 州・連邦直轄地別にみたICTサービスの輸出額，ESC Statistical YearBook 2010-2011により作成（鍬塚（2012）の第2図に加筆修正）

表6.4 都市別にみたNASSCOM会員の分布

	所在都市[*1]	会員数		所在都市[*1]	会員数
1	バンガロール	300	6	プネー	87
2	デリー首都圏	290	7	コルカタ	58
	デリー	*64*	8	アフマダーバード	31
	ノイダ	*99*	9	トリヴァンドラム	18
	グルガオン	*127*	10	チャンディーガル	14
3	ムンバイー[*2]	213		その他	131
4	チェンナイ	175		合　計[*1]	1435
5	ハイダラバード	118			

[*1]：10会員以上が立地する都市について示した。
[*2]：ムンバイーにはナビムンバイーも含む。
資料：NASSCOMウェブサイトより2012年10月検索．

り，これらをデリーとあわせると65.0億ドルとなる．デリー首都圏は，北部インドにおけるICTサービス産業の一大拠点となっていることがわかる．

このようにICTサービス産業は，インドの大都市を基盤に成長を遂げている．ただし，2001年国勢調査の都市圏（Urban Agglomeration）人口においてインド第2位の規模を誇るコルカタを登録住所とするNASSCOM会員企業は少なく，コルカタを州都とする西ベンガル州からの輸出も，ハリヤーナー州やUP州を大きく下回っている．また，東北部インドでは，メガラヤ州を除きICTサービスの輸出は行われていない．

州別にICTサービス輸出額の推移をみてみると，興味深い動きを確認できる（図6.4）．前述したように大都市を擁する州からの輸出が突出するとはいえ，そうではない州からの輸出も2000年代後半から大きく拡大している点である．例えば2000年代前半まで南部インドのなかでは停滞した状況にあったケーララ州は，2005年から2010年の間に輸出額が1.0億ドルから5.5億ドルへと拡大している．またグジャラート州でも，同じ期間に0.6億ドルから6.5億ドルへと大きく拡大し，デリー州の輸出額を上回るようになった．さらに，2008年度までほとんど輸出のみられなかったウッタラーカンド州でも，その額自体は小さいとはいえ急速に伸びている．

このように既存の集積地以外の地域，すなわち非大都市圏でもICTサービス産業が成長している．その理由として，次の2点を指摘できる（鍬塚，2012）．第一は，ICTサービス企業の集積が進んだことから労働力獲得競争の激化や賃金の上昇など集積の不利益が生じている点である．ICTサービス企業は，価格競争力を保ちながらデリー首都圏で事業を拡張することが難しくなってきた．そのため，ICTサービス企業はより「安価」な労働力の確保を目指し，新たな事業所を地方都市に設立するようになっている．事実，大都市より地方都市の方が，賃金水準や不動産価格などといった事業コストが3割以上も安価だという（NASSCOM-A.T.Kearney, 2008）．大都市の方が「優秀」な人材の確保が容易であったり，インフラの整備水準という点において地方都市よりも優れていたりするとはいえ，高度な知識や技能を必要としない業務の場合，地方都市でも十分に対応可能である．こうしたことから，「安価」なサービスの提供という点において，大都市から地方都市へと当該業務を移転するメリットは小さくないのである．

たとえば，輸出額上位5位のICTサービス企業について，インド国内における事業所の配置をみてみると，大都市だけでなく地方都市にも開発センターや技術者のトレーニングセンターなどを設立しており，事業拠点を地方にも分散させている．こうした地方分散には大きく二つの動きがある．州内の大都市から地方都市への分散の動きと，州境を越えた分散の動きである．前者は南部インドで特徴的であり，バンガロールという大規模な集積地を有するカルナータカ州ではマイソールやマンガロールといった州内の地方都市にICTサービス産業の分散立地が進んでいる．これに対して後者は，北部インドで特徴的であり，デリー首都圏からの分散の受け皿として周辺諸州の州都などでICTサービス産業の立地がみられる．これらデリー首都圏の周辺州こそ，2000年代後半以降にICTサービス輸出が大幅に拡大している州であり，また，こうした動きに対応するようにデリー首都圏からの輸出額は漸減している．北インドにおけるデリー大都市圏と周辺に位置する経

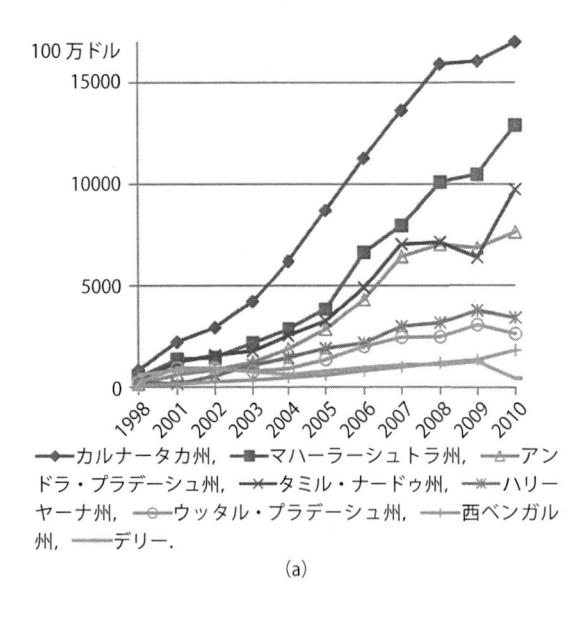

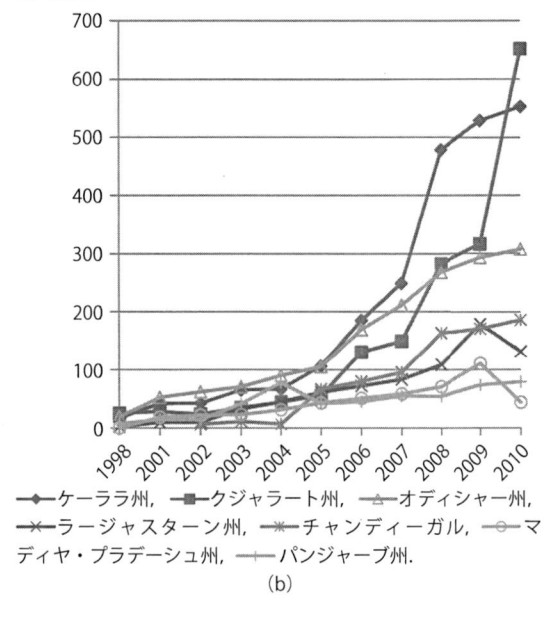

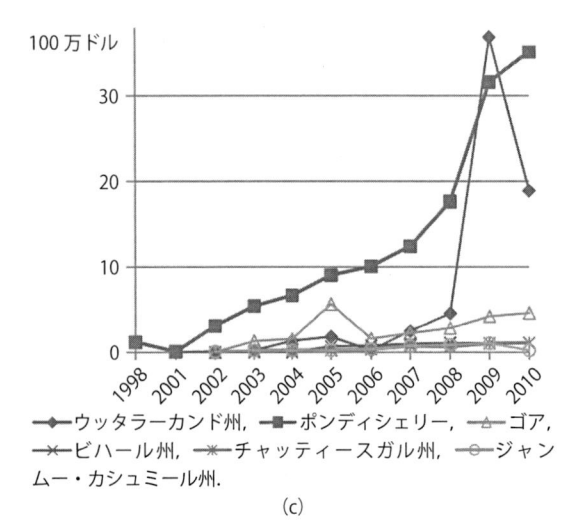

図 6.4 州別・連邦直轄地別にみた ICT サービス輸出額の推移

ESC：Statistical Yearbook 各年版により作成（鍬塚（2012）の第3図に加筆修正）．

済的に後進的な州との間に，ICT サービス産業立地を通じた新たな関係が形成されているようにもみえる．

加えて，ICT サービス分野でも州政府が積極的に企業誘致や産業振興への取り組みを行うようになった点も見逃せない．たとえば，ケーララ州では州政府が ICT サービス産業の振興と誘致に積極的に取り組んでおり，開発公社を通じて州都トリヴァンドラム郊外に大規模なオフィス・パークを整備した（写真6.1）．これを通じて同州はインド大手企業をはじめ多くの企業を誘致することができ，サービス輸出の拡大に成功した．グジャラート州でも州政府が ICT サービス産業振興にかかわる政策を策定するとともに，立地企業に対する税の優遇措置を講じ企業誘致を推進している．また，州政府は同州最大都市アフマダーバード中心部から北東20 km ほどに開発された州都ガンディーナガルに，住宅や商業施設を併設するオフィス・パークの整備を行っており（写真6.2），ICT サービス企業が立地している．このように，州の主導する産業振興策やインフラ整備を通じた企業誘致への取り組みは，北インドのウッタラーカンド州といった経済的に低位な水準にあり，かつ産業立地という点で後進的な位置にある州など

写真 6.1 トリヴァンドラム郊外のオフィス・パーク（2006年，著者撮影）

写真 6.2 ガーンディーナガルのオフィス・パーク（2013年，著者撮影）

でも同様にみられる（鍬塚，2012）．

　大都市を擁しない後進的な州は，相対的に安価な事業コストや独自の優遇策を企業に提示することで，当該企業の誘致を進めている．もちろん，高度な知識やスキルを必要とするソフトウェア開発企業の立地についてみると，人材の供給量という点において後進的な州に大きな制約があるため，それらの大都市からの分散は活発に進展しているとはいえない．しかしながら，英語を話すことができれば就業できるコールセンターや単純なデータ入力などの業務は，ソフトウェア開発といった業務が立地しないような地方都市にも立地できる．簡単なトレーニングを受ければ，専門的な知識やスキルなしに業務を担当できるからである．こうした動きは，地方において，比較的に高学歴な若者に雇用の場を提供することにもつながっており，ICTサービス産業の立地を通じた産業振興という点からも，その動向が注目される．

　このように，大都市から地方都市へのICTサービス産業の分散は，より安価な事業展開を追求する企業の戦略的な行動だけでなく，産業振興を企図した州政府の行動によっても進展している．当初は大都市のみに立地していたインドのICTサービス産業は，そこを拠点に大きく成長すると同時に，地方都市にも分散するようになってきた．サービス輸出というかたちをとりながら，アメリカ合衆国などの先進国からインドの大都市に分散していったICTサービス産業は，さらにインドの地方都市へと分散している．国際的な格差のもとに成長を遂げたインドのICTサービス産業は，新たな競争環境のもと，インド国内にある地域格差を利用した立地を展開することで，さらなる成長を模索しているのである．

6.4　「インドのシリコンバレー」バンガロール

　インドからのICTサービス輸出においてカルナータカ州は最大規模を誇る．その州都であるバンガロールは，「インドのシリコンバレー」や「シリコン台地」と称されることもあるように，同国を代表するICTサービス産業の一大集積地として知られる．世界であわせて10万人以上の従業員を抱えるまでに成長したインフォシスやウィプロといった企業だけでなく，インテル，ヒューレットパッカード，シーメンスといった北米やヨーロッパの大企業も開発センターなどの拠点を置いている．もちろん，中小規模の企業も数多く立地しており，インド人が起業したものだけでなく，留学などを契機としてインド国外に居住するようになった在外インド人がバンガロールに設立したものもある（鍬塚，2006）．

　デリーやムンバイー，ハイダラーバードといった大都市と比較した場合，ICTサービス産業がバンガロールで成長した理由として，とくに科学・技術にかかわる基盤が1990年代以前に整っていたことが指摘されている（小島，2002；

Mascarenhas, 2010). 20世紀初頭, バンガロールにはターター財閥の創始者であるジャムシェトジー・ターターによって1911年にIISc（Indian Institute of Science）が設立されている. これは, 独立後インド各地に設置され, インドの先端的な科学・技術を担う人材を輩出する高等教育機関IITより半世紀あまりもはやい. またインド独立後, バンガロールには工学系人材を育成するエンジニアリング・カレッジが民間によって多数設立されている. このほかにも1970年代までに, インドの宇宙開発を担うISRO（Indian Space Research Organisation）や, NAL（National Aerospace Laboratory）といった, 同国においてトップクラスの研究機関が中央政府によって設立されている. こうした科学・技術の教育や研究といった点において, バンガロールには歴史的に厚みをもつ基盤が整備されており, そこから多様な分野の理工系人材が数多く輩出されてきた.

こうした人材の受け皿として重要な役割を果たしてきたのが, 本社をバンガロールに置く複数の軍需関連の国営企業である. バンガロールには, 第二次世界大戦中に航空機製造を行うヒンドゥースターン・エアークラフトが設立され, 現在でもインド軍向けに戦闘機を製造している. その後, 1948年に電話機の製造を手がけるインディアン・テレフォン・インダストリーズ, 1954年に電子部品や通信機器を製造するバーラト・エレクトロニクス, 1955年に工作機械のほかに腕時計などを製造するヒンドゥースターン・マシーン・ツール, 1964年に重機や鉄道の客車を製造するバーラト・アース・ムーバーズが設立されている. これらの企業は戦闘機や戦車などの製造も手がける国営企業であり, バンガロールの教育機関から輩出される理工系人材の受け皿となるだけでなく, インド全国からバンガロールへと人材を引き寄せてきた.

インドにおける規制緩和と情報通信技術の発達は, バンガロールに様々なかたちでプールされてきた理工系の人材を, 外資企業がバンガロールにおいて活用していく機会をもたらした. これは優秀な人材がさらなる教育と成功を求めて先進国へ流出するといった, これまでのインドと先進国との人の移動に関する一方向的な関係に変化をもたらすことになった.

その嚆矢が, アメリカ合衆国に本社を置く半導体製造企業, テキサス・インストルメント（TI社）のバンガロール進出であった（Evans, 1992 ; Mascarenhas, 2010など）. TI社は, 半導体素子の回路設計を行うことを目的として, 1985年に研究・開発拠点をバンガロールに設立した. バンガロールの拠点は, 半導体製造過程の一部を担うに過ぎないため, インド国外の拠点と回路の設計データを受け渡しする必要がある. その際にデータの記録媒体の郵送という手段に代わって用いられたのが, 当該拠点の敷地内に整備された衛星通信施設であった. 大都市にプールされた人材と情報通信技術を用いてサービスを先進国に提供するという今では「常識」となってしまったインドのICTサービス産業のビジネスモデルは, 1980年代後半にバンガロールにおいてその萌芽をみたのである.

ただし, こうした動きは一企業の行動によってのみ実現したわけではない. 数々の規制のなかで企業活動が行われてきた1990年代以前のインドにおいて「通信」もまた規制の対象であり, TI社が衛星通信施設を整備したり国際通信を行ったりするにあたっても, 中央政府や州政府から数多くの認可を受ける必要があった. 中央政府において規制緩和を強力に推し進めたのが, 当時のラジーヴ・ガーンディー政権であり, こうした流れのなかでカルナータカ州政府はICTサービス産業の振興を積極的に推進していくことができた.

ところで, カルナータカ州政府は, 1970年代より電子産業の振興に着手していた. 州政府は, 1976年にエレクトロニクス産業を振興するために, KEONICS（Karnataka Electronics Development Corporation）を設立するとともに, バンガロール中心部から南方15kmほどの郊外部に工業団地エレクトロニクス・シティの整備を1978年に開始した. 当初, この工業団地にはインド資本や外国資本が出資する企業によって設立されたテレビ工場や電子部品工場などが立地して

いた．ただし，こうしたハードウェアの生産は大きく拡大することなく，エレクトロニクス・シティで操業していた工場も次々と閉鎖されていった．

ところが，この工業団地は1991年にSTPIが設立されることで大きな変貌を遂げる．前述したようにSTPIは，ICTサービス輸出の振興を目的に中央政府によって設立されたものであり，輸出にかかわる様々な申請を企業から一括して受け付けるとともに，税の減免などを措置する機関でもある．加えて，STPIは独自に衛星通信施設を整備し，自前で通信施設をもつことの難しい中小企業や起業したばかりの企業に対して，通信サービスを提供することを開始した．

エレクトロニクス・シティに衛星通信施設を持つSTPIが立地したことによって，当該団地はICTサービスの輸出を指向する企業にとって魅力的な立地場所となっていった．地上における通信環境が十分に整備されていない当時のバンガロールにおいては，STPIの衛星通信施設への物理的な距離が通信の質を左右したからである．また，STPIという「役所」の近くに立地することも当該団地の魅力となったと思われる．企業とSTPIとの間において許認可にかかわる調整を頻繁に行うことが容易だからである．こうしたこともあって，その後多くのICTサービス企業が当該工業団地に立地し，ここを拠点に成長していく．当初，規模の小さかったインフォシスの本社も当該団地を拠点に世界的な企業へと成長を遂げており，現在ではウィプロやジーメンスなどの開発拠点も，当該団地に立地している．エレクトロニクス・シティは，バンガロールにおけるICTサービス産業の集積地の一つとして成長を遂げている（鍬塚，2007）．

ところで，エレクトロニクス・シティとともに，バンガロールにおけるICTサービス産業の成長を捉えるうえで見逃せないのが，中心部から東方20 kmほどにあるホワイト・フィールドと呼ばれる地区である．当該地区における産業開発は，エレクトロニクス・シティと同様に製造業の誘致を企図した工業団地の開発が先行した．それを推進したのがカルナータカ州政府において産業用地の取得，電気・水・道路などのインフラ整備，そして用地の貸付・分譲などの産業用地開発を担当するKIADB（Karnataka Industrial Areas Development Board）であった．

ただし，KIADBはホワイト・フィールドにおいて，まず工業団地EPIP（Export Promotion Industrial Park）の整備を1992年から開始するものの，そこに隣接するかたちでさらに1998年にシンガポール政府系企業などと合弁でインターナショナル・テク・パーク・バンガロール（ITPB）として知られるオフィス・パークを建設した．積極的に，ICTサービス企業の誘致を進めるためである．現在，当該オフィス・パークには大手インド企業や先進国の多国籍企業も入居している．オフィス・ビルの一部は，税の減免が認められる経済特区（SEZ）に2011年に指定され，輸出を目的に事業活動を行っている．

ITPBの開発は，ICTサービス企業の誘致を目的にオフィス棟の建設が先行した．そのため，当該地区は開発当時は商業機能などに乏しかった．しかし，現在では大規模なショッピングセンターなども併設されるなど，複合的な開発が進展している（写真6.3）．また，当該オフィス・パークに隣接する区画には，GE社やSAP社といった多国籍企業も多数立地しており，ソフトウェアやシステム開発などを行っている．こうした企業のなかには，進出当初はITPBに入居し，事業の拡大に

写真6.3 ホワイト・フィールドのオフィス・パーク（2012年，著者撮影）

ともなって隣接する地区に自社ビルを建設し操業している企業もある．こうした点で，ITPBはホワイト・フィールド地区におけるインキュベーション施設としての性格も持ち合わせているといえる．いずれにしても，ITPBの開発を嚆矢として本格的にICTサービス企業の立地と集積が進む当該地区には，こうした事業所への出張者などのビジネス客をターゲットとした大手ホテル・チェーンなども複数立地するようになってきている．また，大規模なコンドミニアムの開発も進んでいる．バンガロールの郊外開発は，ICTサービス企業の立地を契機として着実に進展している．

このような動きはバンガロールのみにとどまらない．デリー首都圏，ハイダラーバード，チェンナイといった大都市においても同様に起きている．ICTサービス企業の入居するオフィス・パーク，大規模なショッピングセンター，ホテル，コンドミニアムといった建物群が郊外部に立ち並ぶ風景が，ICTサービス産業の発展とともに現代インドの大都市開発を大きく特徴づけているのである．　　　　　　　　　　　　　　　　［鍬塚賢太郎］

引用文献

鍬塚賢太郎（2006）：インド・バンガロールにおける情報通信産業の集積とその重層的な展開．地誌研年報，**15**，147-169．

鍬塚賢太郎（2007）：経済グローバル化の最前線バンガロール．広瀬崇子・近藤正規・井上恭子・南埜猛編著：現代インドを知るための60章，pp. 247-252．明石書店．

鍬塚賢太郎（2011）：アジア産業集積とローカル企業のアップグレード―インドICT産業の大都市集積の場合．経済地理学年報，**56**, 216-233．

鍬塚賢太郎（2012）：インド地方都市におけるICTサービス産業開発と立地企業の特性―ウッタラーカンド州都デヘラードゥーンの経験―．広島大学現代インド研究―空間と社会―**2**, 89-102．

小島　卓（2002）：やがてインドの時代がはじまる―「最後の超大国」の実力．朝日新聞社．

澤田貴之（2003）：インド経済と開発―開発体制の形成から変容まで（第2版）．創成社．

Evans, P. (1992)：Indian informatics in the 1980s：the changing character of state involvement. *World Development,* **20**, 1-18.

Guhathakurta, S. and Parthasarathy, B. (2007)：The role of world markets and international networks in the evolution of India's high-tech clusters：Riding the coat-tails or bucking the trend?. Shaw, A. ed. *Indian Cities in Transition*. Orient Longman, 178-216.

Heeks, R. (1996)：*India's Software Industry：State Policy, Liberalisation and Industrial Development*. Sage.

Mascarenhas, R. C. (2010)：*India's Silicon Plateau：Development of Information and Communication technology in Bangalore*. Orient Black Swan.

NASSCOM-A.T.Kearney (2008)：*Indian Location Roadmap for IT-BPO Growth：Assessment of 50 Leading Cities*. NASSCOM.

Xiang, B. (2007)：*Global "Body Shopping"：An Indian Labor System in the Information Technology Industry*. Princeton University Press.

コラム6 映画産業

1896年にムンバイー（当時はボンベイ）で初めて映画が上映されてから75年後の1971年，インドは日本を抜いて映画制作本数が世界第1位となった．その頃からムンバイーの映画界は，旧都市名ボンベイの頭文字と世界の映画産業の中心地ハリウッドを混ぜ合わせて「ボリウッド（Bollywood）」と呼ばれるようになった．1991年の経済改革開放以降，政府系金融機関が映画産業への資金提供を始めたこと，衛星テレビ放送が始まったこと，インド政府が映画産業への外国資本の参入を認めたこと，映画輸出にかかる税金を免除したことなどから，ボリウッドは世界中からますます注目を集め，その制作や消費もグローバルに行われるようになってきた．インドの映画制作本数（2009年）は1288本に達し，アメリカの694本，日本の448本を大きく上回っている（UNESCO）．また映画館の年間入場者数（2009年）も約29億人と世界第1位で，第2位のアメリカ（約14億人）を大きく引き離している．

インドで映画産業が盛んな主な理由として，以下の6点を指摘できる．

① 「マハーバーラタ」「ラーマーヤナ」をはじめ脚本の元となるストーリーが豊富にあった．

② 伝統的な歌芝居や大衆演劇と映画技術が結びついた．

③ 経済的・社会的に厳しい生活を送るインドの人々にとって，映画は厳しい日常を忘れて束の間の夢を見られるものであった．

④ 1980年代まで国営のテレビ局しかなく，映画が映像コンテンツを楽しむほぼ唯一の手段であった．

⑤ 国内に複数の言語が存在し，言語圏ごとに多数の映画が制作，消費された．

⑥ 映画が中央政府や州政府の政治活動や国民教育に利用された．

これらのうち，インドの映画制作本数を押し上げている主因といえるのは，⑤の「言語圏別に映画が制作，消費されていること」である．2009年に制作された1288本の言語別本数をみると，ヒンディー語映画が235本，テルグ語映画が218本，タミル語映画が190本，カンナダ語映画が138本などとなっている（FILM FEDERATION INDIA）．ヒンディー語映画はムンバイーで制作され，デリー市や北部9州で話されるヒンディー語圏で主に消費される．一方，テルグ語映画はハイダラーバードを中心とするアーンドラ・プラデーシュ州，タミル語映画はチェンナイを中心とするタミル・ナードゥ州，カンナダ語映画はバンガロールを中心とするカルナータカ州で制作，消費される．ムンバイーの映画界がボリウッドと呼ばれるのに対し，テルグ語映画界はテルグの「T」をとって「トリウッド」と，タミル語映画界はスタジオ集積地の地名にちなんで「コリウッド」と呼ばれている．インドにはいくつものハリウッドが存在するのである．

［和田　崇］

写真 C6.1　フィルムシティ（ムンバイー）での撮影風景（2012年，著者撮影）

7　交通の発達と観光の展開

　インドは，日本の9倍の国土面積と10倍の人口を有している．それゆえ，近代以降，人や物資を大量かつ確実に運搬することが求められてきた．近年では，経済成長にともなって鉄道や道路，航空や船舶などの交通インフラが整備・改良され，短時間で長距離を移動できる環境が整えられつつある．また，中間所得層の増加による生活様式の多様化は，余暇活動としての観光の進展をうながしている．これまでの外国人による観光からインド人による国内観光にシフトしているのである．それによって各地で観光開発が進められ，地域社会の変容もみられる．本章では，インドにおける交通の発達をとらえるとともに観光の展開をみていく．

7.1　交通の発展

7.1.1　鉄道ネットワーク

　インドの鉄道は，イギリス植民地時代の1853年4月16日にボンベイ（ムンバイー）～タネー間が開通して以来，アジア最初の鉄道として150年以上の歴史を有している．その鉄道網の特徴は，「大港湾都市集中型」といわれている（吉岡，1975）．まず，20世初頭までにイギリスの資本によって主要幹線が整備された．ボンベイ，カルカッタ（コルカタ），マドラス（チェンナイ）などの主要港湾都市から内陸に向けて幹線が建設され，さらに藩王国によって内陸各地へ支線が拡張された．イギリスは，こうして建設された鉄道網を利用して内陸で産出される綿花などの一次産品を本国へ積み出し，反対に本国で生産した綿製品など工業製品をインドへ輸出し，内陸へ輸送した．植民地インドにおける富の輸送と支配の強化を目的に，鉄道が利用されていたのである．

　1951年に国有化されたインドの鉄道は，アメリカ合衆国，中国，ロシア，カナダと並ぶ路線網をもつ世界有数の鉄道大国である．2010年におけるインド国鉄の総延長は6万4460 kmで日本（2万7000 km）の2倍以上であり，従業員数は160万人に上る．1日に1万4000本以上の列車が約7000駅を結び，年間利用者数は実に76億5100万人にも達する．貧困対策として運賃が低く抑えられているため，低所得者を取り込んで幅広い人々に利用されている．

　2010年度における州別路線の総延長距離（図7.1）をみると，最も長いのがUP州の8763 km，次いでラージャスターン州の5784 km，マハーラーシュトラ州の5602 kmとなっており，他に5000 kmを超える州が2州，4000〜5000 km未満が2州，3000〜4000 km未満が3州など，北部の諸州で発達している．とりわけ，インド屈指の消費地であり生産拠点でもあるデリーと大陸東部の玄関港であるコルカタ，西部のムンバイーとを結ぶそれぞれの路線は，農産物や鉱工業製品の

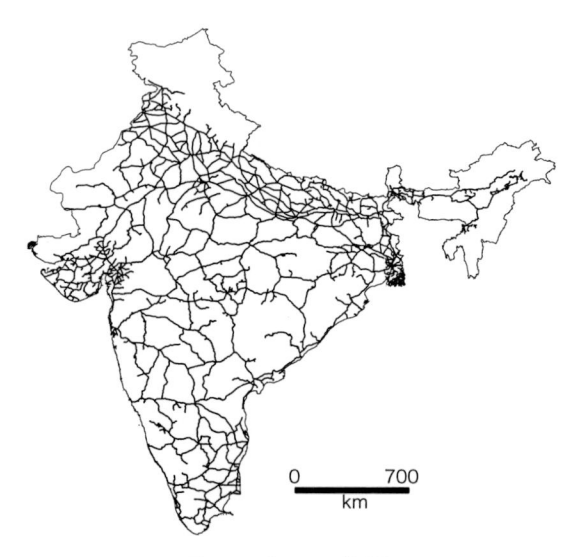

図7.1　インドの鉄道網

輸送において大動脈となっている．

鉄道は道路に比べて旅客輸送量や貨物輸送量の両面でそのシェアは小さいが，絶対量でみると増加の一途をたどっている（図7.2）．とくに，貨物輸送はインド国鉄にとって年間収入の約70％を占める経営の柱であり，国内物流の重要な担い手である（写真7.1）．インド国鉄の輸送能力について，1950年度を100とした場合，2010年度の輸送人キロは1500，輸送トンキロは1700に膨れ上がっているのに対し，線路容量の伸びは150，客車容量では300，貨車容量では110と低調である．インド国鉄における旅客輸送量と貨物輸送量の増加に対して，線路・客車・貨車の容量は圧倒的に不足しているのが現状である．これらの数値は日本の感覚からいえば非常に大きく感じられるが，12億という人口規模を考えればけっして大きいとはいえない．

7.1.2　大都市で建設が進むメトロ

インドの都市では路線バスやオートリキシャが主要な交通となっているが，デリー，ムンバイー，コルカタ，チェンナイ，バンガロール，ハイダラーバードなどの大都市では「メトロ」と呼ばれる都市内鉄道の建設が進められている．

写真7.1　ディーゼル機関車に牽引される貨物列車（2009年，著者撮影）

このうち，デリーでは日本の財政的・技術的支援によって2011年現在で167.3 kmの区間が開通している．まず2002年12月に8.3 kmが開通し，2011年には総延長距離195 kmの工事が完了した．そのうち76％にあたる区間は高架であり，デリー市内の中心部区間のみ地下である．1日あたり約100万人の利用があり，デリー市内はもちろん，工場やオフィス，住宅地の開発で発展著しいグルガオン（ハリヤーナー州）やノイダ（UP州）といった衛星都市，デリー国際空港（インディラ・ガーンディー国際空港）などの郊外各地も結んでいる．

車両は日本やインド，ヨーロッパの電機メーカーによって製造され，4両または6両編成で運行されている（写真7.2）．運賃は対距離運賃であり，自動券売機もしくは窓口で切符を購入し自動改札機を通って入場する．テロを警戒して，改札前にX線検査を受ける必要があるのは日本の場合と異なる．乗車に際しては日本の整列乗車の取り組みが導入されているが，マナーの向上は進んでいないようである．

7.1.3　インドの鉄道をめぐる課題

前述したように，インド国鉄には主要幹線を中心に線路容量が逼迫している地域があり，それが産業活動の不安定要素になることが懸念されている．鉄道輸送量の不足は，道路インフラが十分でないインドの経済成長にとっても深刻な問題である．たとえば，デリー，ムンバイー，コルカタ，チェンナイという4大都市を相互に結ぶ路線の総

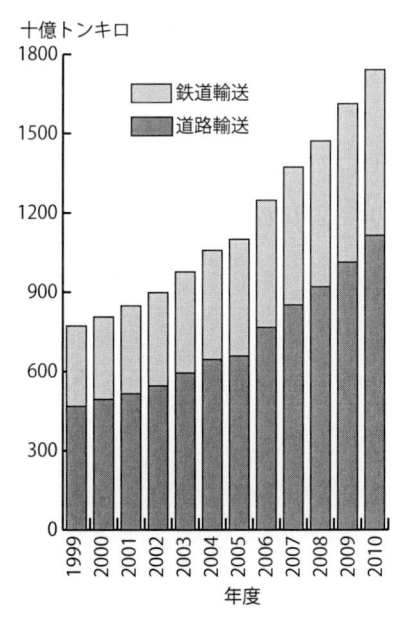

図7.2　国内貨物輸送量の推移（Ministry and Railways および Ministry of Road & Highways より作成）

写真 7.2 駅に停車中のデリーメトロの列車（2010年，著者撮影）

延長距離は全体の16%を構成するに過ぎないが，旅客輸送量は全体の約55%，貨物輸送量は全体の約65%を占めるなど大きな偏りがみられる．つまり，幹線の需要が高まりをみせているにもかかわらず，輸送供給がそれに追いついていないのである．また，こうした状況は90%前後にまで向上している列車運行の定時性も悪化させかねず，複々線化や電化の実施，機関車の性能向上といった対応に迫られている．

もう一つ課題として挙げられるのは，事故と犯罪である．インド国鉄の重大事故の惨事が，時として日本でも報じられることがある．ただ，近年は減少傾向にあり，2004年に234件であった事故数は2008年に177件にまで減少している．原因の約40%は人為的ミスであり，電気や信号などの機器の故障によるものは意外に少ない．一方，車内で発生する犯罪は非常に多く，2008年には1万5336件も発生している．列車内では窃盗などが頻発しており，インド国鉄が把握していない事案も含めれば相当数に上ると思われる．また，鉄道はテロの標的にもされており，「破壊工作」に分類される事件が2004年に全体比1.7%であったものが2008年には7.3%に増加している．

7.1.4 航空市場の拡大と空港

インドでは経済成長に伴う中間所得層（以下，中間層）の増加によって，ビジネスや観光における航空需要の増大がみられる．図7.3によれば，2010年における年間航空旅客数は国内線で5380万人，国際線で1320万人となっている．特に，2001〜2010年の国内旅客数は3.2倍という高い成長を示している．なお，2008年のリーマンショックとそれに伴う金融危機の影響を受けた経済成長の鈍化は国内線旅客数を低下させたが，その後は回復に転じている．一方，国際線の旅客数は2001〜2010年で2.6倍という高い成長を示している．旅客数の規模は，いまだ鉄道や道路に比べてはるかに小さいが，広大な国土を有するインドにおいて長距離を短時間で移動する航空交通の果たす役割は大きいといえる．

航空路線の発着地となる空港は120あり，このうち国際線の就航する空港が17，国内線のみの空港が103立地している（図7.4）．日本には102もの空港が立地するので，インドの空港密度は日本に比べてかなり低いことがわかる．表7.1は国内線における空港利用旅客数を示しているが，デリーとムンバイーがともに約1500万人で並び，バンガロール，チェンナイ，コルカタが500万人以上の利用があり，全体の64.3%を占めている．言い換えれば，航空旅客のほとんどは国内の大都市間の利用であり，その他の地域は鉄道や自動車

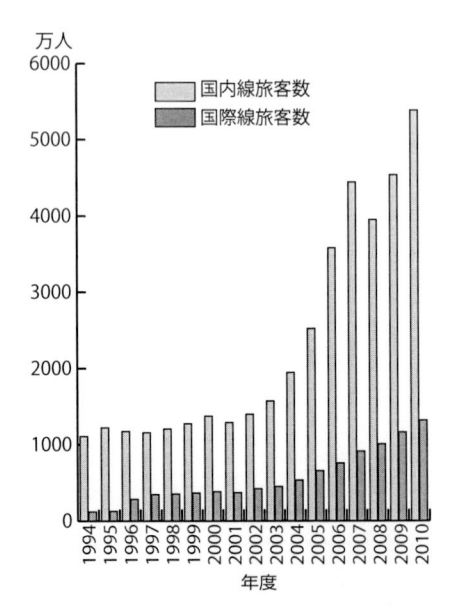

図 7.3 インドにおける航空旅客数の変化（インド民間航空局（DGCA：Director General of Civil Aviation）資料より作成）

表7.1 主な空港の旅客数と発着数（2008年度）

空港名	旅客数（人）	発着数（回）
ムンバイー	1531万6813	16万2120
デリー	1507万4102	15万7896
バンガロール	712万0458	9万1057
チェンナイ	617万9282	8万5458
コルカタ	598万7750	7万0697
ハイダラーバード	464万8663	6万8744
アフマダーバード	214万1609	2万6043
ゴア	183万1355	1万9198
グワーハーティー	136万6258	2万5062
コッチ	134万8705	2万1529

資料：インド民間航空総局（DGCA）資料

交通の利用が多数を占めていると考えられる．

空港は基本的にインド空港局（AAI）の管理に置かれているが，ムンバイー，デリー，バンガロール，ハイダラーバードの四大空港は民営化されている．このうちデリー国際空港では，2007年から改良工事が開始され，2010年に国際線で4430 mの滑走路と50万 m^2 にも及ぶ第3ターミナルが供用を開始した．新ターミナルの完成によって年間3400万人の旅客を取り扱えるようになり，インド政府の計画では2026年までに第6ターミナルまでの建設を終了し，年間1億人の旅客取扱を目指している．

7.1.5 新規航空会社の参入

近年における航空市場の拡大は中間層の増加によるものばかりではない．規制緩和による航空政策の転換も大きい．インドでは1991年に国内線の自由化が行われ，これまでの国営2社体制（エア・インディアとインディアン・エア）から民間会社の新規参入が認められた．特に，2005年以降，インド国内の新規航空会社の参入が相次ぎ，旅客数が大幅に増加している．新規航空会社の国内線運賃は8000～1万1000円と低価格に抑えられており，鉄道に比べればかなり高額であるが，航空利用者の拡大をもたらしている．2011年現在における国内線市場のシェア（図7.5）をみると，最も大きいのがキングフィッシャーで19.0％，次いでインディゴの18.7％，ジェット・エアウェイズの18.0％，エア・インディアの15.8％と続き，インディゴをはじめとする新規航空会社が大きな役割を担っている．

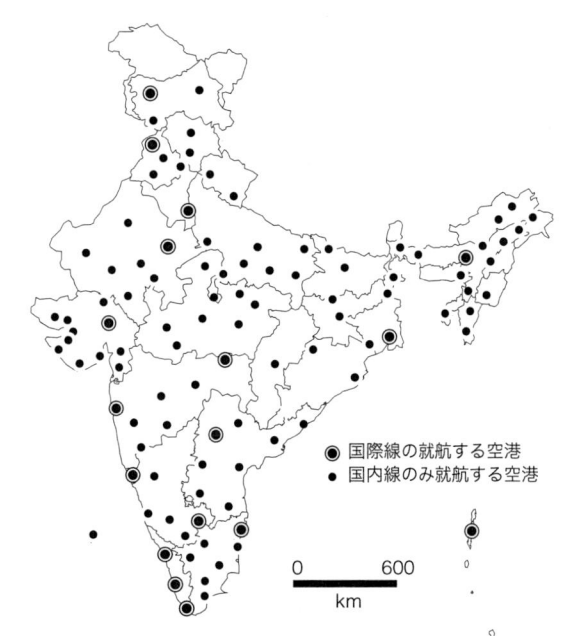

図7.4 インドにおける空港の分布（2010年，DGCA資料により作成）

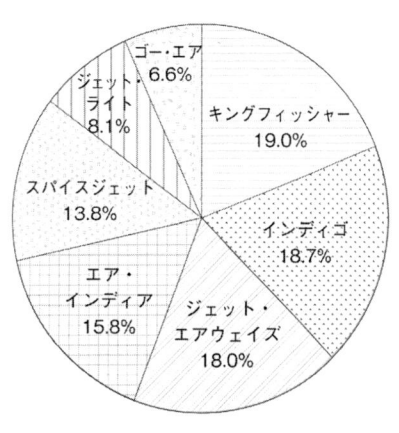

図7.5 インド国内における航空市場のシェア（単位％，2011年，DGCA資料により作成）

7.1.6 船舶の現状

インドは7517 kmに及ぶ海岸線を有し，ムンバイー，チェンナイ，コルカタなど13の政府直轄の主要港（Major Port）と185の非主要港（Non Major Port）をもつ「海運国家」である．日本の船舶にとっても，インドは中東を西に控えた航路上の要所にあたる．

海運は，諸外国との貿易において大きな役割を担っている．すなわち，2010年度におけるインドの輸出入のうち容量ベースで95％，金額ベー

7.1 交通の発展　　79

スで 70% が海運によるものである．世界の海運におけるシェアは約 1% であるが，経済成長に伴い港湾インフラの整備は不可欠となっている．

主要港のコンテナ取扱量を図 7.6 からみると，重量ベースで全体の 49.4%，TEU 換算（20 フィートコンテナによる換算）で全体の 57.2% がジャワハルラル・ネルー港（JNPT 港）で取り扱われている．同港はコンテナに特化した整備が進められており，インド最大の商業都市であるムンバイーに近接しているという地理的利点がある．近年ではデリーの玄関口としての性格を有しており，インドの海運において存在感を増している．コンテナ輸送以外では取扱品目別に取扱港が分化しており，原油・石油製品ではカンドラ港やムンバイー港，鉄鉱石はモルムガオ港，石炭はパラディープ港などとなっている．なお，各主要港の取扱量を比較すると，平均稼働率は 85% を超えており，モルムガオ港や JNPT 港など 4 港は 100% 以上を示し取扱能力を超えている．

今後も経済成長により貨物取扱量は増え続けると思われ，港湾インフラの整備と拡張が必要になると考えられる．

7.2 モータリゼーションの現状

7.2.1 自動車市場の拡大

インドのモータリゼーションは，自動車市場の拡大によってもたらされたといえる．1990 年代以降の経済成長に加えて，インド国内外の自動車メーカーによる魅力的なデザインとコストを実現した車両の売り込みが大きく作用している．

近年における乗用車のインド国内での販売台数と生産台数の推移を示した図 7.7 によれば，2003 年度から 2010 年度までの 7 年間に約 2.5 倍に生産が増加している．2010 年度に生産された乗用車 298.7 万台のうち輸出は 46.7 万台にすぎず，実に 85% が国内市場向けとなっている．すなわち，国内市場の拡大が生産の増加に直結している点がインドの特徴といえる（友澤，2009）．

次にインド国民の自動車保有状況をみると，2011 年における千人当たりの乗用車登録台数は 14.4 台で，日本の 454 台（2009 年）と比べてか

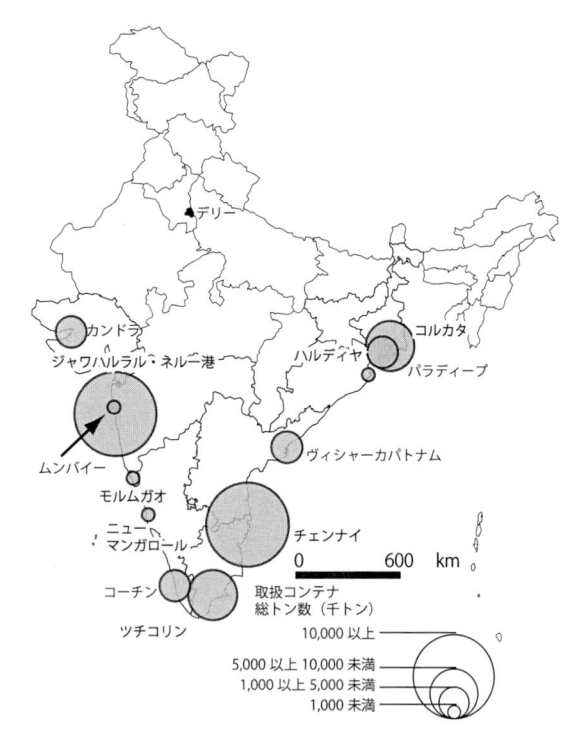

図 7.6 主要港の分布と取扱コンテナの総トン数（2010 年度，Ministry of Shipping 資料により作成）

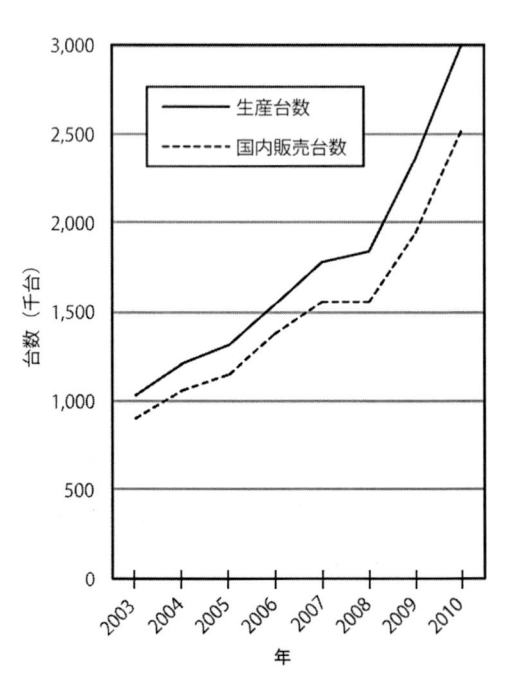

図 7.7 インドにおける乗用車生産台数と国内販売台数の推移（Society of Indian Automobile Manufacturers 資料により作成）

なり低水準にある．自動二輪車の登録台数は5192.2万台（千人当たり42.9台）であるので，インドでは自動二輪車によるモータリゼーションが支配的である．モータリゼーションの地域差も大きい．図7.8から州・連邦直轄地別に千人当たりの乗用車登録台数をみると，最高値はチャンディーガルの251.4台で，大きく下がってデリーの131.1台が続く．都市域からなる連邦直轄地で高く，州レベルではゴア州の102.8台が最も高い．これに対して最も低いのはビハール州の2.0台で，5台に満たないのは5州ある．こうした地域差が生まれる要因として所得水準の差異が考えられ，モータリゼーションの進展にはおおよそ南高北低の傾向が読み取れる．

7.2.2 道路ネットワークの整備と課題

インドは高速道路など道路インフラの整備が遅れていること，都市部での渋滞が激しいこと，保守の行き届かない悪路が多いことで知られている．2008年における道路の総延長距離は約410万kmに及び，アメリカ合衆国に次いで世界第2位のネットワークを有する．道路は管理主体によって区分され，国道6.6万km（全体比1.6％），州道15.4万km（3.8％），主要県道86.3万km（21.0％），農道245.0万km（59.6％），その他57.4万km（14.0％）からなる．

インド政府は，国内の拠点都市を世界水準の高規格高速道路で結ぶ計画を策定している．特に，「黄金の四角形」（Golden Quadrilateral）と呼ばれるムンバイー，デリー，コルカタ，チェンナイの4大都市を結ぶルートや，南部のカニヤー・クマリと北部のシュリーナガルを結ぶ南北ルート，および東部のシルチャルと西部のポールバンダルとを結ぶ東西ルートからなる「東西南北回廊」（NSEW Corridor）の整備が急がれている（図7.9）．これらの整備には，物資や人の移動を円滑に進め自国の経済成長を図るばかりでなく，地方の農村部にもその恩恵をもたらすという目的がある（友澤，2009）．

一方，インドでは大都市の交通渋滞も深刻である．政府はそれに対応するために環状線やバイパス道路を建設している（写真7.3）．しかし，通行車両数の急速な伸びに道路建設が追いつかず，信号システムの改良やフライオーバーと呼ばれる立体交差による対応が進められている．また，インドのモータリゼーションと道路事情は，交通事故の増加という副産物ももたらしている．2001～

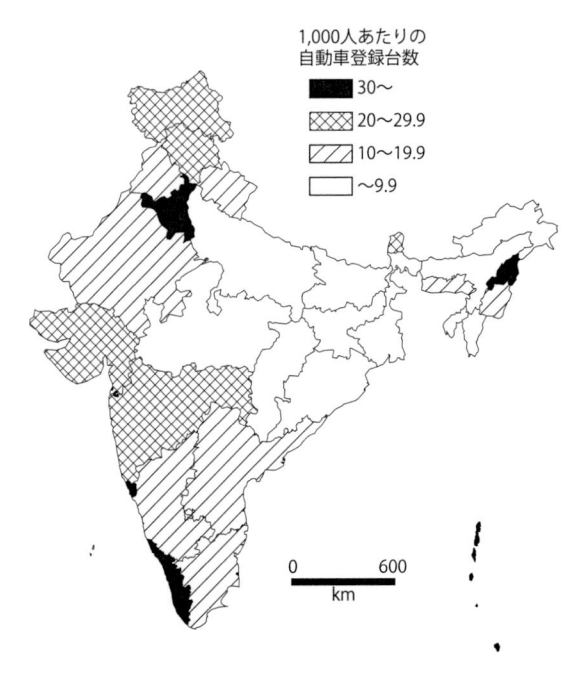

図7.8 1000人当たりの自動車登録台数の地域差（2011年，Ministry of Road Transport and Highways の資料より作成）

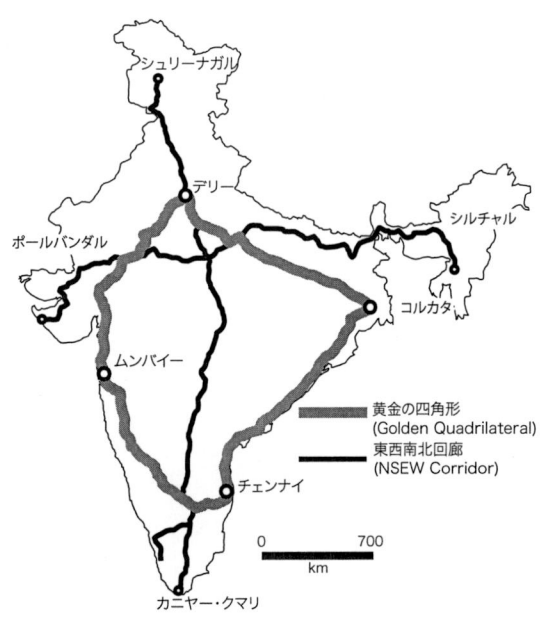

図7.9 インドの「黄金の四角形」と「東西南北回廊」

2010年の推移をみると，交通事故件数は40万5600件から49万9600件へ，それによる死亡者数も7万1千人から11万9千人へと急増している．インドの交通事故死亡者は中国（6万7千人）を大きく上まわる規模であり，世界で最悪の交通事故発生国となっている．

7.3 多様な観光資源と観光政策の展開

7.3.1 観光資源と外国人観光客の増加

インドは自然・文化両面で多くの観光資源に恵まれた地域であり，その優位性は高く評価されている（WEF, 2011）．日本人に馴染みのある観光地としては，首都のデリー，世界で最も美しい霊廟と称されるタージ・マハルのあるアーグラー，ピンクシティと呼ばれるジャイプルが挙げられるであろう．また，ブッダガヤーなどの仏教遺跡，エローラやアジャンターの石窟寺院群など，インドには世界遺産が29件（文化遺産23件，自然遺産6件）登録されており，世界各地から多くの観光客が訪れている（コラム7参照）．

近年における外国人観光客の動向を，図7.10から確認しておく．外国人観光客は2002年より右肩上がりに増加を続けている．2008年11月に発生したムンバイーのテロ事件やリーマンショックによる景気後退の影響で低い伸びとなったが，2009年以降はそれ以前の勢いを取り戻しつつある．2010年における外国人入国者数は2001年の2.1倍にあたる578万人に達し，世界では40位に位置している（日本は29位）．インドを訪れる外国人の国籍はアメリカ合衆国（16.1%），イギリス（13.1%），バングラデシュ（7.5%），スリランカ（4.6%）の順で，経済的あるいは歴史的に結びつきの深い国々からの来訪が多い．

外国人観光客が最も多く訪れる地域をみると，マハーラーシュトラ州（28.4%），タミル・ナードゥ州（15.6%），デリー（10.6%）が上位を占め，入込客数が把握されている観光地では「タージ・マハル」（20.7%），「アーグラーフォート」（12.7%），「フマーユーン廟」（7.6%），「クトゥブ・ミナール」（7.0%）の順となり，外国人にとって交通利便性の高い地域に集中していることがわかる（写真7.4）．

7.3.2 中間層の増加と国内観光の拡大

インドでは，長らく観光とは外国人観光客の来訪を意味していた．しかし，近年の中間層の増加により国内観光の拡大が顕著にみられようになった．中間層は可処分所得を有した給与所得者であり，仕事と余暇の領域がはっきり区別された生活を営んでいる．こうした人々にとって余暇をどのように過ごすかは，インドにおいても大きな関心事になっている．観光は余暇活動の一つであり，

写真7.3 国道8号線を疾駆する自動車と二輪車（2012年，著者撮影）

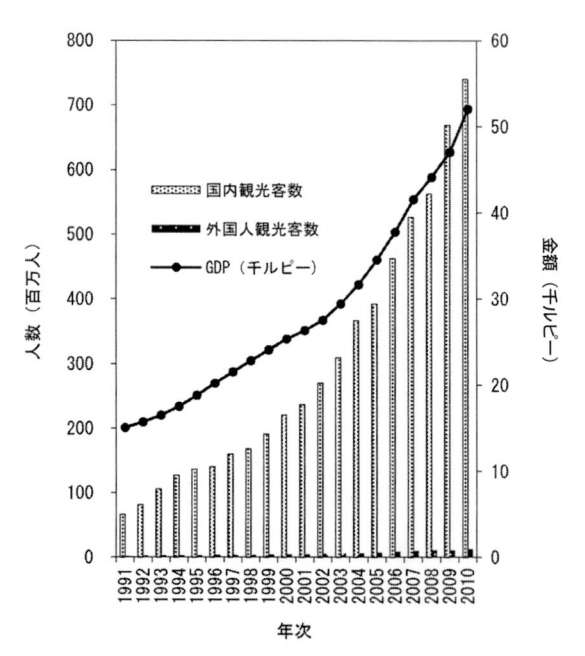

図7.10 インドにおける外国人観光客と国内観光客の推移（Ministry of Tourism 資料より作成）

写真7.4 インドの代表的観光地 タージ・マハル（2010年，宇根義己撮影）

一定の余暇時間を有した中間層は観光を消費する大きな存在となる．中間層人口は約2億人と推定され，日本の総人口を大きく上回る人々が観光の市場となっている．まさに観光は，インドにおいて一大産業に成長する可能性を内包しているのである．

図7.10からインドの国内観光客数をみると，2010年の国内観光客数は前年比10.7%増の7億4000万人に達し，統計を取り始めた1991年以降増加の一途をたどっている．これはGDPの伸びと比例していることがわかる．国内観光客が最も多く訪れるのはアーンドラ・プラデーシュ州の1億5578万人で，UP州の1億4447万人，タミル・ナードゥ州の1億1163万人と続く．外国人観光客の訪問先と異なるのは，インド人と外国人の旅行目的の違いが影響していると思われる．

インド国立応用経済研究所（NCAER）が2002年に実施した調査からインド人の旅行目的をみると，最も多いのは「社会的目的」の66%であった．具体的内容として，「友人・親族訪問」「結婚」「生誕・死去」が挙げられており，家族や親族に関わる冠婚葬祭が重視されている．社会的目的以外の項目では，「宗教や巡礼」（15%），「レジャー・ホリデー」（6%），「ビジネス・商業」（5%）となっている．インドの観光が，観光施設への訪問やリゾートでの長期滞在が主となる日本や欧米とは異なる形態にあることがわかる．

インド人の海外渡航も急速に増加している．1991年には194万人であった海外渡航者は，2000年には441万人に2008年には1086万人と1000万人を超え，2010年には1298万人に上っている．2009年における訪問先の上位5か国は，クウェート（73万人）をはじめシンガポール，タイ，アメリカ合衆国，マレーシアであり，中国とサウジアラビアがこれに続く．地理的に近い中東や東南アジアが中心であるが，大きな経済圏を有するアメリカ合衆国や中国へ向かう人々も多い．

7.3.3 観光政策の展開

このようなインド国内外における観光客増加の背景を，インド政府による観光政策からみておきたい．同国政府が観光を経済活動の重要な柱として位置づけたのは，1980年代後半のことである．その背景には，1980年代にタイやマレーシアなど一部の途上国で観光立国化を図る動きが活発化し，先進国から来訪する観光客の経済的波及効果が高く評価されたことが挙げられる（中谷，1996）．この時期以来，インド政府にとって観光は世界的に拡大している産業であり，外貨獲得の重要な手段として認識され続けている．2010年において外国人観光客から得られる外貨収入は142億ドルと，インド経済において大きな存在となっている．

インドは5年ごとに経済計画を策定しており，観光政策もこの5カ年計画に基づいて展開されている．まず，1970～80年代には観光の基盤整備，すなわち交通インフラや宿泊施設の整備を重点的に行うことが示された．とくに，外国人観光客が多く訪れる地域を選択的に整備することが付加された．それに続く90年代には，政府などによる社会基盤整備に代わって民間活力を導入し，グローバル市場でインドの観光を振興することが掲げられた．ここでは，特定観光地のみならず周辺地域をも包含した周遊観光地域の開発，歴史文化遺産を訪れる従来型の観光から国立公園や野生動物保護区でのトレッキングや自然観察，ビーチリゾートの開発などへ観光資源の多様化が図られた．インド北東部のシッキム州やアッサム州，ジャンムー・カシュミール州など山岳地帯でのトレッキングツアーや，動物自然保護区でのアドベン

チャーツアーなどがその例である．

そして，2000年代に入ると，これまでの外国人観光客の誘致に加えて国内観光の振興が目指されるようになる．国内観光を柱としながら雇用創出や農村開発などに結びつける意図を明確に示し，観光を経済成長の手段として位置づけている．また，近年の特徴の一つとして，ルーラルツーリズムやエコツーリズム，メディカルツーリズム，アラビア海の豪華客船クルーズなど，従来にない観光資源の創出が試みられている点も特徴である．

このように，インドの観光政策は外国人観光客の誘致から中間層の拡大にあわせた国内観光の振興にシフトしているのである．

7.4 観光産業の拡大

7.4.1 ホテル産業の展開

観光客の急速な増加や交通インフラの整備が進む中，観光は本格的な発展を期待されている産業である．インドでは，観光産業により2019年までに400万人以上の雇用が創出され，世界第2位の巨大産業に成長すると見込まれている（Knight Frank, 2010）．

とくに，観光産業の中核を担うのはホテルなどの宿泊施設であり，それは観光開発に対して不可欠な要素を有していると考えられる．観光客の滞在による諸サービスの需要を創出するばかりでなく，従業員の雇用やホテル向けサービスの需要など地元の地域経済に対する波及効果がある．

ホテルは，近年各地で開業が相次いでいる．デリー首都圏，ムンバイーをはじめ主要10都市（他にチェンナイ，コルカタ，アフマダーバード，バンガロール，ゴア，ハイダラーバード，ジャイプル，プネー）におけるホテルの市場規模は2010年において740億ドルである．その需要はデリー首都圏とムンバイーが最も大きく，次いでハイダラーバード，バンガロールの順となっている．特に経済都市ムンバイーの市場の成長は著しく，2013年にはデリー首都圏の1.5倍の規模に達すると指摘されている（Knight Frank, 2010）．

このような市場の拡大を受けて，インドの国内資本や欧米系の外国資本は各地にホテルを開設している．政府が格付登録するホテルは2010年12月時点で2483軒，客室数は11万7815室に上る．もちろん，これらはインド国内の総ホテル軒数でみればごく一部の高級ホテルに過ぎず，登録外のホテルや個人経営のゲストハウスを含めれば膨大な数に上ると思われる．政府登録ホテルの分布をみると，最も多いのはケーララ州で484軒（客室数1万3562），次いで首都デリーの288軒（客室数1万3715），UP州の240軒（客室数5924），ハリヤーナー州227軒（客室数5735），マハーラーシュトラ州215軒（客室数2万1255）となっている．

従来のインドでは，ホテルに予約を入れることなく宿泊することが一般的であった．しかし，インターネットの普及によりオンラインによる旅行取引が可能となり，2011年には取引額が3789億ルピーに達し，全ネット取引の約81%を旅行関連取引が占めるようになったと指摘されている．これに伴い，旅行関連会社も増加しており，インド政府認可の旅行関連会社は2010年時点で1380社に上り，未認可も含めれば2万社以上に及ぶといわれている（吉成，2011）．

7.4.2 宿泊施設の立地と観光開発

前述したように，観光開発はホテルなどの宿泊施設が立地することによって進む場合が多い．

ヒマラヤの山岳リゾート地として知られる北西部のウッタラーカンド州を例にみておきたい．同州には美しい湖水景観や万年雪を頂いたヒマラヤの山並みを望む地域に「ヒルステーション」（Hill Station, p.118の写真10.4参照）と呼ばれる山岳避暑地や，多くの人々が訪れるヒンドゥー教の巡礼地，ヒマラヤトレッキングや自然観察が行える国立自然公園，州都（デヘラー・ドゥーン）など多様な観光資源が存在する．とくにヒルステーションは，植民地時代からイギリス人が急峻な山地に道路を敷設し，ホテルや別荘を建設することによって開発が進められてきた．

近年は，増え続ける国内観光客の受け皿としてリゾートの新規開発が進んでいる．中核となる観光資源の周辺に，ウッタラーカンド州内外のホテ

写真 7.5 増加する観光客の乗用車（ウッタラーカンド州）（2009年，著者撮影）

ル資本や地元住民によって宿泊施設の開設が進められている（図7.11）．そこでは宿泊施設での雇用や必要なサービス，物資の需要が域内の業者や地元住民に対して生じるなど，地域経済に対する波及効果が認められる．ウッタラーカンド州では，州政府の管轄下にある観光公社が民間の宿泊施設がいまだ立地していない地点に公的宿泊施設を立地させ，それに追随する形で民間資本が宿泊施設を開設するというパターンがみられる．これは，州政府が観光開発を進めるためにホテルの立地を誘導している結果と考えられる．

同州はデリーから300〜400 km程度の距離にあるため，モータリゼーションと道路整備が相まって乗用車で訪れる人々が増加している（写真7.5）．幹線道路から宿泊施設までアクセスする道路さえ整備されれば，観光客の流入が大いに期待できるという利点がある．一方，地元住民の生活に関しては就業形態の多様化が挙げられる．とくにウッタラーカンド州の農村では，農業に加えて世帯員の出稼ぎによる送金（マネーオーダーエコノミー）が重要であった．観光開発により農業以外で収入確保の機会を地元で得る人々が現れることによって，就業構造の変化や世帯間での経済格差が生じている．

[中條曉仁]

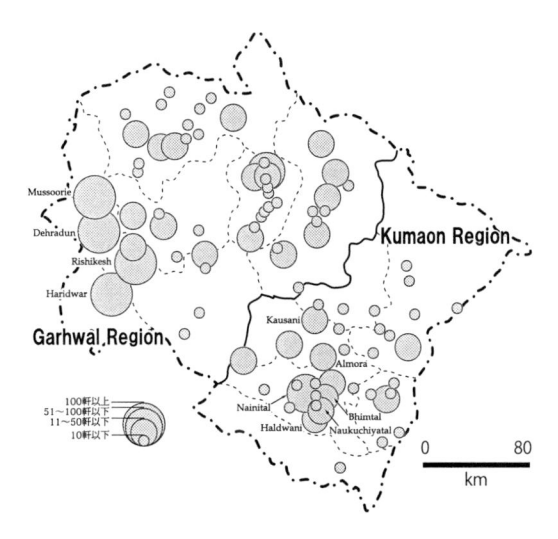

図7.11 ウッタラーカンド州における宿泊施設の分布（2009年，Nest & Wings (2009) より作成）

引用文献

友澤和夫（2009）：インドにおけるモータリゼーションとその課題．JAMAGAZINE, **43**：9-13.

中谷哲弥（1996）：インドにおける「観光」の現状について．奈良県立商科大学研究季報, **7**（1）：1-9.

吉成知美（2011）：インド 最新・トラベル産業事情—二桁成長が見込まれる観光・ホテル市場—．Indo Watcher, 170：35-38.

吉岡昭彦（1975）：インドとイギリス．岩波新書.

Knight Frank (2010): India hotel market: introduction & outlook. *Research*, **2010** (12): 1-4.

WEF (World Economic Forum) (2010): "The travel & Tourism competitiveness report 2011." WEF, 501p..

Nest and Wings (2009): Uttarakhand hoteles gide. Nest and Wings.

コラム7　世界遺産になった山岳鉄道

　世界遺産は2012年9月現在で962件（文化遺産745件，自然遺産188件，複合遺産29件）が存在し，このうち鉄道部門はわずかに5件が文化遺産として登録されている．このうちインドには，「山岳鉄道群」として一括登録された3路線の鉄道がある（図C7.1）．

　1999年にインドで初めて登録されたのは，西ベンガル州にある「ダージリン・ヒマラヤ鉄道」である．オーストリアの「セメリング鉄道」に続く，世界2番目の登録であった．その後，2005年にはタミル・ナードゥ州ニルギリ地方の「ニルギリ登山鉄道」が，2008年には北西部のハリヤーナー州カルカとヒマーチャル・プラデーシュ州の州都シムラーとを結ぶ「カルカ・シムラ鉄道」（写真C7.1）が追加登録された．

　インド山岳鉄道の代名詞ともいえるダージリン・ヒマラヤ鉄道はアジアで最も古い山岳鉄道で，1881年に全線開通した．線路を敷設したのはイギリスで，植民地時代の馬車鉄道が起源である．当時，ダージリンはカルカッタに居住するイギリス人のヒルステーション（避暑地）であり，そこへアクセスするための動力として蒸気機関車が導入され，現在に至っている．また，ダージリンは世界に知られる一大茶産地であり，紅茶の輸送という重要な機能も担っていた．

　ゲージ（線路幅）は610 mmの狭軌で，長さ5 m，高さ2 mほどの小さな英国製の蒸気機関車とインド製のディーゼル機関車がマッチ箱のような客車を牽引することから，通称「トイトレイン」と呼ばれ親しまれている．列車は，コルカタから北へ570 kmに位置する西ベンガル州ニュージャルパイグリ駅からダージリン駅までの全長87 km，標高差約2000 mを所要7〜8時間，平均時速はわずか10 kmという速さで走行する．

　1881年の開業から現在に至るまで，ほとんど変化なく当時の運行形態が維持されていることが評価され世界遺産に登録された．急勾配を走行する列車が滑らないように運転助手が手で砂を撒きながら走ることなど，他に類を見ない運転が行われていることも特筆される．また，軌道が道路に敷かれた区間も多く，トイトレインは自動車に追い抜かれながらも懸命に蒸気を吐き続けながら山を登る．途中には「バタシア・ループ」をはじめループ線が3か所，スイッチバックが6か所あり，走行距離を長くとることによって線路の急勾配を軽減させる工夫が随所にみられる．また，標高2258 m地点まで登る鉄道ながらトンネルが1本もなく，車窓からは雪を頂くヒマラヤの山並みやダージリンの茶園など独特の景観を楽しむことができる．

［中條曉仁］

図C7.1　インドにおける世界遺産の分布と山岳鉄道（UNESCOの資料より作成）

写真C7.1　カルカ・シムラ鉄道（宇根義己撮影）

8 宗教とカースト

　インドの宗教とカーストはインド社会を特徴づけている重要なものとして人々から広く関心をもたれている．本章の前半では，ヒンドゥー教をはじめとするインドの多様な宗教について，その歴史的な展開を踏まえながら，ヒンドゥー教とイスラームとの関係にも触れつつ紹介する．後半ではカーストについて，それが歴史の中で創られてきた過程，そして，今日カーストがどのような意味をインド社会でもっているのかについて述べる．その際，古来より綿々と続いてきたと思われがちな宗教的対立やカースト意識が，実は近代の植民地支配の歴史の中で顕著になってきたことを指摘する．

8.1 インドの宗教の多様性

　多言語，多民族国家であるインドは，その宗教も多様である．インドの宗教といえば，まず，ガンジス川での沐浴風景が印象的なヒンドゥー教を誰もが思い浮かべるであろう．表8.1に示したように，インドの宗教別人口では，ヒンドゥー教徒が圧倒的に多く，人口の8割を占めている．2番目に多いのがイスラーム教徒である．割合でみると少ない印象を受けるが，その数は日本の人口を優に上回る．インドは多くのムスリム人口を抱える国でもある．イスラームに次いで，キリスト教，シク教，仏教，ジャイナ教と続いている（表8.1）．

　ヒンドゥー教に関しては次節で詳しく述べるので，以下では，それ以外の諸宗教について，時代を追いながら簡単に触れておく．

8.1.1 仏教

　開祖ガウタマ・シッダールタは，ヒマラヤの麓のシャーキャ族の有力な家系に生まれた．妻子を捨て出家し，修行に励んだ末，ブッダ・ガヤーの菩提樹の下で悟りを開いたと言われている．その後，彼はブッダ（悟った者），シャーキャムニ（釈迦族出身の聖者）などの尊称で呼ばれるようになった．

　ブッダは生きることを「苦」とみなした．「苦」の原因は，すべてのものは無常であること（諸行無常）に気付かず，さまざまな物事に執着することにある．この無知や執着（煩悩）が完全に解消された解脱・涅槃の状態に至ることが目標とされ，そのための実践方法として「八正道」が説かれた．

　ブッダの伝道活動を通して教団が成立し，ブッダの死後，彼の説法や言行が経典としてまとめられていった．前3世紀になると，インド亜大陸の大部分をその支配下におさめたマウリヤ朝（前317年頃〜前180年頃）のアショーカ王（在位前268〜前232頃）の庇護のもと，仏教はインド亜大陸に広く浸透していった．さらに，前1世紀以降には，新たな改革運動が起こりいわゆる大乗仏教が成立した．しかしその後，グプタ朝の時代（4〜6世紀）になると仏教やジャイナ教に変わり，ヒンドゥー教が優勢になっていく．やがて，ヒンドゥー教におけるバクティ運動（後述）の広まりやイスラームの拡大に伴い，13世紀以降には教団としての仏教は衰退していった．また，ヒンドゥー教徒の間では，ブッダがヴィシュヌ神の

表8.1 インドにおける宗教別人口構成比（2001年，単位は％）

ヒンドゥー教徒	80.5
イスラーム教徒	13.4
キリスト教徒	2.3
シク教徒	1.9
仏教徒	0.8
ジャイナ教徒	0.4
その他の宗教	0.6

資料：Census of India 2001

化身とみなされるようになり、仏教がヒンドゥー教に吸収されていった（辛島, 2004）.

独立後のインドで仏教に関して特筆すべき出来事として，1950年代のネオ・ブッディスト運動が挙げられる．「不可触民」の解放運動を積極的に展開し，独立インドの憲法起草委員会委員長も務めたアンベードカル（B. R. Ambedkar）が，ヒンドゥー教の枠内での差別撤廃に限界を感じ，「不可触民」を仏教徒に改宗させた運動である．そのため，インドにおける仏教徒は同運動の中心地であったマハーラーシュトラ州に多く，2001年の国勢調査では，インドの全仏教徒の4分の3近くが同州に集中している．

8.1.2 ジャイナ教

ブッダと同時代の代表的な自由思想家であったヴァルダマーナは，裸の行者として厳しい修行を積んだ後，悟りを開き，ジャイナ教を確立した．それ以降，彼はマハーヴィーラ（偉大な勇者）の尊称で広く知られるようになる．彼はまた，真理を悟ったジナ（勝者）とも呼ばれ，ジャイナという語はジナの教えやジナの信者を意味する．

ジャイナ教では，人がある行為をすることによって，本来無限の知や威力が内在している霊魂に業物質が付着し，その重みで霊魂は自由を奪われ，苦しい輪廻を繰り返すと考えられている．付着した業物質を取り除くことによって霊魂は上昇性を取り戻し，輪廻から解放される（解脱に至る）．こうした解脱を目指す修行者には，厳しい戒律を守ることが求められる．戒律の中でも特徴的なのが，無所有や不殺生（アヒンサー）である．無所有を徹底する修行者は衣服も放棄し裸形で修業を積むこともある．また，不殺生を徹底することから，修行者は空気中の小さな生き物を殺さないように白い布きれで口を覆ったり，路上の生き物を踏みつけてしまわないよう，手にほうきをもちながら歩いたりもする．厳格なジャイナ教徒はヴェジタリアンであるだけでなく，土を掘り起こして収穫する際に殺生を犯す危険性がある根菜類も口にしない．

不殺生の厳しい戒律があるため，ジャイナ教の在家信者の人々は伝統的に農業や牧畜を避け，都市部で商業に従事してきた．商売で成功をおさめ，経済的に大きな影響力をもっている者も多い．ジャイナ教徒は，北インドではマハーラーシュトラ州，ラージャスターン州，グジャラート州，MP州などの西部に，また，南ではカルナータカ州に比較的多い．

8.1.3 イスラーム

13世紀初頭，デリーに都をおいた最初のイスラーム王朝である奴隷王朝（デリー・スルターン朝最初の王朝）が成立して以来，インド亜大陸にイスラームが本格的に浸透していった．外部からの侵入者であったイスラーム教徒の支配者たちは，狂信的・好戦的で，異教徒には改宗を強制し，偶像破壊などをしてきたといったイメージでみられがちである．しかし実際には，臣従を誓うものにはヒンドゥー教徒でもしばしばその地位や領土は保証され，また，異教徒には，人頭税を課す代わりに，その信仰の自由を保障するなど，住民の信仰には干渉しない現実的な政策をとってきた．インドでのイスラームの浸透は，政治的・軍事的な圧力の下での「改宗」の結果では必ずしもなかった．むしろ，インド亜大陸にイスラームが浸透していった過程で重要な役割を果たしたと考えられるのが，スーフィーと呼ばれるイスラーム神秘主義の修道者たちである．スーフィーの宗教運動（スーフィズム）においては，清貧な生活を通じて神と自己との神秘的な合一の境地が目指された．スーフィーの修行者たちは，各地に道場（ハーンカー）を構え，ヒンドゥー教徒にも平易な言葉で神への信仰を説いたと言われている（辛島, 2004；佐藤他, 1998；中里, 2008）.

イスラームの神秘主義は，同じように中世インドでヒンドゥーの一般民衆の間で広まったバクティ運動とも似ていた．バクティ（信愛）は，一心に神の名を唱えること（神への熱烈な愛と帰依）によって，救いを得ようとする思想である．また，そこではカースト制などの既存の社会秩序や，儀礼や苦行などのこれまでの信仰方法も批判された．難解な教義を通してではなく，神への愛や神との神秘的な合一を強調する信仰のあり方はスーフィズム，バクティ思想ともに共通してお

り，民衆にとっては両者の間に大きな違いはなかったと想像できる．こうしたことが，インドにおけるイスラームの浸透と両宗教の民衆レベルでの平和的な共存を可能にさせたと考えられる（辛島，2004；佐藤他，1998；中里，2008）．

その結果，ヒンドゥーとムスリムの習合（シンクレティズム）もみられた．たとえば，本来は偶像崇拝を禁じているイスラームであるが，南アジアのムスリムの間では，スーフィー聖者の墓崇拝や聖廟への巡礼が慣習化している（写真8.1）．両文化の融合がみられたのは宗教に関してだけではない．ウルドゥー語（インド北西部の方言にペルシア語やアラビア語の語彙が加わり発達した言語でペルシア文字を用いる）は言語における融合の産物である．また，タージ・マハルなどのインド・イスラーム建築，インド料理，インド古典音楽，細密画など，今日，私たちにとってインド文化を象徴するような多くのものにヒンドゥーとイスラームの融合がみられる（荒，1977）．

ムスリム人口比が高い州として，ジャンムー・カシュミール州（67.0％），アッサム州（30.9％），西ベンガル州（25.2％），ケーララ州（24.7％）などの諸州が挙げられる（2001年国勢調査）．

8.1.4 シク教

シク教もまさに，上述のヒンドゥーとイスラームの習合の産物である．パンジャーブ地方で生まれた開祖ナーナク（1469–1538）は，ヒンドゥー教とイスラームを批判的に統合し，新たな神の観念を創出した．シク教徒にとって神は唯一なるものであり，また，世界に遍満するものである．ナーナクも輪廻の生存から解脱し，神と合一することを宗教的な目標としたが，従来のヒンドゥー教の儀礼や偶像崇拝などを否定した．さらに，カースト制度も否定し，神の前で人々は平等であることを説いた．

教団はナーナクの教えを受け継いだ歴代のグル（法主）の指導の下，パンジャーブ地方で発展していった．やがてムガル皇帝からの迫害による帝国と教団との関係悪化に伴い，武力が護教の手段とみなされ，男性は懐剣や腕輪などを身につけ，名前にシン（Singh＝獅子の意味）をつけるようになった．また，男性は頭髪もひげも剃ってはならず，頭髪を頭上で丸く束ね，ターバンを巻いた．

写真8.1 ニザームッディーン廟（デリー）
墓廟を参拝しに訪れたイスラームの人々．13～14世紀のスーフィー聖者ニザームッディーン・アウリヤーの墓（奥）と彼の弟子で詩人のアミール・フスローの墓（手前左）．（著者撮影）

インドのシク教徒の約4分の3はパンジャーブ州に集中し，同州人口の59.9％はシク教徒である（2001年国勢調査）．同州のアムリッツァルにはシク教の総本山である荘厳な黄金寺院（ゴールデン・テンプル）が建っている．デリーなどの都市部でも，ひげを蓄え頭にターバンを巻いたシク教徒の男性をよく目にする．

8.1.5 キリスト教

インド航路を開拓したポルトガルにより，ローマ・カトリックのキリスト教が伝えられたのがインドにおける西欧キリスト教会の進出の始まりである．フランシスコ・ザビエルの働きなどによって，16世紀中頃にはイエズス会の「インド管区」が設立され，本格的な布教活動が展開されていった．ローマ・カトリック教はゴア，ボンベイ（現ムンバイー）を中心とする西部沿岸地域，タミル・ナードゥの内陸地域，北東部の部族民などの間で改宗者を増やした．プロテスタント教に関しては，18世紀末から，アッサム，ビルマなどの北東地域やパンジャーブ，北部インドの部族民や低カースト集団に普及していった（重松，1993）．当初禁止されていたイギリス東インド会社領内での宣教活動が19世紀初頭に許可されて以降，欧

米諸国の宣教団体の活動が活発化することになる．

インドには上述の大航海時代・植民地時代に伝えられたキリスト教のほかに，南インドのケーララを拠点として，マラバール沿岸一帯に勢力をもっているシリア派（聖トーマス派）キリスト教が存在する．同派のキリスト教は紀元後の早い時期にケーララに伝えられたと信じられている．12使徒のひとりである聖トーマスがシリアから到来し布教したという伝承を信徒たちは信じており，聖トーマスへの強い信仰を持っている．聖トーマスの殉教の地と信じられている現チェンナイ市の一角は，16世紀にポルトガルにより「サントメ（＝聖トーマス）の町」と名付けられ，聖トーマス聖堂（写真8.2）が建立されている．（重松，1993）

キリスト教人口は，南部のケーララ州，タミル・ナードゥ州（それぞれ，インドの全キリスト教人口の約25％，約16％）や，山岳少数民族が多数居住する北東諸州などに多くみられる（2001年国勢調査）．

その他，インドには，かつてペルシアから移住してきたゾロアスター教徒（パールシー）も少ないながらムンバイーを中心に存在している．インドの巨大財閥であるタター財閥に代表されるように，鉄鋼をはじめとする重工業を発展させるなど，その経済面での貢献は大きい．

8.2 ヒンドゥー教

8.2.1 ヒンドゥー教の成立過程

インダス文明が衰退した後，遊牧民であったアーリア人が北インドのパンジャーブ地方に侵入してきたのが紀元前1500年頃と言われている．やがて，彼らは神々への讃歌や祭式の諸規定などをその内容とする「ヴェーダ」文献を生み出していった．最古のものは『リグ・ヴェーダ』と呼ばれ，前1200～1000年頃に成立したと言われている．その後アーリア人は農業に基盤をおく社会を築きながらガンジス川流域に定着していき，前800年から前500年頃には，ヴェーダ文献の中でも最後の「ウパニシャッド」（奥義書）の成立を

写真8.2 聖トーマス聖堂（チェンナイ）
（著者撮影）

みることになる（山下，2004）．

ヴェーダの神々は概ね自然の要素や現象が神格化されたものであり，後のヒンドゥー教の神々につながる神格もみられる．なかでも雷電を神格化したインドラは，『リグ・ヴェーダ』の讃歌で最も頻繁に登場する．ヴェーダの祭儀では，供物を火炉に投じる火供の儀礼（ホーマ＝「護摩」として日本にも仏教の儀礼として伝わっている）が重要な要素となっていた．ヴェーダの知識を習得し，祭儀を執り行っていたのがバラモン（司祭）であるため，ヴェーダの宗教はバラモン教と言われる．アーリア人がガンジス川流域に定着し，先住民との接触・混淆が進むに従い，「ヴァルナ制」と呼ばれる身分秩序が形成されていくが，バラモンはそのなかでも第一の身分として，その権威を保持していった．

アーリア人の活動の中心がガンジス川中・下流域へと移った頃には，北インドには数々の王国が割拠し，商業や都市の発達がみられた．この頃になると，祭祀万能主義のバラモン教やバラモンの権威に批判的な自由思想家たちも現れるようになり，王侯や商人層，さらには下層の人々からも歓迎された．ブッダやマハーヴィーラもそうした思想家たちのひとりであった．やがてマウリヤ朝のもとで，仏教やジャイナ教はその勢力を強めてい

くことになる．新宗教が隆盛をみせ，インドにおいて宗教全体が再編されていく中で，バラモン教も民間信仰や非アーリア的な要素を取り入れながら再編され，やがてヒンドゥー教と呼ばれる宗教文化が形成されていった．そこでは，ヴェーダの神々に代わって，土着信仰の要素を取り込んだヴィシュヌ神やシヴァ神が主要な神格となった（山下，2004；辛島，2004）．

先述のように，グプタ朝の時期には，仏教やジャイナ教の衰えとともに，ヒンドゥー教文化の興隆がみられた．ヒンドゥー教徒の心の拠り所ともいえる2大叙事詩『マハーバーラタ』，『ラーマーヤナ』が今日のかたちになり，プラーナ諸文献（ヒンドゥー教の神話，伝説，儀礼，思想などをまとめた一群の聖典）が書かれ始めたのもこの頃である（辛島，2004）．さらに，7世頃からバクティ運動が展開されると，帰依信仰を基調としたヒンドゥー教がインド民衆の間に広く浸透していった（山下，2004）．

8.2.2 ヒンドゥー教の特徴と教義

ヒンドゥー教の成立過程からもうかがえるように，ヒンドゥー教には特定の開祖は存在しない．それは，ヴェーダに始まるバラモン教が長い年月の間に非アーリア的な土着信仰を取り入れながら発展させてきた宗教文化の複合体である（山下，2004）．そもそも「ヒンドゥー」という言葉は，「インダス川の流域の人々」を意味したペルシア語に由来し，インドに侵入してきたイスラーム教徒が自分たちとは異なる宗教をもったインダス川流域の人々を呼ぶ際に用いた言葉である．それがヨーロッパの言語にも採り入れられ，ヒンドゥーの宗教・文化を指す言葉としてヒンドゥー教（Hinduism）という語ができた．すなわちヒンドゥー教徒自らが自分たちの宗教をヒンドゥー教と呼んでいたわけではなく，自覚的に入信や改宗によってヒンドゥー教徒に「なる」わけでもない．ヒンドゥー教が民族宗教と言われる所以である[1]．

ヒンドゥー教の思想の根幹にあるのが業（カルマン）と輪廻（サンサーラ）の思想であり，ウパニシャッドにその明確な起源をみることができる．人は死んでも，また新たな肉体を得て，この世に生まれる．すなわち，輪廻転生するのであるが，どのような形で生まれ変わるかは過去世の「業」（＝行為）の結果による．ヒンドゥー教では宗教的実践（バクティもその一つの方法である）を通してこのような業や輪廻から完全に自由になること（＝解脱）が最高の目標とされてきた（辛島，2004；山下，2004）．

ヒンドゥー教では，人々が守るべき行為の規範は「ダルマ」と呼ばれ，ダルマをまとめた法典群がある．そこでは，それぞれのヴァルナ（すなわち身分）や「住期（アーシュラマ）」に即した生活規範が記されている．住期とは，師についてヴェーダを学習する「学生期」，家庭をもって家庭内の祭式を主宰する「家住期」，森に隠棲して修行する「林棲期」，一定の住所をもたず乞食遊行する「遊行期」の4時期のことであり，古来よりこの順番で人生を送ることがヒンドゥー教徒にとって理想と考えられてきた．ただ，今日は言うまでもなく，過去においてもこうした生き方が広く実践されていたかどうかは疑問である．

8.2.3 ヒンドゥー教の神々

多神教であるヒンドゥー教には，個性豊かで人間味あふれる神々が存在する．その中には，仏教の伝来とともに日本にも伝えられ，日本人にもなじみのあるものも少なくない．ヒンドゥー教の神々のなかでも中心的な存在が，ブラフマー神，ヴィシュヌ神，シヴァ神の3神格である．ブラフマー神は宇宙を創造する神，ヴィシュヌ神は宇宙を維持する神，シヴァ神は宇宙を破壊する神と言われている．

ブラフマー（梵天）は創造の神とされてはいるが，一般のヒンドゥー教徒にとって日常的に信仰の対象とされるような身近な神ではない．古代インド哲学（ウパニシャッド）の宇宙の最高原理が神格化されたものであるため，一般の人々には抽

---

[1] ヒンドゥー教が古代より東南アジア地域に伝播し，大きな影響力をもっていたことを考えると，民族宗教という呼び方は必ずしも正確ではない（荒，1977）．

象的すぎるのかも知れない（山下，2004）．ブラフマーの妃はサラスヴァティー（弁財天）と呼ばれる学芸の女神で，弦楽器（ヴィーナ）をもった姿で描かれる（図8.1）．

ブラフマーとは対照的に，ヴィシュヌとシヴァは人々から日常的に崇拝されている代表的な神である．ヴィシュヌ神を至高神として崇拝するヴィシュヌ派とシヴァを至高神として崇拝するシヴァ派が，ヒンドゥー教徒の2大宗派となっている．宗派といっても，それぞれ教団としてしっかりと組織化されているというわけではなく，あくまでも漠然としたものであるのがヒンドゥー教の場合の特色でもある．

もともと太陽が神格化されたものと言われているヴィシュヌは10の化身をもつとされている．バクティ運動により民衆から親しみをもって信仰されてきた人気者の神クリシュナや『ラーマーヤナ』の主人公のラーマ，さらにはブッダもヴィシュヌの化身とされている．ヴィシュヌの妃はラクシュミー（吉祥天）で，蓮の花の上に載った姿で描かれ，幸福の女神とされている（図8.1）．

破壊の神であり，時間の神（死と関連する）であるシヴァはマハーカーラ（「マハー」=「大きな，偉大な」，「カーラ」=「黒／時」）の異名をもつ（=大黒天）．シヴァはリンガ（男性の性器）の彫像で象徴され，崇拝されてもいる．また，彼はナタラージャとも呼ばれる踊りの神でもある．インドの古典舞踊では，彼が踊っているときの姿の像（写真8.3）がステージに置かれ，踊り手はまず，そのシヴァの像に祈りを捧げる．シヴァの妃はパールヴァティーであり，両者の間にはスカンダ（韋駄天）とガネーシャ（歓喜天または聖天）と呼ばれる息子たちがいる．太鼓腹をした人間の胴体に象の頭をもったユニークな姿のガネーシャは富をもたらす神とされ，商人から厚く信仰されている．商店主が店の開店時や閉店時にガネーシャの像にプージャー（礼拝）をしている姿は，インドの街角でよく目にする光景である．また，10本の腕をもち悪魔を退治する姿で描かれるドゥルガー女神や，生首を首飾りにしておどろおどろしい姿で描かれるカーリー女神もシヴァの神妃であ

(a) ヴィシュヌ　　(b) シヴァ

(c) サラスヴァティー　　(d) ラクシュミー

(e) ガネーシャ　　(f) ドゥルガー

図8.1　ヒンドゥーの神々のポスター

り，いずれもヒンドゥー教徒の間で広く親しまれている（図8.1）．

また，祭りはヒンドゥー教徒の暮らしと密接な関係をもち，年間を通じて各地でさまざまな形で祝われている．代表的なものとして，色水を掛け合うことで有名な春の祭りホーリー，秋の大祭ダシャラー，光の祭典ディーワーリーなどを挙げる

写真 8.3　ナタラージャ像（著者撮影）

ことができる．ダシャラーは，北インドでは『ラーマーヤナ』のラーマ王子の勝利を祝うものとして，また，ベンガル地方ではドゥルガー女神を讃える祭りとして盛大に執り行われる．

8.2.4　ヒンドゥー・ナショナリズム

さて，多種多様な土着信仰を受け入れながら発展してきたヒンドゥー教文化は，他宗教に対してきわめて寛容な宗教文化でもある（森本，2003；山下，2004）．また，中世においてはイスラームとの共存・習合もみられた．その意味では，インド亜大陸において宗教の境界はある程度の流動性をもっていたと考えることができる（中里，2008）．しかし，イギリスの植民地支配はそうした状況に大きな変化をもたらすことになる．

ヒンドゥー教を批判し，キリスト教のみが唯一真実の宗教とする西欧諸国の伝道活動や，合理的・近代的な西洋文化の流入に対して，ヒンドゥーの側は，ヒンドゥー教徒としてのアイデンティティを強化させ，19世紀には各種の復古主義的な宗教改革運動が起こった．特に19世後半以降の改革運動の中心となるアーリヤ・サマージ（協会）は，「ヴェーダに帰れ」をスローガンにヒンドゥー教の優位性を説き，他宗教に改宗した人々をヒンドゥー教に再改宗させる運動などを展開した．北インドではヒンドゥーによる牝牛保護運動が各地で起こり，イスラーム教徒（犠牲祭で牛を供儀する）との対立がしばしば起こるようになった．また，イスラームの側でも同じように宗教改革運動が起きた．一連の復古主義的な改革運動は宗教上の「他者」を創りだし，それを「敵」とみなす宗教ナショナリズム＝宗派主義（コミュナリズム）を生み出した（小谷，1993；中里，2008）．やがて独立運動が高揚していく中で，両者は最終的には袂を分かち，インドとパキスタンの分離独立に至るのである．

独立後のインドにおいても1980年代後半以降，ヒンドゥー・ナショナリズムの台頭がみられた．92年のヒンドゥー教徒によるアヨーディヤーでのモスク破壊事件と，その後の一連のヒンドゥー教徒とイスラーム教徒との間の暴動・テロ事件は現代インド社会に大きな禍根を残している．ただ，こうした問題を純粋に宗教上の対立によるものとして片づけられないところにインド社会の複雑さがある．ヒンドゥー・ナショナリズムの運動は，下層カーストの政治的な台頭や発言力の強化などによる社会（カースト）秩序の揺らぎ（自らの既得権益の喪失）に不安を感じ，それを宗教的他者の脅威を設定することによって解消しようとする上層カーストや中間層の受け皿にもなっていたのである（佐藤，2000；近藤，2002）．

8.3　歴史の中のカースト

8.3.1　ヴァルナとジャーティ

インド社会について考えるときに，誰もが，カースト制度による身分社会をその特色として想起するに違いない．カースト制度を説明する際には，まずヴァルナ（種姓）とジャーティの概念を明確にしておく必要がある．ヴァルナとは，本来「色」を意味したが，インド亜大陸に侵入したアーリア人と肌の色の違う先住民との違いを示す語となり，それがやがて「身分」や「階級」を表す語になったと考えられている．ヴァルナはバラモン（司祭階級），クシャトリヤ（王侯・武士階級），ヴァイシャ（庶民階級），シュードラ（隷属民）の4種姓からなる．上位の3ヴァルナは男子がヴェーダを学ぶための入門式（ウパナヤナ）を受けることによって2度目の誕生をもつとされた

ことから,「再生族」と呼ばれた.それに対して,シュードラは入門式を受けることが認められておらず,「一生族」と呼ばれた.やがて,どのヴァルナにも属さないもの（あるいは,「第5のヴァルナ」）として「不可触民」の身分概念も成立していった.

一方,「生まれ」を意味するジャーティは,地域社会の日々の生活のなかで形成されるさまざまな実体的社会集団を指し示す語である.「カースト」という語はもともとポルトガル語の「カスタ（生まれ）」に由来する語であり,インドにやってきたポルトガル人はさまざまなジャーティ集団のことをカスタと呼んだ.私たちが「壺作りのカースト」などというときの「カースト」は「ジャーティ」のことである.当然のことながらこのような実体的な社会集団は数多くあり,同じような職業集団でも地域によって呼び名も違ったりする.ヴァルナは4つ（あるいは5つ）の大きな枠組みでの序列を規定するが,同じヴァルナに属するさまざまなジャーティ（カースト）集団はそれぞれの地域の慣習（婚姻や食事をめぐる慣行など）によってその上下関係が規定されてきたと考えられる.こうしたことから小谷（1996）は,カースト制度を,地域社会を場として,ヴァルナ制と慣習法的序列とを組み合わせて作られた身分制的社会関係と捉えている.

カースト間関係には上下関係とともに,相互依存関係（分業関係）がみられる場合もある.伝統的な農村社会では,職人カーストやバラモンなどのサービス・カーストの家が,それぞれ世襲的に定められた家（農民カーストなど）に対して,仕事を行い,その報酬として一定の穀物やサービスを受け取るといった関係がみられる.こうした農村社会でみられる分業関係を研究者たちはジャジマーニー制度と呼んできた.

ところで,インドでは古い時代に上記のような身分制度が完成し,現在でもそれが根強く残っていると一般には思われがちである.確かに,ヒンドゥー教徒のインド人であればほぼ誰もが自らが属しているカーストの名前を言うことができるであろうし,後述するように,現在でも同じカーストの者同士による婚姻が一般的であり,そのような婚姻が望ましいとする意識は根強い.また,カースト差別がいまだに存在することを示唆する事件が新聞紙上に掲載されることも珍しくない.

しかし,歴史を紐解くと,近代以前のインドの人々がヴァルナ間の境界やカースト間の序列を厳密・明確に意識していたのかというと,必ずしもそうとは言えない.また,カースト集団は一般的に考えられているように固定的なものではなく,分離や再統合も行われてきた流動性を持ったものであった（小谷, 1996）.

インド社会が「カースト」と呼ばれる集団を単位として成り立っているものとする認識や,人々のカースト帰属意識が強化されていき,ひいてはカーストの「実体化」あるいはインド社会の一層の「カースト化」（小谷, 1996）が進むのは,実はイギリスの植民地支配下でのことである.

8.3.2 植民地統治下のカースト

イギリスがインドでの支配体制を確立していく過程は,新たなインド社会観が構築され,また,それが実体化されていく過程でもあった.とくに19世紀における司法制度,国勢調査・地誌編纂・民族誌調査などの帝国事業はインド社会のカースト化を一層進めるうえで大きな役割を果たした.

イギリスの法体制は,私法分野に関しては宗教慣習法を容認していた.そのため,ヒンドゥー教徒たちの間の民事訴訟に関しては,『マヌ法典』などの古典法が適用された.裁判所にはそうした古典法に精通したバラモンが当初配置され（1860年代には廃止）,判決に際して助言が求められた.やがて,判例を重ねていくうちに,その内容も整理されていき,いわゆる「ヒンドゥー法」が成立する.そこでは,古典法に依拠していたことから,インド社会がバラモン,クシャトリヤ,ヴァイシャ,シュードラの4ヴァルナからなるものとみなされた（小谷, 1996）.

ところで,『マヌ法典』などでは,先述したように,4ヴァルナのうちの上位3ヴァルナは「再生族」とされ,「一生族」のシュードラと厳密に区別されていた.しかし,中世社会では不可触民

とその他のカーストとの区別は最も強く意識されたが，シュードラとそれより上位のヴァルナに関してはそれほどの身分的区別は存在しなかったと考えられている．すなわち，中世社会ではほとんど忘れ去られていた「再生族」と「一生族」の区別が19世紀の植民地下で人為的に復活することになったのである．「ヒンドゥー法」では「再生族」に適用される法と「一生族」に適用される法とは異なるため，家族法に関連する訴訟事件の際には，当事者のカーストが「再生族」に属するのか，「一生族」に属するのかが問題になった（小谷，1996）．

たとえば，形成初期の段階からクシャトリヤのヴァルナに属することを主張してきたカーヤスタと呼ばれるカーストは，バラモンからはシュードラに属するとみなされていた．そのため，19世紀から20世紀にかけて，カーヤスタが当事者となった家族法に関連する裁判において，そのヴァルナ帰属がしばしば問題となった．このことは，カーヤスタ・カーストのヴァルナへの所属意識を強化させるとともに，ヴァルナ上昇志向を高めさせることになる（小谷，1996）．

民事訴訟におけるカーストに関する判例は19世紀を通して蓄積されていくが，同世紀後半以降になると国勢調査も本格的に開始された．膨大な被支配人口をいかに統制下に置くかは支配国イギリスの最大の関心事でもあり，その意味で国勢調査による人口動態把握は必要不可欠であった．インドでの全国規模の最初の国勢調査は1871/72年に行われた．それ以降10年おきに行われることとなる．そこでは，宗教帰属（イギリス本国では問われなかった）やカースト帰属（1931年国勢調査まで）が問われ，1901年と1911年の調査では，カースト・ランキングの公表まで行われた（藤井，2003；Fuller，2003）．

国勢調査と並行するように，全国的な地誌の編纂や民族誌調査もなされた．これらの事業では，カーストがインド社会を記述する際の不可欠な要素とみなされた．とくに，初代インド民族誌担当長官に就任したリズリ（H. H. Risley）は，カーストやトライブ（部族）をインド社会の記述単位とするような統一的な記述方法を広めるのに貢献した．さらに彼は，カースト集団が内婚を厳格に守っていることから，カースト集団ごとに形質に特徴が現れると考え，カースト・ランキングと形質の間には相関関係があるとした．彼はその「科学的」理論を国勢調査において応用したのである（藤井，2003）．

このような形でいわば政府公認のランキングが作成・公開されると，カーストがカースト団体（同じカースト集団同士の地域の枠を超えた連合体）を形成し，自らの地位上昇（ヴァルナ帰属の上昇）を目指そうとする動きがみられるようになった．19世紀の終わり頃からこうしたカースト団体が多数形成された．カースト団体は，国勢調査の担当長官に地位上昇を嘆願したり，また，肉食や飲酒の忌避，寡婦の再婚を認めないなど，バラモンや他の有力カーストの慣行を自らのカースト内に積極的に取り入れる運動を展開した[2]．(Fuller, 2003；小谷，1996)．

このように，植民地下の法制度，帝国事業によって，インド社会は調査され，分類され，記述されていった．その結果，明確に境界づけられたカースト間のヒエラルキーこそがインド社会の基本的構造であるとみなされていくとともに，人々のカーストに対する意識が強化されていった．私たちが知っているような「カースト」はまさに近代的現象であり，インドと西洋植民地支配との出会いの産物（Dirks, 2002）なのである．

また，宗教によるインド社会の分類とその数字の公表は，少数派のムスリムに優遇策を講じて彼らを取り込もうとしていた植民地政府に客観的な裏付けを与えることになり，先述したヒンドゥーとムスリムの溝を深めることにもつながっていった（中里，2008）．

8.3.3 カースト研究の展開

独立後の民族学，社会人類学的研究においても，カースト制度に焦点を置いた村落研究が盛ん

---

[2] このようなカーストの地位上昇の動きは学術用語で「サンスクリタイゼーション」と呼ばれている．

に行われた．そのカースト理論において大きな影響を及ぼすことになるのがデュモンの著書『ホモ・ヒエラルキクス』（仏語版の初版は1966年に刊行）である．彼はカースト・ヒエラルキーを宗教的なイデオロギーのシステムと捉え，そのヒエラルキーを生み出しているのが浄・不浄の観念であるとした．各カーストは他のカーストとの相対的な浄性（食べ物や水をそのカーストから受け取ることができるのか，あるいは，できないのかなど）によって相互にランクづけられるのである．このヒエラルキーは政治経済的な権力と無関係ではないが，宗教的イデオロギー（宗教上の地位）が政治経済的な権力を包摂しているところに，カースト・ヒエラルキーの特徴があると彼は考えた．デュモンにとって，カースト制度は古代の宗教的イデオロギー（インド固有の観念）から生まれたものであり，それは，平等主義・個人主義，経済的利害にもとづく階級制度などを特色とする西洋近代の価値観とは全く違うものとされた（デュモン，2001；Fuller，2003）．

先述したような植民地下における「カースト」研究が進んだ今日からみると，デュモンの理論には限界があるものの，その緻密な議論の構築は高く評価されるべきものであり，後のカースト研究も彼の議論をめぐって展開されてきた．デュモンに対する批判的な議論には，バラモン的なイデオロギーよりも，王（地域での支配カースト）や現世放棄者などのイデオロギーを重視する立場や，低カーストの独自のイデオロギーを探求しようとする研究などがみられた．また同時に，1970年代末頃からは，とくに村落研究においては，以前ほどカーストが民族学者を夢中にさせるテーマとはならなくなっていった（Fuller，2003）．

8.4 カーストの現在

8.4.1 変わりゆくものと変わらぬもの

今日では，かつての民族学的研究が強調したほど，カーストはインド社会を決定づけている中心的なものでないことは明らかである．インドの高名な社会学者ベテイユ（André Béteille）も指摘しているように，今日のインドにおいて，カーストは確かに存在するが，それはもはや完全な制度（システム）としては存在していない（Béteille，1996）．独立後の憲法はカーストによる差別を当然のことながら認めておらず，かつて「不可触民」として差別の対象にされていた人々も「指定カースト（Scheduled Castes = SC）」と呼ばれ，「指定部族（Scheduled Tribes = ST）」とともに，政府の優遇政策の対象にもなっている．現在では公の場における身分差別的な慣行，発言・態度などはほとんどみられない．自らの所属するカーストの習慣や生活スタイルを守ろうとする意識（義務感）も，とくに都市部では，希薄になってきている（Béteille，1996）．

また，教育，職業，収入などの違いによる同カーストの成員間での差異も顕著になってきており（Béteille，1996），それが居住地やライフスタイルの差異，さらには価値観の差異を生み出していることは想像に難くない．「指定カースト」といえども，さまざまな職種に進出しており，その社会経済的状況を一括りにして捉えることは難しい（押川，1995）．カーストは身分秩序や分業体制などのシステムにしっかりと組み込まれたものではもはやない．

しかしながら，地域差はあるものの，多くの農村ではカーストによる居住地の棲み分けが旧来のまま残っているのも事実である．また，賤業視されてきた職業への就業者や，農業労働者などの農村貧困層には「指定カースト」が多くみられる．筆者の農村での調査体験では，上位のカーストの住民が（私の前では＝私的な空間では）自らのカーストに抱いている誇りを自慢げに語ることがあった．また逆に，「指定カースト」の住民が詳しいカースト名を私に教えるのを憚ることもあった．カーストが人々の心に深く刻み込まれていることを示している事例と言えよう．

婚姻においては，依然カーストは重要な意味を持っている．ベテイユは，婚姻とカーストに関して，ヒンドゥーの知識人層の間に往々にしてみられる矛盾する態度を紹介している．カーストに対して厳しく批判している当の本人が，自身の子供を他のカーストの者と結婚させることには反対す

るといった態度である（Béteille, 1996）．もちろん若い世代の価値観の変化に伴い，とくに都市部では，異なるカースト間での婚姻も増加傾向にあると推測できるが，異カースト間の婚姻にはまだ大きな抵抗があることも事実である．もちろん，配偶者選びには学歴や職業など経済的な条件も重要になるが，カーストが全く考慮されないということは珍しい．インドの新聞では結婚相手の募集記事が掲載されるが，そこでは一般的に募集者は自らのカースト名を記載している．最近ではネット上で配偶者の紹介をするサービスも増えている．あるサービス会社のエントリー画面を覗いてみると，そこでもやはりカーストを入力する欄が設けられていた．

8.4.2 留保制度

近年のインドにおいてカーストが表立って現れ，また，顕著な役割を果たしてきたのが政治の場面であろう．先述のように，植民地支配下においてカーストが「実体化」されていく中で，カースト団体が形成されていった．それは1919年より，イギリスが州の行政権の一部をインド人に移譲し，また，州議会における選挙制度の実質的な導入を進めていった時期とも重なる．すなわち，カーストが政治的な圧力団体へと発展していった時期でもあった．

独立後のインド共和国憲法では，「指定カースト」や「指定部族」など社会経済的に不利な立場に置かれてきた人々に対しては優遇措置を取ることが規定されている．「指定カースト」は1935年のインド統治法で導入された概念で，かつて不可触民とされていた諸カーストにほぼ対応している．「指定部族」（インド共和国憲法によって初めて導入）は，独自の文化をもち，山岳地などに居住する社会経済的に後進的な諸コミュニティであることがその指定の条件になっている．両カテゴリーに対しては，人口比に応じた議席の留保，高等教育機関への入学や公務員採用における留保が導入されてきた．また，奨学金や農村開発政策（貧困削減政策）における優遇措置なども取られてきた．

議会での議席の留保は，留保選挙区を設けることによって実施されている．すなわち，留保区として指定された選挙区からは「指定カースト」（あるいは「指定部族」）の者しか立候補ができないとする制度である．1990年代からは，村議会を含む州レベルより下位の地方議会（パンチャーヤト）でもほぼ全国一律に同様の留保制度が義務付けられるようになり，農村部貧困層の「指定カースト」に地方政治の表舞台で活躍する機会が与えられることになった[3]．

表8.2は各州における「指定カースト」と「指定部族」の人口比を示したものである．全インドにおける「指定カースト」の人口比は16.6%，「指定部族」は8.6%であり，「指定カースト」は「指定部族」の倍近く存在する．州別でみると，「指定部族」の多い北東諸州などでは，「指定カースト」の比率は低くなっている傾向が見て取れる．しかし，「指定カースト」と「指定部族」を合わせた比率は，州ごとに大きな違いがあるとはいえ，いずれの州においても決して小さくはない．

ところで，インド憲法では「指定カースト」・「指定部族」も含むと考えられる「後進諸階級」という語も使用されており，そのための優遇措置が講じられることが容認されている．しかし，「指定カースト」・「指定部族」以外の「その他の後進諸階級」（Other Backward Classes = OBC）に関しては憲法では選定の基準が明記されていない．1953年に「その他の後進諸階級」の優遇措置の具体的運用を検討する委員会（第1次後進諸階級委員会）が設置され，カーストを基準とした留保制度の提案がなされるが，当時の政権は実施を見送った．しかし，南インド諸州（ケーララを除く）では1960～70年代にかけて，後進的とされるカーストを対象に留保が導入・拡大されていった．

インドの政治においては，独立以来，国民会議派が一党優位体制を保持してきたが，低カースト

[3) なお，インドの地方議会では女性に対する留保も導入されており，農村女性のエンパワーメントに貢献している．

表8.2 インド各州における「指定カースト」・「指定トライブ」の人口に占める割合（2011年）*1

州	「指定カースト」の人口比（％）	「指定トライブ」の人口比（％）
全インド	16.6	8.6
ジャンムー・カシュミール	7.4	11.9
ヒマーチャル・プラデーシュ	25.2	5.7
パンジャーブ	31.9	0.0
ウッタラーカンド	18.8	2.9
ハリヤーナー	20.2	0.0
ラージャスターン	17.8	13.5
ウッタル・プラデーシュ	20.7	0.6
ビハール	15.9	1.3
シッキム	4.6	33.8
アルナーチャル・プラデーシュ	0.0	68.8
ナガランド	0.0	86.5
マニプル	3.8	35.1
ミゾラム	0.1	94.4
トリプラ	17.8	31.8
メガラヤ	0.6	86.1
アッサム	7.2	12.4
西ベンガル	23.5	5.8
ジャールカンド	12.1	26.2
オディシャー	17.1	22.8
チャッティースガル	12.8	30.6
マディヤ・プラデーシュ	15.6	21.1
グジャラート	6.7	14.8
マハーラーシュトラ	11.8	9.4
アーンドラ・プラデーシュ	16.4	7.0
カルナータカ	17.1	7.0
ゴア	1.7	10.2
ケーララ	9.1	1.5
タミル・ナードゥ	20.0	1.1

資料：Census of India 2011
*1：連邦直轄地は表に含めていない

層の政治参加や政治的発言力が強化されていく中で，1960年代後半には地域政党などの野党勢力の台頭がみられた．1970年代後半には初めての政権交代が起こり，インドの政治は多様な政党が活躍する時代へと移っていく．

8.4.3 カーストと政治

カーストという集団単位によって優遇措置が設けられ，また，政治の大衆化・多党化が進むなかで，政党や政治家は（票田としての）カーストに訴えかけることによって人々を動員し，自らの政治目標を達成しようとしてきた．そうしたなかで，カーストは利益集団としての側面を強化させ，インドの民主政治のなかで重要な役割を果たしていくことになる．いわゆるカーストの政治化である．

1990年代には，「その他の後進諸階級」への留保導入をきっかけに，政治おけるカーストの重要性はますます高まることになる．「その他の後進諸階級」に関しては，1978年に設置された第2次後進諸階級委員会（通称：マンダル委員会）によって再度その具体的運用が検討され，1980年にその報告書がまとめられた．そこでは，シュードラに相当するとされるカーストやムスリムなどを後進諸階級とし，中央政府と公企業において雇用の27％を留保すること（「指定カースト」と「指定トライブ（部族）」の留保の分と合わせて，50％未満の留保）が提案された．これについても当時の政権は実施を見送ったが，1990年になってV. P. シン内閣がその一部実施を決定した．この決定は，留保制度の恩恵に与れず，自らの雇用の機会がますます奪われることへの危機感を募らせた上位カーストからの激しい反対運動を招いた．しかし，結局，最高裁による合憲の判決が出たことによって，1993年に実施されることになった（押川，1995；三輪，2002）．

「その他の後進諸階級」の認定に関しては，政治的に力を持ったカーストが（条件に問題があるにも関わらず）認定されたり，また，認定されていても便益に与れるカーストとそうでないカーストもあるなど，その不公平な扱いも指摘されている．「その他の後進諸階級」の留保制度の実施は，低カースト集団による（「その他の後進諸階級」への認定を求める）政治的圧力を強化させる一方で，それに対する高カーストの抵抗を強めていった．その背景には，低カーストが政治的な発言力を増大させてきた一方で，高カーストがかつての政治的支配力を喪失してきたことが挙げられる．留保制度の実施によって生み出された社会の分断は，先述のヒンドゥー・ナショナリズムの運動を活発化させることにもなるのである（三輪，2002；Fuller, 2003）．

宗教とともに，お互いが競合しあう集団と化したカーストはインドの政治や社会に大きな影響を及ぼしてきた．しかし，さらなる教育の普及や，グローバル化や経済成長による職業の多様化が進

むにつれ，同一のカースト成員間での社会経済的立場や価値観の多様化は今後ますます進むであろう．また，カーストや民族・宗教集団に訴えかけるアイデンティティ政治は，政党が特定の集団からの集票活動ばかりに気を取られるなど，政治の質の低下をもたらしたともいえる．その反省からか，最近では自らのコミュニティの利益から一歩踏み出し，貧困・経済政策や汚職の問題など，より一般的な社会・経済・政治の争点に人々の関心が向いてきている（広瀬，2007）．政治家や公務員の汚職防止に関する法案作成をめぐって民衆運動が盛り上がりをみせ，政治に大きな影響を及ぼしたことは記憶に新しい．こうした人々の意識や社会の変化の中で，カーストの意義も改めて問われなければならないだろう． ［森 日出樹］

［付記］ 本文全般を通して（宗教，専門用語，歴史上の出来事などの説明のため）辛島ほか（2012）の事典を参考にした．参考にした箇所は随所にあるため本文中に明記することは控えた．また，参考にした項目とその執筆者も多数にのぼり，一つ一つ引用文献リストに挙げると長大になるため，引用文献リストでは事典の書名のみを挙げた．ご了解願いたい．

引用文献

荒 松雄（1977）：ヒンドゥー教とイスラム教（岩波新書）．岩波書店．

押川文子（1995）：独立後の「不可触民」―なにが，どこまで変わったのか．押川文子編：叢書カースト制度と被差別民 フィールドからの現状報告．pp. 19-111，明石書店．

辛島 昇編（2004）：南アジア史（新版世界各国史7）．山川出版社．

辛島 昇ほか監修（2012）：新版南アジアを知る事典．平凡社．

小谷汪之（1993）：ラーム神話と牝牛―ヒンドゥー復古主義とイスラム―．平凡社．

小谷汪之（1996）：不可触民とカースト制度の歴史．明石書店．

近藤光博（2002）：インド政治文化の展開―ヒンドゥー・ナショナリズムと中間層．堀本武功・広瀬崇子編：現代南アジア3 民主主義へのとりくみ．pp. 173-194，東京大学出版会．

佐藤 宏（2000）：コミュナリズムへの視点―アヨーディヤー事件とインド政治研究．アジア経済，**41**（10・11）：108-130．

佐藤正哲・中里成章・水島司（1998）：ムガル帝国から英領インドへ（世界の歴史14）．中央公論社．

重松伸司（1993）：マドラス物語―海道のインド文化誌―（中公新書）．中央公論社．

デュモン，ルイ 田中雅一・渡辺公三訳（2001）：ホモ・ヒエラルキクス―カースト体系とその意味―．みすず書房．Dumont, Louis（1980）："*Homo Hierarchicus : The Caste System and Its Implications.*" The University of Chicago Press.

中里成章（2008）：インドのヒンドゥーとムスリム（世界史リブレット71）．山川出版社．

広瀬崇子（2007）：騒がしい民主国家―インド民主主義の変容．広瀬崇子・近藤正規・井上恭子・南埜猛編：現代インドを知るための60章．pp. 21-26．明石書店．

藤井 毅（2003）：歴史のなかのカースト―近代インドの〈自画像〉―．岩波書店．

三輪博樹（2002）：インドにおけるカースト政治―「利益集団」としてのカースト．堀本武功・広瀬崇子編：現代南アジア3 民主主義へのとりくみ．pp. 149-171，東京大学出版会．

森本達雄（2003）：ヒンドゥー教―インドの聖と俗―（中公新書）．中央公論新社．

山下博司（2004）：ヒンドゥー教―インドという〈謎〉―．講談社．

Béteille, André（1996）：Caste in Contemporary India. In "*Caste Today*", ed. C. J. Fuller, pp. 150-179, Oxford University Press.

Dirks, N. B.（2002）："*Castes of Mind : Colonialism and the Making of Modern India.*" Permanent Black.

Fuller, C. J.（2003）：Caste. In "*The Oxford India Companion to Sociology and Social Anthropology*", ed. Veena Das, pp. 477-501, Oxford University Press.

コラム8　インドの結婚事情

日本では多数派，インドでは少数派となるものは何かというクイズの正解は，恋愛結婚である．統計的な数値はないが，インドでは恋愛結婚は少数派であり，見合い結婚が大部分を占めている．ただし，インド人にとって結婚は人生最大の儀式であり，日本以上に盛大に執り行われる．気候のよい11月から2月が結婚シーズンである．この時期にインドを旅行すれば，楽隊やあるいは着飾ったゾウも登場する結婚披露宴に出くわすことがある．披露宴では酒類は提供されないが，一晩あるいは翌日にもわたって大変な盛り上がりをみせる．

適齢期の子供をもつヒンドゥー教徒にとって親としての仕事は，子供にふさわしい結婚相手を見つけることである．この場合の「ふさわしい」という言葉には，特別の意味がある．1955年に制定されたヒンドゥー婚姻法では，基本的には誰とでも結婚できることとなり，また，離婚についても法的に定められた．この点でいえば，日本とインドはそれほど変わらず，結婚は近代的な法の下にある．しかしながら，実際の結婚においては，紀元前後に編纂されたとされるマヌの法典に記された伝統的な慣習が色濃く残されている．すなわち，ヒンドゥー教徒にとって，結婚は合意や契約ではなく秘蹟であり，最も重要な通過儀礼と位置づけられ，配偶者は同じヴァルナ（カースト）でなければならないと考えられているのである．つまり，「ふさわしい」とは，何よりも同じヴァルナに所属するこ とであり，これに他の条件も加味しながら相手を見つけるのである．

その媒介項として新聞が重要な役割を果たしてきた．新聞の日曜版には様々な広告が掲載されるが，結婚相手募集の広告をよく見かける．それには，Wanted Bride（花嫁募集），Wanted Groom（花婿募集）という見出しの下で，親から出されたいわば「求人」内容が個人ごとに列挙されている．そこでは本人の身長や体重，学歴，職業とともに，必ず所属する社会集団名が記される．ヒンドゥー教徒の場合，ヴァルナと出身州がそれに該当するが，中にはジャーティまで記したものもある．その上で相手に求める条件が示されるが，単に安定した職についている男性を望むとのみ記されていても，暗黙の了解事として同一のヴァルナ，場合によってはジャーティに所属する男性が求められているのである．こうした新聞広告の普及は，都市で生活するインド人の増加に対応しており，農村部とは異なって結婚相手を見つけるのが困難であることが示唆される．

近年では，インターネットを介してふさわしい相手をみつけるビジネスも現れている（図C8.1）．こうしたサービスは，海外に住むインド人の間でも利用されているが，やはりカーストは入力必須項目の1つとなっている．グローバル化の只中にいるインド人も，結婚においてはまだまだ保守的なのである．

［友澤和夫］

図C8.1　インターネット上での婚姻ビジネス（http://www.jeevansathi.com）

9 都市農村格差と大都市近郊農村

　インドは従来，貧困や差別などのイメージで語られることが多かったが，近年は発展する大都市の姿に重ね合わせながら，マスメディアにより「経済成長するインド」や「ICT産業のインド」といった，1990年以降の経済のグローバル化による急速な経済発展に関するイメージで語られつつある．現在のインドは，果たして貧困を脱却し，経済成長していると捉えることができるのだろうか？　本章では，インド農村の実態と変化について扱い，「貧困から経済発展へ」という図式が適切なのかどうかを考えてみたい．

9.1 グローバル化による経済発展と都市農村格差

　経済成長の進む現在のインドにおいて，携帯電話，自動車，家電製品などの普及が著しい．消費財の購入を支えているのが中間層と呼ばれる人々である．その多くは，大学や大学院卒業という高学歴者で，ICT産業をはじめ外資系の企業などに勤め，おもに大都市やその郊外に居住している．西洋化したライフスタイルをとり，核家族化し，女性の社会進出も認められ，そのため家事に関する家電製品（洗濯機や冷蔵庫など）の購入が進んでいる．一方で農村ではそのような動きはきわめて限られている（写真9.1）．

　電話の普及を例にみてみよう．日本では，まず電信柱を立て電話線を全国各地に張り巡らせて各家庭に固定電話を普及させた．固定電話の普及率が約3%[1]と不十分なインドの場合，電信柱も電話線の整備も必要のない携帯電話が2007年以降急速に普及したが，[2]2009年時点で都市では約92%であるのに対し，農村では18%に過ぎない．自動車や家電製品の普及率においても，都市と農村の格差は非常に大きい．消費財の普及に関するこのような格差は，都市と農村の経済的格差

写真9.1　洗濯する農村住民
大都市とその郊外では洗濯機の普及が中間層以上で進むが，農村では主婦の手作業により洗濯が行われている（2002年，著者撮影）．

を直接反映したものである．

　この都市農村格差は消費財の普及状況に止まらず，生活のすみずみに深くみられる．そこで，都市農村格差を，人生の歩みに従い，乳児の死亡，学校教育，就業の面から順にみていきたい．

　インドの総人口は約12.1億人（Census of India 2011）であり，2001年からの10年間で17.6%増加した．都市と農村に区別してその内容をみると，農村から都市への人口移動の影響のため，都市人口の10年間の増加率の33.7%に比べ，農村

---

[1] インドの固定電話・携帯電話の普及率に関しては，Telecom Regulatory Authority of India 2012 のデータによる．
[2] インドの携帯電話の普及率は約75%で，日本の100%（総務省2011）に比べれば低いものの，世界的にみると高い．なお，ここでいう普及率は携帯電話総数を総人口で除したものである．そのため，1人で複数保有している場合や1台も保有していない場合もあり，全員が携帯電話を保有していることではない．

の人口増加率は 12.3% とやや低いものの，農村人口の占める割合（農村人口／総人口）は 68.8% と依然として高く，総人口の約 7 割を抱えている．

ここで，都市と農村の乳児死亡率を比較してみると，農村での乳児死亡率が高いことがわかる（図 9.1）．この違いは，農村において医療機関が少ないこと，医療機関への距離が遠いことと，貧困層が多いという世帯の経済状況の差により生じたものである[3]．

乳児死亡率は日本においては 2‰ であるのに対し，インドにおいては 1990 年の 80‰ から 2009 年に 50‰ まで低下するなど，改善方向にあるが，今なお克服すべき医療上の大きな課題である．

インドでは，都市と農村の間の経済格差や教育格差の是正が，宗教やカーストによる格差の是正と並んで，現在に至るまで国家政策上の大きな課題であり続けている．それは，多文化国家で宗教対立・カースト対立など多くの対立軸を抱えたインドが，一つの国民国家として社会統合をするうえでは，社会的公正の実現が不可欠であり，そのために経済格差や教育格差の解消は克服すべき大きな課題であるからである．

9.2 教育における男女間・都市農村格差

インドの学校教育制度は，州によって若干異なるが，多くの州では，8 年間の無償の義務教育である「基礎教育」，4 年間の「中等教育」とその後の「高等教育」の 3 つから構成されている（表 9.1）．基礎教育は，5 年間（Class 1-5）[4]の初等教育とその後の 3 年間（Class 6-8）の後期初等教育から構成され，生徒の年齢はおおむね 6 歳（Class1）から 13 歳（Class 8）である．中等教育は，2 年間の前期中等教育（Class 9-10）とその後の 2 年間の後期中等教育（Class 11-12）から構成され，前期中等教育および後期中等教育に関しては，それぞれ最終学年時に修了試験（ボード試験）に合格する必要がある．高等教育は，3 年間の大学とその後の大学院によって構成される．なお，初等教育の段階から，留年生も存在するので，高学年になるほど年齢と学年は一致しない場合が増える．

インドの教育水準に関しては，男女間格差，州や都市農村などの地域間格差，宗教間格差，カーストなどによる社会階層間格差，経済階層間格差，年代間格差などが指摘されている．そして，これらの教育水準の格差は，職業と密接な関連性

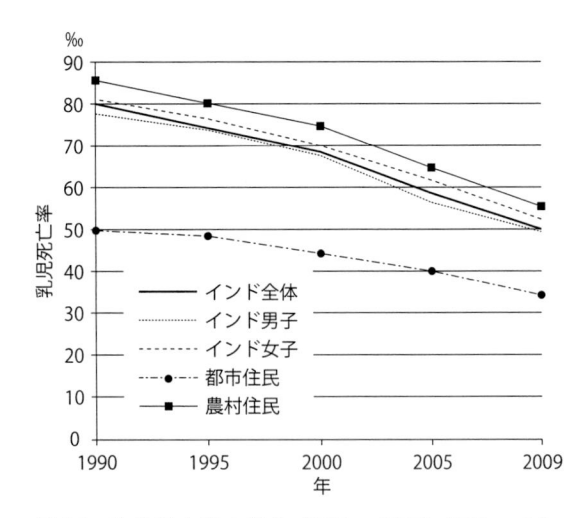

図 9.1 乳児死亡率の変化（1990 ～ 2009）（Office of the Registrar General of India, Ministry of Home Affairs 資料により作成）
乳児は 1 歳未満を指し，乳児死亡率は 1000 人出産当たり死亡する人数．

表 9.1 インドの学校教育

		期間	Class	おおよその年齢
基礎教育	初等教育	5 年間	1-5	6-10
	後期初等教育	3 年間	6-8	11-13
中等教育	前期中等教育	2 年間	9-10	14-15
	後期中等教育	2 年間	11-12	16-17
高等教育	大学	3 年間		18-20
	大学院	4 年間		21-24

上記以外に，職業教育学校などがある．また，学校教育は州により行われ，州により若干異なる．上記は一般的な制度である．

---

[3] なお，平均寿命は，日本において男性 79 歳，女性 86 歳（厚生労働省 2011）に対して，インドは男性 63 歳，女性 66 歳である（UNESCO, 2009）．
[4] インドでは州によって教育制度が異なるため，個人の教育水準を比較するためには，Class の概念を用いて個人の教育年数を比較するのが一般的である．

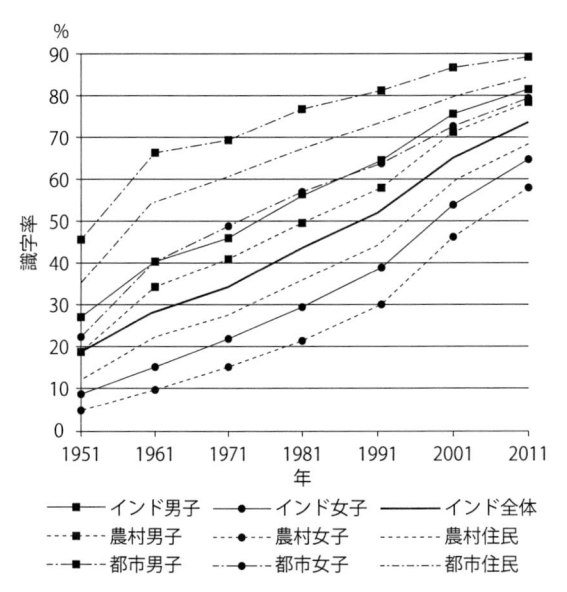

図9.2 インドの都市農村・男女別識字率の変化（1951〜2011, Census of India により作成）

凡例：インド男子／インド女子／インド全体／農村男子／農村女子／農村住民／都市男子／都市女子／都市住民

があるため，社会経済的格差の再生産において決定的な役割を果たしており，インド政府や各州の政府にとり，その是正は社会統合を進めるうえで，重要なタスクとなっている．

日本ではほとんど100％に近いと考えられている識字率は，インドでは74.0％（Census of India 2011）に過ぎない．図9.2からインドの平均識字率は1951年の18.3％から2011年には74.0％と一貫して上昇していることがわかる．しかしながら，男女間格差と都市農村間格差は60年間で縮小されつつあるが，現在においても依然として大きいこともわかる．

教育格差の是正のため，インド政府は様々な施策を行ってきた．独立直後の1951年から1961年にかけては，男女とも都市住民の識字率が向上する一方で，農村住民の識字率の上昇は小さく，独立後の教育機関の整備は都市を中心に進められたことを裏付ける．これとは対照的に，1991年から2011年にかけては，女子を中心とした農村住民の識字率の向上が特徴的であり，ようやく農村の女子にも小学校での教育機会が浸透してきたことがわかる．この要因として，1990年代以降，農村で小学校建設が進んだことが挙げられる．インド政府は1992年に全国教育政策を改正し，女子教育の重視と初等教育の質の向上を唱えた．これに従い，1994年には地方主体の包括的な教育改革を目指した，県初等教育計画（DEEP：District Primary Education Program）を導入し，女子の識字率が全国平均よりも低い特定の県を対象に選び，小学校の整備を行った．この計画は全国で18州の県で実施され，90年代以降のインドにおける識字率の向上に大きく寄与した．

上記のような男女間格差と都市農村間格差に加え，職業別格差も指摘されてきた．Govindra and Biswal（2006）によると，世帯主の職業タイプ別に見て，識字率がもっとも低いのは，都市では日雇い労働者世帯59.3％（男性68.2％，女性49.5％），農村では農業労働者世帯42.6％（男性53.5％，女性31.2％）であった．いずれもそれぞれの地域において，もっとも低賃金で不安定な雇用下にある職業である．

教育機会に恵まれた都市の富裕層男性と，教育機会から排除された農村の貧困層女性との間に大きな格差・分断がある．教育水準の高低が職業選択に直接つながっており，貧富の格差に深くかかわっている．そのため，貧富の格差の解消のためには，教育機関の整備と学校への出席率を向上させる政策が必要となっている．

インドの教育に関して，州間格差が大きいことは従来から指摘されてきたことである（Dreze & Loh, 1995）．近年州間格差は縮小傾向にあるが，2011年の各州の識字率を見ると，第1位のケーララ州（93.91％）から最下位のビハール州（63.82％）まで，30ポイントの差がある．下位の州には，いわゆるBIMARUの各州が並び，依然として大きな問題として残されている．

さらに，インド全土における県単位での男女別識字率（図9.3）では，同一州内での男女格差のみならず地域間格差も非常に大きいことが示されている．これらの格差の要因として，単に都市と農村との違いや経済的要因にとどまらず，宗教，カースト，女子教育に関する価値観（女子が教育を受けることに意義を認めない考え），州政府の教育政策や教育機関の整備状況（女子トイレの有無，飲料水設備の有無など）など，多くの要因が

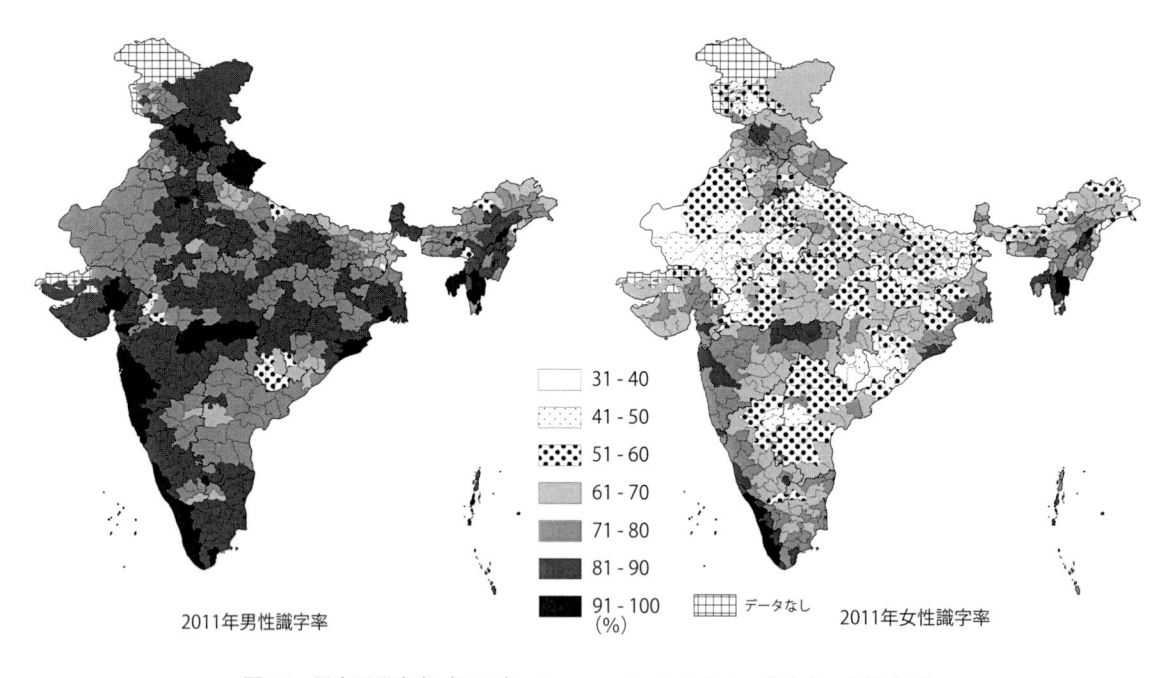

図9.3　男女別識字率（2011年，Census of India による．作成者：宇根義己）

関係している．換言すれば，識字率や教育水準を向上させ，教育格差を是正するためには，改善すべき制約が非常に多いことを示している．

そこで，識字率が下位の州の中から，マディヤ・プラデーシュ州（MP 州）を例に，みていきたい．

MP 州の識字率は，1981年28.3％（男子40.6％，女子16.0％）から2011年には70.6％（男子80.5％，女子60.0％）と上昇し，男女間格差も1981年の24.6から2011年には20.5ポイントに縮小した（図9.4）．このような MP 州の女子の識字率の向上に関しては，特に農村の初等教育の女子への浸透が要因としてあげられ，その背景には前述した DEEP 計画，女子への制服の支給，さらに女子に限定されないが，学校給食制度の導入などが指摘されている（牛尾，2001）．8年間の義務教育は無償であるものの，子どもの文房具代など様々な費用が発生する．貧困層の家計において子どもは，通学させる代わりに，農作業の手伝い，井戸からの水汲みなど家事の手伝いから，子守，農地，工場，建設現場，さらには出稼ぎに至るまで多様な児童労働力として，重要な役割を担わさざるをえない場合も多い．このような

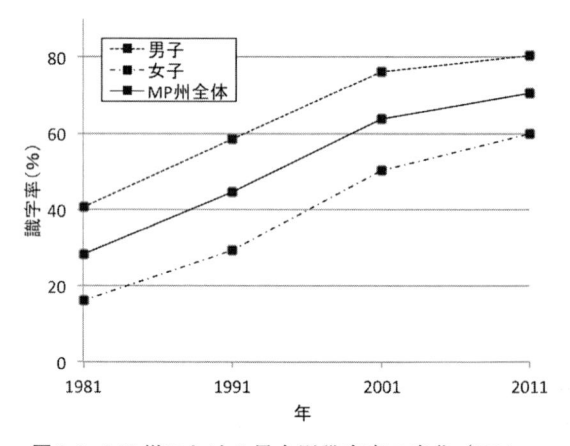

図9.4　MP 州における男女別識字率の変化（1991～2001, Census of India による）

状況において，公立学校での無償の給食制度は，貧困層にとり子どもの生命維持に不可欠なカロリー摂取の多くを委ねることが出来るため，子どもを通学させる大きな動機となり，その結果，学校への出席率が確実に向上している．

以上のように，識字率という点では，都市農村間格差と男女間格差の二重の悪条件にあった農村女子の改善傾向が1990年代以降認められ，初等教育が農村女子にようやく浸透してきたことがわかる．

しかしながら，社会階層の点で最下層に位置づけられるSC（Scheduled Caste：指定カースト）やST（Scheduled Tribe：指定トライブ）において，女子の教育機会は依然としてきわめて限定されている．農村女子への初等教育の浸透は近年認められるが，中等教育以降はどのような状況なのか．図9.5に齢層別に在学生の性比（男子在学生数／女子在学生数）で示した．インド全体では，高学年（年齢が上がる）ほど，在学生の性比が上昇して（男子学生の割合が高まる）おり，学年が上がるに従い女子の教育機会は制約されている．MP州はインド平均よりも在校生の性比が高く，さらにSCやSTの在学生はそのMP州平均よりも性比が高い．MP州では女子の初等教育の浸透が進むものの，学年が上がるに従い制約が厳しくなり，その傾向はSCやSTにおいては，さらに顕著であることがわかる．

基礎教育と中等教育において学校には，公立学校と私立学校の2種類がある．公立学校と私立学校との間には，学校設備，授業内容，授業料，生徒の成績，生徒の性比とカースト構成などにおいて，大きな差異がある．私立学校には大きく分けて，学校の寄宿舎での生活を前提とした学校（boarding school）と，自宅からの通学を前提とした学校に分けられる．寄宿制は，数が少なく生徒は富裕層の子どもに事実上限定され，親元を離れて集団生活の中で徹底的なエリート教育がなされる．富裕層の居住する大都市とヒル・ステーション（Hill Station）と呼ばれる，植民地時代にイギリス軍が山岳地帯内に設置した保養地に，イギリス式のミッション系私立学校が設置されている．一方，私立学校のうち大多数を占める通学制は都市部を中心に立地しているが，近年は都市周辺部や近郊農村において，教育水準の向上に比例して新規立地が進んでいる．農村の通学制私立小学校の場合は，一般的に年間1500～2000ルピー[5]程度の授業料が必要であり，徒歩で通学できない私立小学生の場合は，スクールバス代が月に400～500ルピー程度が必要となる．また，公立小学校では無償である授業料と給食や女子への制服支給や，SCとSTの女子生徒への奨学金支給（150ルピー／月）などの就学支援策は私立学校には適用されず，公立と私立の学校間では，教育にかかる費用負担は大きく異なる．学校設備（机や椅子など基本的なものも含む）の整備状況の違いや，授業言語では公立小学校の現地語（例えばヒンディー語：Hindi Medium）と私立小学校の英語（English Medium）[6]と，大きく異なる．また，公立学校とは異なり私立学校においては，一

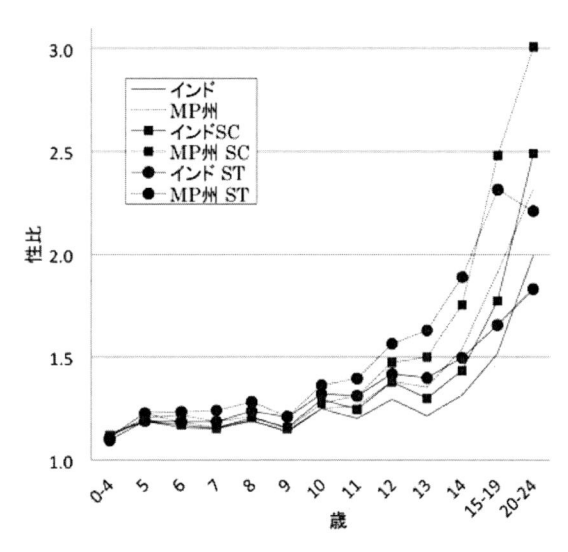

図9.5 インドとMP州の年齢別学生性比（2001, Census of India 2001による）
性比は男性学生数／女性学生数を指す．

---

[5] 1ルピーは2013年1月現在約1.7円．日本との物価水準が大きく異なるため，日本円に換算するだけでは，現地の人びとの金銭感覚とは一致しない．例えば，ひと月の授業料とバス代の合計が650ルピーの場合，農業労働者の日当賃金が50ルピー程度であるので，13日分の日当に相当することを考えれば，農業労働者にとっては支払うことが出来ない金額であることが分かる．他方，農村において現金収入がもっとも高い工場労働者（常勤）の場合，平均的な月収である3000～4000ルピーでは，約5～6日分の賃金で支払うことができ，子どもを1人程度私立学校に通学させることが可能となるが，男女問わずすべての子どもに私立学校に通学させることは経済的に困難となる．そのため工場労働者（常勤）のみの世帯収入の場合，男子のみ私立学校へ，女子は公立学校へという選択となることが多い．しかし，世帯内に複数の工場労働者が存在，あるいはそれ以外に農業収入もある場合は，経済的な余裕が生じ，男女とも私立学校へ通学させることが可能となる．
[6] 授業語が英語とは，英語で授業を行うこと．

写真9.2 公立小学校の授業風景
21名写っているが，小学生は14名であり，いずれも制服を着ている．残りの7名は，彼ら／彼女らの弟や妹である．インド農村では兄弟が5〜6人いることも多く，就学以前の子どもは兄や姉が面倒をみることが一般的である．このため，小学生が弟や妹の面倒をみながら授業を受けていることも多い（著者撮影，2002年）．

らには高等教育の段階では，さらに拡大再生産されることとなる．高等教育（大学など）への進学率は，日本の約60%（文部科学省2010）に対し，インドでは約18%（UNESCO 2010）に過ぎず，高等教育を受ける機会はごく限られた富裕層のみであることを示している．

インドの経済格差は教育格差と密接な関係にあるが，教育格差は経済的要因のみならず，宗教，カーストやジェンダーなどにおける多くの制約要因が深く関わっている．農村住民や女子，また社会階層のなかで底辺に位置づけられるSCやSTなどへの教育支援制度[7]を中心とした教育格差是正の政策は一定の効果を上げつつある．しかしながら，それにもかかわらず教育格差は依然として解決すべき大きな問題として存在している．

9.3 経済活動における都市農村格差

日本における農林業就業人口は約220万人（国勢調査2010）で全就業人口に占める農林業就業比率は約3.7%にすぎないが，インドにおいては約57%（NSS, 2007）を占め，最大の産業である．都市住民においては，製造業（25%），小売・卸売業（21%），運輸・通信業（9%）が中心であるのに対し，農村住民においては，農業（73%）が圧倒的に高く，次いで製造業（8%），小売・卸売業（5%），建設業（5%）が続く（図9.6）．日本の農村における農林業の経済的比重が低い状況に比べると，インド，特に農村における農業の重要性が際立っている．

インド農村の就業構造の変化について，①農業から非農業への就業シフトが緩慢で，②農村労働市場において多数の農業労働者を抱え，実数・比率においても膨張しているが，③就業構造とその多様化の速度には大きな地域差があり，また，建設業の成長によって，最低の賃金水準の農業労働者から建設労働者へシフトした傾向が確かめられている（宇佐美2002）．このように，非農業雇用は拡大している傾向ではあるが，その経

般的に授業開始時間の厳格化が行われ，遅刻の厳禁は生徒のみならず，教員にも厳しく課されていることが多い．大工場での生産体制で必要とされる時間遵守を訓練する場になっていると考えることが出来よう．一方，生徒の成績に関して，5年間で小学校（Class1-5）を卒業できるのは，私立小学校ではほぼ100%であるのに対し，公立小学校では毎年多くの留年生や中退者を生み出すなど，大きな格差がある．農村住民による小学校への評価に関しても，公私間で大きな差異が認められる．特に公立小学校の学校施設・授業内容・教員の資質・生徒の成績への評価がきわめて低いのが特徴的である．

その結果，とくに上位カーストや地主層など経済的に豊かな階層においては，子どもを私立小学校に通学させる傾向が強く，さらにその傾向は男子生徒に対してより強く認められる．このため，公私別の小学生の性比に関しては，私立小学校には男子生徒，公立小学校には女子生徒が多い傾向となる（写真9.2）．そして，小学校段階で認められるこのような教育格差は，その後の中等教育さ

---

7) 政府が社会・経済的に保護する必要があると認めた後進諸階級，指定カースト，指定トライブを対象に，教育，雇用，政治に関し，ある一定比率で優先して採用する留保制度の一部である．

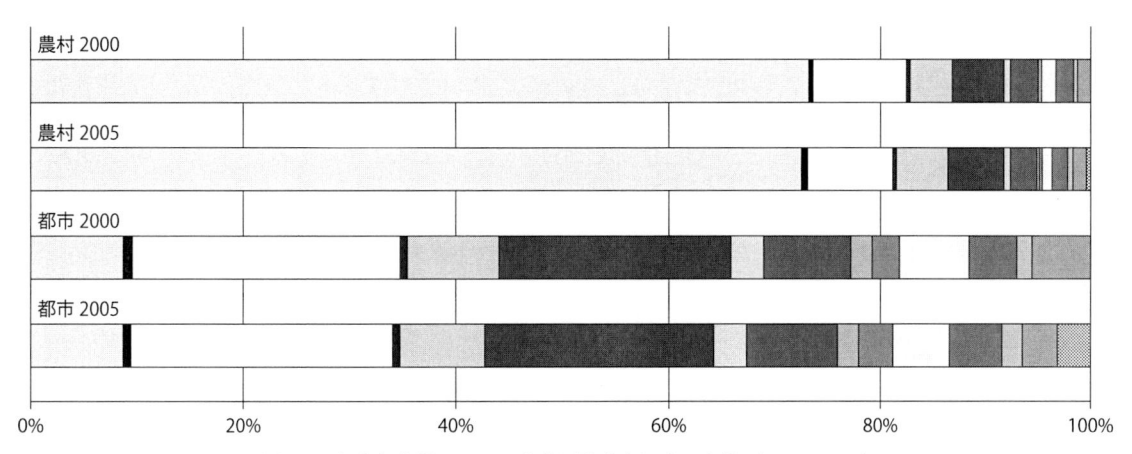

図9.6 都市と農村における産業別就業者比率の変化（2000〜2005）
Ministry of Statistics and Programme Implementation：NSS Report No.515：Employment and Unemployment in India, 2004-05 により作成．NSS（National Sample Survey）統計省による全国標本調査．
□農業，■鉱業，□製造業，■電気・ガス・水道業，□建設業，■小売・卸売業，□ホテル・レストラン，■運輸・通信業，□金融業，■不動産・ビジネスサービス業，□公共サービス，■教育，□医療，■その他社会・個人向けサービス，■家事サービス．

済的底上げ効果はわずかであったと結論づけられている（佐藤・宇佐美1997，佐藤2002）．インドの農村では建設労働市場への雇用吸収にとどまった理由の一つとして，東南アジア諸国に認められるような，大都市およびその郊外の工場における労働需要が農村での賃金上昇と貧困開発をもたらすパターンをとらず，工場労働市場による農村地域での雇用吸収が十分ではなかったことがあげられる．その一つに，公共配給制度の下で，農産物の買い上げ価格が下支えされ，肥料や電力などの補助金と農業の非課税によって農業生産のインセンティブが維持されてきたことがある（黒崎・山崎2002）．それ以外にも，カースト制に基づく分業制によるインド固有の社会移動の困難性があげられる．

このように，大都市およびその郊外において，著しい経済成長が認められる一方，貧困から脱却できない農村が多く存在する．このような農村住民の貧困層を対象とする経済政策として1980年から全国に広まった総合農村開発プログラム（IRDP：Integrated Rural Development Programme）[8]が策定された．これは貧困層向けに資材の提供や技術の訓練を目的としたものであるが，実際には，ローンを必要としている貧困層ではなく，村内の富農層を中心としたローカルな政治力により富農層を中心にローンが割り当てられていることが多いのが実態であった[9]．これ以外にも，1990年代以降には，特に貧困層の女性を対象としたマイクロファイナンスのプログラム（SHG Bank Linkage Programme）[10]が急速に広がるなど，新たな展開がみられる．

9.4 混住化する大都市近郊農村

経済のグローバル化により，大都市郊外において，外資系をはじめとするオフィスや工場が次々と建設された．それに伴い，多くの住宅が建設されたが，これらは，大手資本が大都市郊外に建設した富裕層や中間層向けの住宅団地のみならず，都市に隣接する農村（大都市近郊農村）の農家が自らの農地に建設し，工場労働者や建設労働者などが居住するアパートなどの住宅などがある．このため，大都市近郊農村は農家のみならず，アパートなどに居住する新住民が増えるなど，混住化が急速に進行している．そこで，「インドのシリ

---

8) 1999年から，他の類似する計画と統合されて，農村自営事業促進計画と改称された．
9) 行政からの文章は，非識字者の多い貧困層にとり，読めないことが多いこと，さらに書類の作成が困難であることも背景にある．
10) SHG とは Self Helping Group であり，自助グループのことである．

コンバレー」とも呼ばれ，ICT産業の急速な発展で世界的に知られる南インド・カルナータカ州のバンガロールを例に大都市近郊農村（以下近郊農村）をについてみていきたい[11]．

大都市郊外において，オフィスや工業団地の新規造成・操業が進むにつれ，近郊農村において農業から他の産業（工場労働，建設労働，自営業など）へシフトする脱農化が進行した．事例農村の世帯数と人口の変化を示した図9.7によると，1990年代に世帯数・人口とも増加したが，なかでも男子人口の増加が著しい．これは，単身の男性を中心とした人口流入の結果である．家屋の分布を示した図9.8によると，かつての農地には1995年以降に建設された大規模アパートが建ち並び，村内の主要道路には新住民向けに農村住民が経営する食料雑貨店が新規立地している．このように，農地は農作物供給地から，次第に工業労働者のための住宅・店舗に変わった．

アパートに居住する新住民の多くは男子労働者で，彼らはアパートの1室に4～5名共同で居住し，家賃を折半している．彼らの大部分は，同州の農村出身者であり，工場労働などの職を得た者が，兄弟や従兄弟，同郷の友人らを同じアパートに呼び寄せ同居させており，連鎖人口移動（chain migration）の形態が認められる（写真9.3, 9.4）．新住民の年齢構成において，男子20歳代が多く（図9.9），男子単身労働者が多いことを示している．教育水準では，新住民20歳以上男子の場合は，工場労働者の採用に重視されるITI（Industrial Training Institute：工業技術訓練校）卒業以上の学歴の割合が32％であり，旧住民20歳以上男子の同比率9％よりかなり高い．新住民の職業構成では，男子は工場労働者とガードマンが多い．女子の場合は，主婦，学生や無職が多いが，新住民20歳以上女子就業率（42％）は，旧住民20歳以上女子の就業率（32％）より高い．近隣の工業団地の縫製工場と食品工場の臨時工が彼女らの主な就業先である．

一方，旧住民の年齢構成に関しては，男女とも

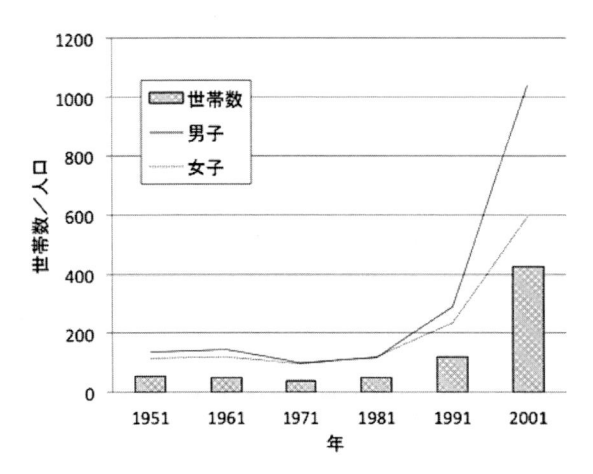

図9.7 事例農村の世帯数・人口の変化（1951～2001年，Census of Indiaによる）

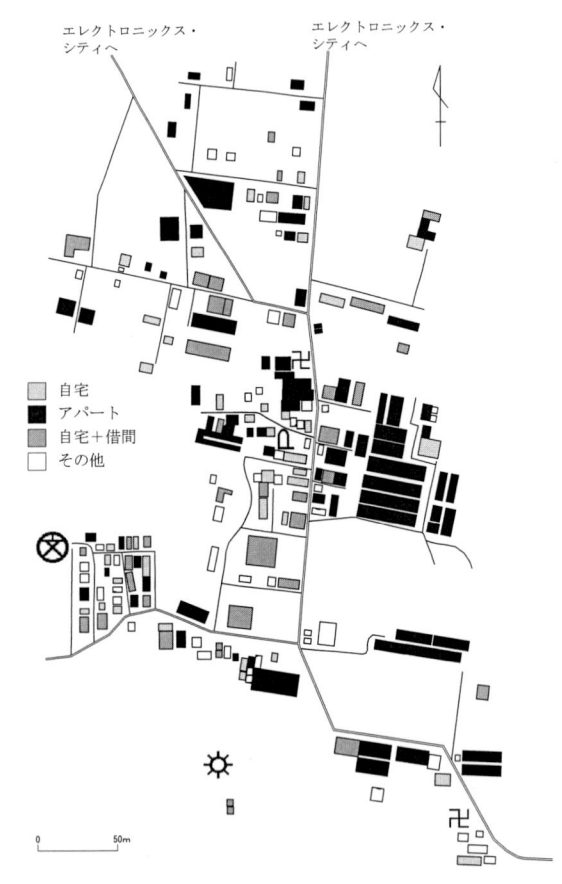

図9.8 近郊農村の混住化形態（澤・南埜（2006）により作成）
⊗ 学校，卍 ヒンドゥー教寺院・祠，☪ モスク，☼ レンガ工場．

---

11) 澤・南埜（2006），澤（2010）を参照のこと．

写真 9.3 新住民の居住するアパート
近郊農村の地主は，農地の一部にアパートを建設し，不動産経営を開始している（著者撮影，2002年）．

写真 9.4 アパートに居住する男子単身労働者
アパートの1室に同郷出身（兄弟や親戚・友人）の男子工場労働者が6人共同で居住し，家賃を折半している．撮影日は工場が休みで，全員が一室にいる．工場は2交代制（昼・夜）で，昼は夜勤の者3人が睡眠をとり，夜は昼の勤務の者3人が睡眠をとる．工場の勤務時間により工場労働者の日常生活のリズムは規定されており，置き時計や腕時計が欠かせない（著者撮影，2002年）．

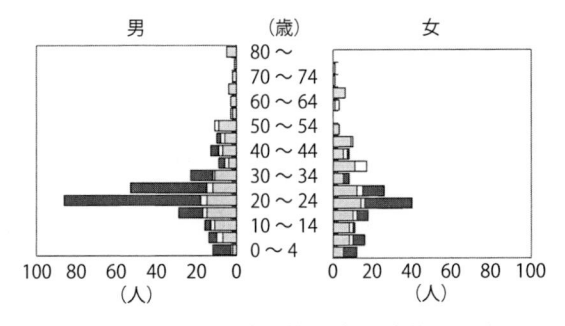

図 9.9 新旧住民別年齢構成（澤・南埜，2006）
□：旧住民，□：新住民（持ち家層），■：新住民（借家層）．

20歳代が最も多く，インド農村一般に認められる「富士山型」人口ピラミッドでは最大になるべき10歳未満層が少ない．この要因の一つには，旧住民は男女とも就業や結婚を機会にバンガロール市内などへ流出する傾向があることを指摘できる．農業従事者は減少傾向にあり，農家は農地にアパートや商店を新たに建設し経営する場合が多い．その結果，旧住民は工業労働者，アパート経営者，食料雑貨店経営者と自作農，建設労働者，農業労働者が多く，その他には，臨時工やガードマンを求職する住民に就業先を斡旋するコントラクターとして成功する者も現れた．旧住民女子は，主婦，学生や無職が多い．旧住民は男女ともジャーティと関連した職種，例えばSCと清掃人との結びつきが認められる．

事例農村住民の工場労働者はいずれも近接する工業団地に通勤する．しかしながら，事例農村はICT産業の一大集積地であるエレクトロニクス・シティに近接するにもかかわらず，ICT技術者は皆無である．ICT産業は自動車製造業のような下請け企業の裾野の広がりを持たず，技術者以外の雇用は限られる．そのため事例農村においては，近隣の工業団地でのガードマンや在来型の製造業の臨時工（庭師や清掃人を含む）として雇用されるに過ぎない．このように，事例農村の工場労働者はICT産業ではなく国内企業の在来型の工場に雇用されている．

農業を基盤とし，インドの伝統的農村社会の特徴を示していた1980年以前の事例農村では，カーストの階層性は世襲的な職業のみならず，農地の有無や大小を規定していた．大規模農家で地主である上位カーストが，農地を所有しない下位カーストを農業労働者として雇用することにより，両者の間には強固な支配・従属関係が形成されていた．また，村落の組織運営や村の祭りまで，上位カーストが意志決定権を握っていた．このようにカーストの階層性は社会と経済の階層性と密接な関係にあった．さらに，土地なし層などの貧困層の子どもは義務教育にもかかわらず，児童労働力として働かざるをえず，小学校を卒業できない場合も多かった．このように，経済水準を媒介に

9.4 混住化する大都市近郊農村

写真 9.5 アパート経営に成功した旧住民の新居
地主層の一部は，農地にアパートを建設しアパート経営を行い，その収益で自宅を新築した（著者撮影，2002年）．

写真 9.6 旧住民が経営する食料雑貨店
店主は，工場勤務で蓄えた資金で食料雑貨店の経営を夫婦で始めた．食料品，菓子，たばこ，電球，石鹸，台所用品など，日常生活で必要なものはほとんど揃う．新住民の工場労働者が最大の顧客で，夜勤の労働者向けに営業時間も長くなった（著者撮影，2002年）．

したカーストの階層性と教育水準も密接な関係があった．

1980年頃〜1995年頃に近隣で工業団地の造成が始まると，農外雇用としての工場労働者や事務職などは，学歴が採用における最大の条件となる場合が多く，カーストの階層性と経済水準との密接な関係は，教育水準を媒介にさらに強化され，その結果，カースト制は社会階層の再生産の最も重要な装置として機能していた．

ところが，1995年頃以降には，村内では工場労働者向けのアパートの建設が進み，新住民向けのアパート経営・食料雑貨店経営・労務斡旋（臨時工や建設労働者への労務斡旋）という新たな産業が成立した（写真9.5，9.6）．アパート経営は土地所有の規模により経営規模が決定されるため，上位カーストの地主層が大規模アパート経営を行うなど，カーストの階層性と収益には密接な関係があるのは確かである．しかし，食料雑貨店経営と労務斡旋はそれぞれ店舗や事務所用の土地と立ち上げ資金が必要なものの，大規模な土地を必要としない．企業などとの折衝にはある程度の学歴（Class 8〜10程度）は必要ではあるが，経験やノウハウ的知識の方が重要となる．このため，カーストの階層性と商店経営や労務斡旋との密接な関係は認めにくい．

脱農化や新住民の流入に伴い，次第に地主層は農業経営者からアパートや食料雑貨店の経営者となり，農地を所有しない農業労働者は村外の工場や建設現場での日雇い労働者となった（写真9.7）．そのため，地主層が土地無し層である下位カーストに絶対的な権力を保持していた支配構造が崩れはじめたのである．これらの過程を通じて，地主層（上位カースト）を頂点とした農村社会は，いわば頂点のない地域社会へとしだいに変貌を遂げることとなった．ここでは，地主層を核としたローカルな自律性はしだいに崩壊し，一部にアパート経営者とコントラクターという新しい階層が出現した．

このように，1990年代以降の経済のグローバル化により，外国資本の投下された大都市およびその郊外では，バイパス沿いにインフラの整ったオフィス，工業団地や富裕層と中間層のための大規模住宅団地，ショッピングモールが次々に建設されている．ショッピングモールは外国ブランドのファッションや家電製品，空調や音響設備の整ったシネマコンプレックス，アトリウムをもった専門店街，マクドナルド，カフェ，正札販売，外資系の自家用車，駐車場，英語表記の看板などで表現され，経済成長を享受した富裕層と中間層のための新しい商業地区に特化している（澤，2010）．最新の携帯電話，自家用車，家電製品がショーウインドーに並べられ，経済成長を謳歌した富裕層と中間層の消費の殿堂となっている．

写真 9.7 建設労働者
地主層に雇用されていた農業労働者（村内で経済的に最も下位の階層）は，工業団地などでの建設労働に移行した．賃金水準は若干上昇したが，貧困からは脱出していない．夫婦で建設労働に従事することが多く，就学前の子どもが建設現場で遊んでいる姿が認められる．就学年齢に達しても，貧困のため小学校に通学出来るとは限らず，また就学しても小学校を中退し建設現場で働き始める場合も多い（著者撮影，2002年）．

一方，インドの総人口の約7割が居住する農村においては，以前よりは改善されたとはいえ，幼児死亡率が高く，教育水準が低く，また経済向上を遂げた住民もごく一部に限られる（写真9.8）など，都市農村格差は依然として大きい．経済成長の果実は，大都市およびその郊外に居住する一部の高学歴者に与えられ，インドの人口の約7割を占める農村住民にはほとんど与えられていないのが実情である．しかし，農村の貧困対策として，小学校の整備や下位カーストや女性のための就学支援，自助グループ支援などが，即効的な効果は期待できないものの，一定の効果を挙げつつある．また，都市近郊農村においては，脱農化の進行と新住民の流入により混住化が進み，従来のカーストを基盤とした農村内の支配従属関係は崩壊しつつあるなど，新たな展開を示している．

[澤　宗則]

写真 9.8 工場労働者の旧住民家族
旧住民の中で，比較的高学歴の男子は工場での常勤の職を得ることに成功し，経済水準の向上を経験している．子どもに対しても，私立の学校に通学させるなど，教育に出費することが可能となった．写真では子ども二人に良質な服を着せていることからも，子どもへの親の期待が読み取れる．伝統文化の象徴であるヒンドゥー教の神のポスターと，近代性の象徴である時計（工場の生産性の向上と学校教育における時間規律の遵守）が併存し，この家族が伝統と近代性の両方にまたがって生活していることをうかがわせる（著者撮影，2002年）．

引用文献

宇佐美好文（2002）：インド農村における就業構造の特徴と変化．絵所秀紀編：経済自由化のゆくえ（現代南アジア2）．pp. 121–144，東京大学出版会．

牛尾直行（2001）：インド・カルナータカ州における就学機会保障のための初等教育制度改革．筑波大学教育学系論集，**25**-2, 35–47.

黒崎卓・山崎幸治（2002）：南アジアの貧困問題と農村世帯経済．絵所秀紀編：経済自由化のゆくえ（現代南アジア2）．pp. 67–96，東京大学出版会．

佐藤隆広・宇佐美好文（1997）：インドの農業労働賃金率の上昇とその要因．アジア研究，**43**-2, 35–72.

佐藤隆広（2002）：経済開発論――インドの構造調整計画とグローバリゼーション．世界思想社．

澤　宗則（2010）：グローバル経済下のインドにおける空間の再編成――脱領域化と再領域化に着目して．人文地理，**62**-2, 132–153.

澤　宗則・南埜　猛（2006）：グローバル化にともなうインド農村の変容――バンガロール近郊農村の脱領域化と再領域化．人文地理，**58**-2, 1–20.

Dreze, J. and Loh, J. (1995): Literacy in India and China. *Economic & Political Weekly*, 30–45, 2868–2878.

Govindra, R. and Biswal, K. (2006): Mapping literacy in India: who are the illiterates and where do we find them? Paper commissioned for the Education for All Global Monitoring Report 2006, Literacy for Life. UNESCO.

コラム9　都市内農村

　農村の経済成長と生活環境の改善は一見すると共存関係があるようにみえる．日本の農村においては，経済成長に伴い道路や上下水道をはじめとするインフラの整備が行われ，日常生活上の都市農村格差はある程度解消したと考えることができる．他方，インドにおいては，経済成長の結果は必ずしも生活環境の改善に繋がらないばかりではなく，生活環境の劣化に直接繋がることも多い．

　写真C9.1は，デリー大都市圏の郊外に位置する大規模集合住宅とショッピングモールに隣接した農村である．日本であれば，農地は宅地などに転用され，住宅地になっているはずの場所である．写真の背景のガラス張りの高層建築には，商業施設やオフィスが入居する予定であり，前景には牛小屋と農家，および農家が自らの土地に建設したアパートが密集している．農家は不動産経営と農業経営の両方を行っている．牛小屋はアパートに転用されたが，建物は扉と壁が作られ，電線が引かれるだけで，構造的には牛小屋から大きな変化はない．農家にとっては，牛に飼料を与え，牛からミルクを搾り，それを運搬し，現金化するという形態から，借家人から直接現金を搾るという手間のかからない形態に変化したという見方もできる．しかも，牛の飼育の世話やミルクの運搬作業などから解放され，収入が高くなり安定もした．その収入を資源に，自らの農地にアパートを建設してきた．その結果，従来の狭いあぜ道の両側に高密度にアパートが次々と建設され，工場労働者や建設労働者の住居となったのである．

　都市計画外に置かれた都市内農村で，行政によるインフラ整備は行われず，道路の拡張も上下水道の整備も行われることもなく，開発から取り残される．その結果，雨や汚水は下水道に排水されることなく，日光がほとんど当たらなくなった地面に直接浸透するか大きな水溜まりとなり，悪臭を放つ．このように経済成長すればするほど，生活環境が一層悪化するという矛盾を都市内農村に認めることができる．　　　［澤　宗則］

写真C9.1　都市内農村（ウッタルプラデーシュ州ノイダ，2011年，著者撮影）

10 都市の成長と都市構造

農村人口が大部分を占めていたインドでは，近年農村地域から都市への人口流入が増加して，都市人口は総人口の約 30％ を占めるまでになった．大都市は雇用機会や住宅，学校や病院などのインフラが未整備で，過剰都市化の様相を示している．

インドの都市は，インド人により建設された伝統的都市とイギリス統治時代に建設された植民都市が併存する二重構造であったが，経済成長によって中間層が増加し，都市内部の高層化や郊外住宅地の開発によって近代都市の要素を持った地域が出現しつつある．一方で，急激に成長する大都市の内部や市街地周辺地域にはスクォッターやスラムが形成されており，貧富の差が著しい．本章では，インドの都市の多様性に注目してみたい．

10.1 インドの都市システム

10.1.1 過剰都市化

農村人口が大部分を占めていたインドでは，近年農村地域から都市への人口流入が増加し，都市人口は総人口の約 30％ を占めるまでになった（図 10.1）．大都市は雇用機会や住宅，学校や病院などのインフラ整備が著しく遅れて急激な人口増加に対応にできず，過剰都市化の様相を示している．

1990 年代の新経済政策では，これまで地域格差是正を目的とした後進地域への産業誘導一辺倒だった政策が見直され，都市規模に応じた国土計画が提示された．外資導入を図った新産業政策では，立地規制に触れる投資先として，人口が 100 万人を超える指定 23 都市（1991 年時）が対象となった．これらの都市では，中心部（Standard Urban Area）から 25km 以内に工場を設立する場合，産業ライセンスの取得が義務づけられた．指定された 23 都市はムンバイー，コルカタ，デリー，チェンナイ，ハイダラーバード，バンガロール，アフマダバード，プネー，カーンプル，ナーグプル，ラクナウー，スーラト，ジャイプル，コーチン，コインバトール，ヴァドーダラー，インドール，パトナー，マドゥライ，ボーパール，ヴィシャーカパトナム，ワーラーナシー，ルディヤーナーで，これらの都市の分布は国土全域に分散している．大都市の中でも六大都市（デリー，ムンバイー，チェンナイ，コルカタ，バンガロール，ハイダラーバード）は，GDP の 12％ を創出しており，インドへの海外直接投資（FDI）の 67％ が集中することとなった．

2011 年では 100 万人以上の都市は 53 都市になり，急速な大都市化が進行している（表 10.1）．2011 年センサスでは大都市への人口集中がさらに進行し，都市圏人口で最大はムンバイー大都市圏の 1841 万人で，続いてデリー首都圏 1631 万人，コルカタ都市圏 1411 万人，チェンナイ都市圏 870 万人，バンガロール都市圏 850 万人，ハイダラーバード都市圏 775 万人，アフマダバード 635 万人，プネー 505 万人となっている．さらに 200 万人以上 500 万人未満の大都市も 11 都市になり，大都市人口の急増は継続している．この

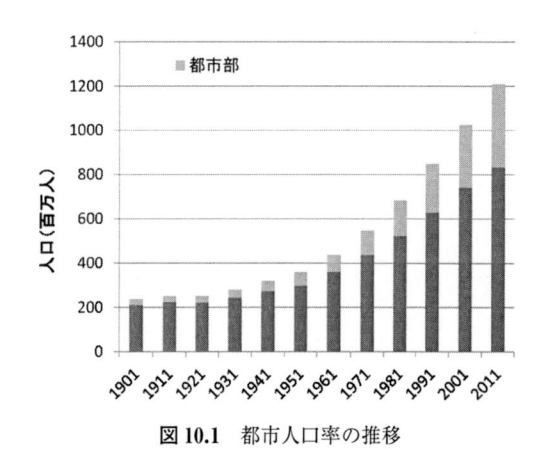

図 10.1 都市人口率の推移

20年間における都市への人口集中は，経済発展を背景とした都市の雇用機会の増加によるが，都市が受け入れ可能な人口を大幅に上回ったために，雇用機会や住宅・学校・病院などのインフラストラクチャーの不足，あるいは整備の遅れによって深刻な都市問題を引き起こし，過剰都市化がさらに進行したものとなっている．

10.1.2 都市システム

これだけ数多くの大都市が所在しながら，人口規模で上位10位までの都市の全人口を足しても全人口の10%にも満たないのは，インドが相変わらず農村人口中心の国だからである．広大な国土を有するインドでは都市が分散して分布しており，その都市システムは発展途上国によくみられる首位都市卓越型ではなく，アメリカ合衆国や中国などの大国型の都市システムである（北川，1986）．つまり，ムンバイー，デリー，コルカタ，チェンナイ，バンガロール，ハイダラーバードなどの都市圏人口が500万人を超える大都市が国土に分散し，それぞれを頂点とする地域的な都市システムが形成されているのである．

かつて，インドでは植民地時代から港湾都市のムンバイーを頂点とした都市システムが形成されていた（阿部，2001）（図10.2）．ムンバイーのように植民地時代の港湾都市が経済の中心となった事例は多く，チェンナイやコルカタのように植民地時代に建設された港湾施設が独立後も経済活動の基盤となっている．一方，内陸に位置する首都デリーは企業の支所数の順位ではムンバイーをわずかに上回るものの，本社数や外資系企業数ではムンバイーがデリーを上回っている．今日でもムンバイーは工業生産の25%，海運の40%，資本取引の70%が集中する経済の中心地であり続け，特にアジア有数の国際金融センターとして成長しており，インド準備銀行，ボンベイ証券取引所，インド国立証券取引所などの金融機関や，多くのインド民族系企業の本社，多国籍企業の拠点が置かれている．その結果，植民地時代から整備された都市基盤と独立後から1990年代以降の経済発展が混在した形の都市景観となっている（写真10.1）．ムンバイーには欧米系の外資系企業とともに，日系の主要銀行や製造業関係の大企業も拠点を置いている．そのため，日本総領事館がムンバイーにおかれ，日本人学校も開校している．ムンバイーと日本との関係は，繊維工業での結び付きなどから始まり，1908年（明治41年）に設置された日本人墓地がある．

1990年代以前は，数次にわたる5カ年計画によって地域格差の是正を目的として後進地域への地域振興策がとられ，産業立地上不利な地域への投資が誘導されたものの，国土の都市システムを変容させるような投資効果は現れなかった．しかし，1990年代の新経済政策による外国資本の投資はムンバイーやデリー以外の大都市圏にも向けられ，なかでも南部のバンガロールとハイダラーバードへの外国資本の投資は，自動車産業，ICT産業，医薬品産業などの発展をもたらし，両都市の急激な人口増加を引き起こしている．また，植

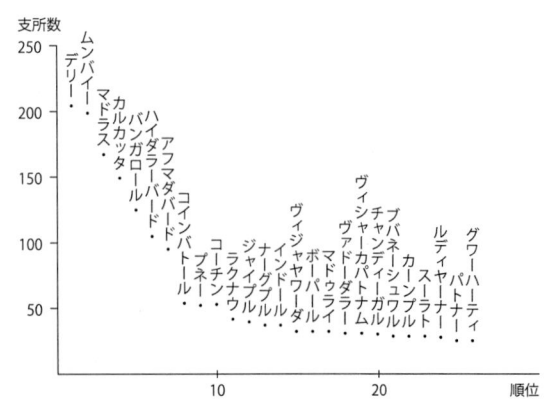

図 10.2 都市システム（阿部（2001）を一部修正）

写真 10.1 ムンバイー（新旧の住宅の対比）
手前は植民地時代の住宅（チョール）

民地時代以来，南インドの経済的中心地である港湾都市のチェンナイにおいても，郊外地域に新たな工業団地が次々に造られ，日系企業や韓国，アメリカ合衆国などの自動車産業などの進出がみられる．その結果，南インドではチェンナイ，バンガロール，ハイダラーバードの三大都市圏が競合しながら発展している状況となっている．

上記のような都市発展の状況について，都市の人口規模と順位の変化をみると，表10.1に示したように，デリーの人口増加によってムンバイーの卓越性が以前より弱くなり，相並んだ状態となっている．第3の都市であるコルカタはデリーに比べて人口増加率は低いものの，インド東部の最大中心地としての位置は保持し続けている．また，第4位～第6位のチェンナイ，バンガロール，ハイダラーバードの人口急増によって，インドにおける都市システムは，ムンバイー，デリー，コルカタ，チェンナイ，バンガロール，ハイダラーバードの大都市圏への人口集積がさらに進行した状態の多極型の都市システムへ変容しているといえる．

10.1.3 首都デリー

政治都市のデリーは，近年バンガロールなどとともに成長の極として急速な経済成長を遂げており，経済的中枢性においてムンバイーと肩を並べるまでその地位を上昇させている．特に1991年の新経済政策による外資の導入以降，大都市圏内に製造業やオフィスの進出が目覚ましく，政治都市の側面に加えて商工業が盛んな経済都市の側面も顕著となっている．デリーは単なる行政都市から，権限の集中を背景とする経済的な中心地としての実力を備え始めた（佐藤・荒井，1995）．内陸都市であるデリーへの製造業の進出は，立地上不利にあるように思われるが，首都として整備された国際空港，道路，上下水道などのインフラストラクチャーが他の大都市に比べて有利な条件と

表10.1 インドの大都市（人口100万人以上）

2001年 順位	都市名	人口（人）	2011年 順位	都市名	人口（人）	順位	都市名	人口（人）
1	ムンバイー	11,914,398	1	ムンバイー	12,478,447	27	カルヤーン・ドーンビヴァリー	1,246,381
2	デリー	9,817,439	2	デリー	11,007,835	28	ワーラーナシー	1,201,805
3	コルカタ	4,580,544	3	バンガロール	8,425,970	29	シュリーナガル	1,192,792
4	バンガロール	4,292,223	4	ハイダラーバード	6,809,970	30	アウランガーバード	1,171,330
5	チェンナイ	4,216,268	5	アフマダバード	5,570,585	31	ダンバード	1,161,561
6	アフマダバード	3,515,361	6	チェンナイ	4,681,087	32	アムリトサル	1,132,761
7	ハイダラーバード	3,449,878	7	コルカタ	4,486,679	33	ヴァサイー・ヴィラール	1,121,233
8	プネー	2,540,069	8	スーラト	4,462,002	34	ナヴィ・ムンバイ	1,119,477
9	カーンプル	2,532,138	9	プネー	3,115,431	35	アラーハーバード	1,117,094
10	スーラト	2,433,787	10	ジャイプル	3,073,350	36	ラーンチー	1,073,440
11	ジャイプル	2,324,319	11	ラクナウー	2,815,601	37	ハウラー	1,072,161
12	ナーグプル	2,051,320	12	カーンプル	2,767,031	38	コインバトール	1,061,447
13	インドール	1,597,441	13	ナーグプル	2,045,421	39	ジャバルプル	1,054,336
14	ボーパール	1,433,875	14	インドール	1,960,631	40	グワーリヤル	1,053,505
15	ルディヤーナー	1,395,053	15	タネー	1,818,872	41	ヴィジャヤワーダ	1,048,240
16	パトナー	1,376,950	16	ボーパール	1,795,648	42	ジョードプル	1,033,918
17	ヴァドーダラー	1,306,035	17	ヴィシャーカパトナム	1,730,320	43	マドゥライ	1,016,885
18	タネー	1,261,517	18	ピンプリー・チンチワド	1,729,359	44	ライプル	1,010,087
19	アーグラー	1,259,979	19	パトナー	1,683,200	45	コーター	1,001,365
20	カルヤーン・ドーンビヴァリー	1,193,266	20	ヴァドーダラー	1,666,703			
21	ワーラーナシーシ	1,100,748	21	ルディヤーナー	1,613,878			
22	ナーシク	1,076,967	22	アーグラー	1,574,542			
23	メーラト	1,074,229	23	ナーシク	1,486,973			
24	ファリーダーバード	1,054,981	24	ファリーダーバード	1,404,653			
25	ハウラー	1,008,704	25	メーラト	1,309,023			
26	ピムプリチンチワド	1,006,417	26	ラージコート	1,286,995			

2001～2011，Census of India より作成

なっていたこと，高学歴者が多く労働者の水準が高いこと，首都ならではの情報収集に都合がよいこと，人口増加による市場としての魅力などのために進展したのである（岡橋，2003）．

近年，首都デリー大都市圏における外資系企業の進出は，単なる政治都市であったデリーを経済的中心都市へ変貌させ，インドにおける都市システムを変容させている．一方，かつて植民地政府が首都としていたコルカタは，外資系企業の投資が少なく，人口増加率も他の大都市圏に比べて低く，デリーとは対照的である．

10.2 都市の景観と構造

10.2.1 多重的都市景観

インドの都市景観は近代的高層ビルとそれと対照されるスラムだけではなく，雑然として活気に溢れる伝統的なマーケット，あるいはイスラーム王朝やその後のイギリスが統治した植民地時代などの過去の時代をそれぞれ反映した市街地と，独立以降の近代化されつつある市街地が併存する多重的な景観を呈し，さまざまな様相が複層的に現れている．インドの長い歴史のなかで，都市はそれぞれの時代に応じて，その規模，機能，形態に変化がみられるのである（三宅，1989）．そのため，典型的なインド的景観というのを端的に表現するのは困難である．さまざまな歴史的痕跡と急速に変化している近代的景観が入り交じった混沌とした景観こそインド的都市景観と表現できるかもしれない．それらの複合した都市景観の中には，目覚ましい経済発展を遂げつつある上層階層や中間層の生活の場と，伝統的な生活様式を送る人々の生活の場があり，それぞれが排他的に存在する場と交差する場がある．

近代化はインドの都市景観を変化させた．所得にもとづく社会・経済的な階層化の進行により，新しい郊外と産業のパターンは西欧に近い形につくりかえられた（ジョンソン，1986）．今日のインドは経済の急成長によって富裕層や中流階層が増加し，彼らが郊外のニュータウンに移住することで近代的な都市景観が形成されている．これらの郊外ニュータウンは従来のインドのイメージとは乖離した近代的都市景観を呈しており，インドの経済的急成長の象徴である．その一方で，建設工事の多い郊外ニュータウンには建設労働者がスラムを形成しており，貧富の差が対照的な風景を作り上げている．

小長谷（1997）は，東南アジアの大都市に急速な変貌をもたらしたものとして外国直接投資（FDI）を位置づけ，過剰都市論に代わる都市論として「FDI型新中間層都市」論を提起した．しかし日野（2005）による指摘のように，インドにおいては国内総生産額に対するFDI残高の比率が低いものの，1991年末の経済自由化政策の実施以降FDIが急速に増大してきたのは確かであり，東南アジアの諸都市とは異なる都市発展を検討する必要がある．また，インドにおいてFDIの増大による都市化への影響については，東南アジアの大都市化と同様のものであるのかどうか，中間層の増大が都市景観や農村景観の変化に与える影響については今後の研究課題といえる．

10.2.2 イスラーム都市

イスラーム王朝のムガール帝国は，シャー・ジャハーン帝の1638年にアーグラーからデリーに遷都したが，そのときに宮殿であるラールキラー（写真10.2）の西側を取り囲むように囲郭都市が形成された（図10.3）．ラールキラーの前面には，迷路状の密集した街路に特徴を持つ植民地時代以前にできた伝統的景観の市街地が残っている．この地区はシャージャハーンバードといわれており，ラールキラーの正面西側には庶民の買い物でにぎわうチャンドニーチョークがある（写真10.3）．

シャージャハーンバードは「ウォールシティ」（囲郭都市）と呼ばれ，一般的にオールド・デリーとして知られている．高い人口密度のオールド・デリー中心部には，イスラーム寺院のジャーマ・マスジットが建てられ，イスラーム教徒の集住地区もみられる．しかし，オールド・デリーとニュー・デリーの2つの都市があるわけではない．デリー市域（デリー特別州）の中心部のセントラル区（図10.4）がオールド・デリーと呼ばれ，市域南部のニュー・デリー地区があり，両者は独立した行政市ではない．

写真 10.2　ラールキラー（2000 年，著者撮影）

写真 10.3　チャンドニーチョーク（2011 年，著者撮影）

図 10.3　シャージャハーンバード（"*Master Plan for Delhi*"（1962）による）

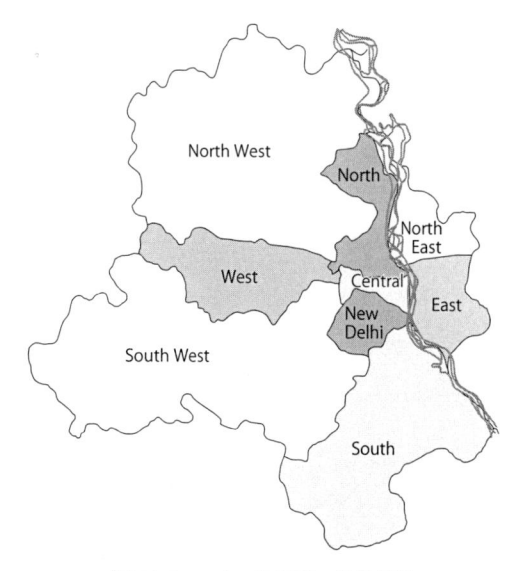

図 10.4　デリー特別州の地域区分

10.2.3　植民都市

イギリスの植民地時代には，交易や軍事拠点，あるいは鉱工業や行政センターとして植民都市が開発され，さらに，それらの都市建設に並行して冷涼な山岳地方にはシムラーのようにヒル・ステーションが造られた（写真 10.4）．また，港湾都市や内陸の藩王国の首都では，インド人による在来集落や伝統的な中心市街地となる市場町（city）とは別に，イギリス軍の駐屯地とイギリス人官僚向けの住宅地などからなる新都市地域が建設され，二重構造の植民都市が誕生していった（図 10.5）．このような都市化は，コロニアル・アーバニゼーションと呼ばれ（飯塚，1985），イギリス人とインド人の明確な階層構造を背景にして都市計画が行われた．

イギリスの植民地時代の後半には，カルカッタ（現在のコルカタ）における独立運動の高まりから逃れるなどの政治的理由のためにデリーに行政中心が移され，1911 年から 1931 年にかけてニュー・デリー地区が開発された．イギリス政府から新帝都の建設を指名された E. ラティエンスは，他のインドの都市と同様にイギリス軍の駐屯地であるカントンメントとイギリス人行政官の居住地をインド人の在来市街地から離して造っただけで

写真 10.4　ヒル・ステーションのシムラー（2000年, 著者撮影）

写真 10.5　コンノート・プレイス（2012年, 著者撮影）

写真 10.6　デリー・メトロ（2012年, 著者撮影）

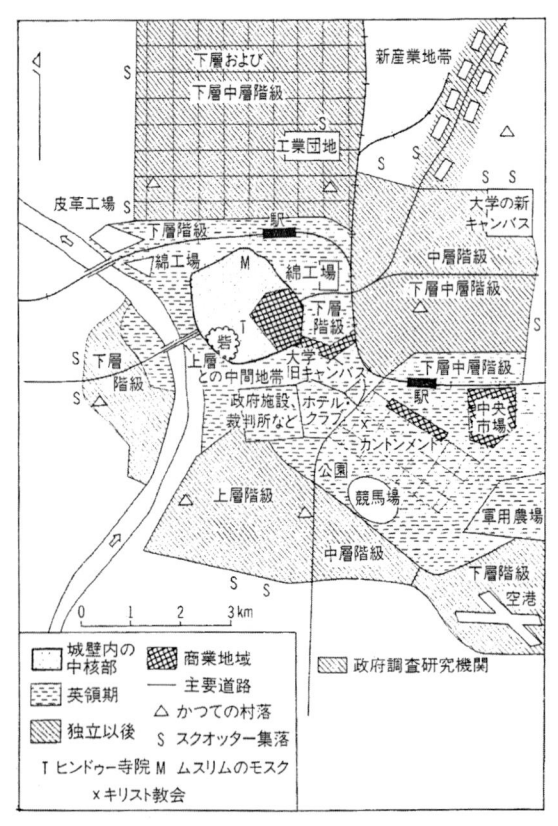

図 10.5　植民都市モデル（ジョンソン, 1986）

はなく, 衛生用隔離帯（緑地帯）を設けてインド人とイギリス人が分離した二重構造をもった典型的な植民都市を建設した（飯塚, 1985）. しかし,

独立後の今日はデリーの地域分化は階級や経済力や権力によって決まっている. ラティエンスが設計したニューデリーの古い地区にあった高等文官（文民行政官）や役人など支配者層の居住地には, インド人の裕福な人々や政治家が入り込み, 富裕層はさらに街の郊外にも広がった（ブリジ, 2002）. 幅員の広い道路による幾何学的な配置と街路樹の緑に溢れる美観計画が具現されたニューデリー地区の街並みは, 政治的中心であることを知らせると同時に, 1910年代の地域住民の生活向上に照準を置く社会学的都市計画の芽生えを示した（飯塚, 1985）.

ニューデリー区の中心は, ロータリー状の道路パターンをしたコンノート・プレイスである. コンノート・プレイスはイギリスによる植民地支配の象徴として建設され, 円柱が立ち並んだ白い西洋風建築様式の建物群（写真 10.5）は, インド的

世界との区別を明確にしたものと思われる．これらのコンノート・プレイスの白い建物には，今日では土産物屋やブランド衣料品店などの商業施設のほか，映画館やホテルなどが入り，賑わいをみせている．

コンノート・プレイス付近にはオフィスビルや自動車のショールームもあり，スーツ姿のビジネスマンの姿もみられる．近年は緑あふれる街並みに高層の近代的オフィスビルディングも建設されている．2005年には日本の援助によってデリーにもデリー・メトロが開通し（写真10.6），中心部のコンノート・プレイスと郊外地域が軌道系の大量輸送可能な交通機関で結ばれることによって，慢性化している道路の渋滞の緩和が期待されている．このようにデリーは都市内の鉄道網が整備されることによって首都としてだけではなく，近代都市としての都市整備が進行している．

10.3 スクォッターの形成

インドの都市といえば，路上で生活するホームレスやスラムなどの発展途上国に特徴されるマイナスのイメージを描く人も多いかもしれないが，それはインドの都市景観の一面に過ぎない．確かに許容量以上の大量の人口が流入し続けているため，市街地中心部には道路の歩道上で生活する人々も多く，市街地周辺地域にも巨大なスラムが形成されているところもある．

インドでは，2001年のセンサスで26州・特別州の640都市／町においてスラム人口の存在が報告されている．最も多かったのはアーンドラ・プラデーシュ（UP）州の77都市，ウッタル・プラデーシュ州69都市，タミル・ナードゥ州63都市，マハーラーシュトラ州61都市であった．インド全体では4260万人のスラム人口で，国内の

表10.2 スラム人口

スラム番号	都市名	州／特別州	人口総数	スラム人口総数	スラム人口比率（％）
	合計		73,345,775	17,696,950	24.1
1	ムンバイー大都市圏	マハーラーシュトラ州	11,978,450	6,475,440	54.1
2	デリー	デリー特別州	9,879,172	1,851,231	18.7
3	コルカタ	西ベンガル州	4,572,876	1,485,309	32.5
4	チェンナイ	タミル-ナードゥ州	4,343,645	819,873	18.9
5	バンガロール	カルナータカ州	4,301,326	430,501	10.0
6	ハイダラーバード	アンドラ・プラデーシュ州	3,637,483	626,849	17.2
7	アフマダバード	グジャラート州	3,520,085	473,662	13.5
8	スーラト	グジャラート州	2,433,835	508,485	20.9
9	カーンプル	UP州	2,551,337	367,980	14.4
10	プネー	マハーラーシュトラ州	2,538,473	492,179	19.4
11	ジャイプル	ラージャスターン州	2,322,575	368,570	15.9
12	ラクナウー	UP州	2,185,927	179,176	8.2
13	ナーグプル	マハーラーシュトラ州	2,052,066	737,219	35.9
14	インドール	マディヤ・プラデーシュ州	1,474,968	260,975	17.7
15	ボーパール	マディヤ・プラデーシュ州	1,437,354	125,720	8.7
16	ルディヤーナー	パンジャーヴ州	1,398,467	314,904	22.5
17	パトナー	ビハール州	1,366,444	3,592	0.3
18	ヴァドーダラー	グジャラート州	1,306,227	186,020	14.2
19	アーグラー	UP州	1,275,134	121,761	9.5
20	タネー	マハーラーシュトラ州	1,262,551	351,065	27.8
21	カルヤーン・ドーンビヴァリー	マハーラーシュトラ州	1,193,512	34,860	2.9
22	ワーラーナシー	UP州	1,091,918	137,977	12.6
23	ナーシク	マハーラーシュトラ州	1,077,236	138,797	12.9
24	メーラト	UP州	1,068,772	471,581	44.1
25	ファリーダーバード	ハリーヤーナ州	1,055,938	490,981	46.5
26	ピンプリー・チンチワド	マハーラーシュトラ州	1,012,472	123,957	12.2
27	ハウラー	西ベンガル州	1,007,532	118,286	11.7

資料：2001センサス

写真 10.7　デリーのスラム（1997 年，著者撮影）

写真 10.8　JJ クラスター（路上生活）（1997 年，著者撮影）

都市人口の 15%，州・特別州の都市人口の 22.6% を占めた．2001 年センサスでは，人口 100 万人以上の 27 都市で合計 1770 万人のスラム人口が報告されている．最もスラム人口が多いのはムンバイー大都市圏の 650 万人で，都市人口の約 54% はスラムに居住し，大規模なスラムには人口 100 万人以上もの人々が密集しているところもある．次いでデリーに 190 万人，コルカタに 150 万人，チェンナイには 80 万人のスラム人口がいる．

スラムの住民についてみると，全インドで 600 万人の 0～6 歳の子どもがおり，マハーラーシュトラ州だけでも 160 万人にものぼる．また社会階層でみると，指定カースト（SC）の住民は 740 万人（17.4%），指定部族（ST）の住民は 2.4% であった．SC が意外に少ないのは，彼らの大部分が農村部に居住しているためと思われる．また

スラム人口の性比（男性 1000 に対する女性の比率）をみると 876 で，スラム以外の都市における性比の 905 と比べて低く，スラムが男性の多い社会であることがわかる．

また，スラム住民の識字率をみると，全体で 73.1%，男性が 80.7%，女性が 64.4% であった．この比率はスラム以外の住民の識字率が，全体で 81.0%，男性 87.2%，女性 74.2% であったことと比較して低い値である．スラム住民は学歴が低いこともあり，2001 年センサスでは 32.9% が職工などの労働者階級で，男性の就業者率は 51.3%，女性は 11.9% であった．また，残りの就業者の大部分は「その他の従業者」であったことからわかるように，雑業などに従事していたものと思われる．デリーのスラムは，住宅地区に 55.9%，路肩に 39.6% が分布し，公園やオープンスペースには 1.6% と少ない．

『CDP-Delhi』（2006）によると，シャージャハーンバードと呼ばれる旧市街地には，① スラム（写真 10.7），② JJ クラスター（Jhuggi-Jhopri cluster）（写真 10.8）と呼ばれるスクォッター，③ 移転集落（Resettlement Colonies）がある．スラムは「スラム」と行政から認定された 319 の不法集落「katras」であり，それらにある約 3000 の建築物のうち 365 棟は危険な状態である．JJ クラスターは市内の至る所に分布しており，テントのような簡易的住居であるためたびたび移転している．

都市貧困者のカテゴリーに分類されるのは，JJ クラスターの住民であり，彼らは家事手伝い，行商人，露店商人，低賃金労働の工業労働者，商業従事者などの主としてサービス部門に従事している．これらの職業は低所得で不安定であるため，JJ クラスターの住民は極度の貧困状態にある．デリーでは JJ クラスターの規模は，100 戸未満が 227 ヶ所（31%），101～500 戸が 295 ヶ所（41%），501～1000 戸が 110 ヶ所（15%），1001 戸以上が 96 ヶ所（13%）であり，中小規模が多い．

首都デリーは冬季の厳しい寒さもあり，スラム人口率は約 19% とムンバイーより低いものの，スラム人口は急激な増加を示しており，1432 の

不法集落には約 300 万人が居住している（『CDP-Delhi』(2006)）．この数は，1961 年に 100 以上の不法集落が正規化（不法集落から正規の行政上の集落となること）され，1971 年に約 600 の集落が正規化された 1977 年と比べても 2 倍以上にもなる．これらの不法集落には電気や水道などの社会的インフラストラクチャーが未整備のところが多く，不衛生な状態が恒常化している．

多くの州では Housing and Slum Boards などのスラムクリアランス関連の機関を設置し，住宅改良事業などのスラム対策をとっている．しかしながら，いずれの州あるいは自治体においても，スラム対策事業の遅れは著しい．これは，新しくインフラストラクチャーを建設することが公共事業として優先され，資金不足などが原因となって既存のインフラストラクチャーの管理や都市再開発については事業が遅れがちになるためである．

10.4 郊外開発

Bose (1980) によると，インドでは一部の高所得層しか住宅を建てない傾向にあったうえ，家の建築はある程度年をとってからなし遂げることと考えられていた．そのため住宅需要は低く，若い世帯主が就職後すぐに家を建てたり探したりする現象はきわめてまれなことであった．また，住宅を個人的に建設する場合には，金融機関から分割払いでローンを組めるような融資制度が未整備で，手続き的な困難さが数多くあった．

ところが，近年上記のメンタリティーは変化してきている．以前のように一度に高額な資本を投入して住宅を建築することは少なくなり，以前より安価に住宅を建築したり購入することが増加したため住宅需要は高まった．また，それぞれの世代で住宅改良の需要も高まり，所得水準の向上に伴う消費行動が住宅へ向かってきた．

10.4.1 NCR（首都圏地域）の郊外発展

印パ分離に伴ってデリーには大量の人口が流入し，過度な都市化を迎えた．インド政府は国家プロジェクトとしてデリーの過大化防止と機能分散を目的として，マスタープランの策定に着手した．デリー開発公団（DDA）が 1955 年に設立され，1957 年にデリー開発法が提出された．DDA は 1962 年にマスタープラン（MP62）を策定し，厳しい土地利用コントロールによってデリー市内における都市開発を抑制した（Delhi Development Authority, 1996）．しかし，デリーは国家水準の「雇用の磁石」であり，急速な都市成長に対してデリーだけでは対処できなくなったために，1985 年に首都地域計画局（NCRPB）が設立された．NCRPB は首都地域（National Capital Region）の全体の整備を図るとともに，首都圏の都市計画と整備を目的としたリージョナル・プランを担い，DDA は NCRPB の策定したリージョナル・プランに従ってデリー大都市圏（DMA）の都市計画を分担した（由井，2003）．

NCRPB は 1996 年にリージョナル・プランを策定し，デリー周辺のハリヤーナー州，UP 州，ラージャスターン州とデリー特別州の調和の取れた開発を目指した．リージョナル・プランではデリー周辺のグルガオン，ノイダ，ファリーダーバードなどの 6 都市を DMA（Delhi Metropolitan Area）タウンとし，衛星都市であるリングタウンとして職住近接型の都市を建設し，デリーの機能分散が図られた（National Capital Region Planning Board, 1996）（図 10.6）．これらのリングタウンは所属する州が異なるために，都市ごとに異なった開発の様相を呈し，ノイダは開発公団による主導で開発され（由井，1999），グルガオンは民間不動産資本を導入した「ハリヤーナー方式」によって急激な発展を遂げている（大内，1989，由井，2005）（写真 10.9）．計画を上回る激しい都市化に対して，NCRPB は 2005 年には新しいリージョナル・プランを出し（National Capital Region Planning Board, 2005），DDA もこのリージョナル・プランとの整合性をもったマスタープランを出した（Puri, 2007）．

10.4.2 ソーシャル・ミックス

デリーでは都市内部の開発を規制する一方で，郊外地域は都市計画によって開発がコントロールされ，幾何学模様の道路パターンや緑の中に整然と高層アパートや住宅が建ち並んだニュータウン群が形成されている（写真 10.10）．インドの都市

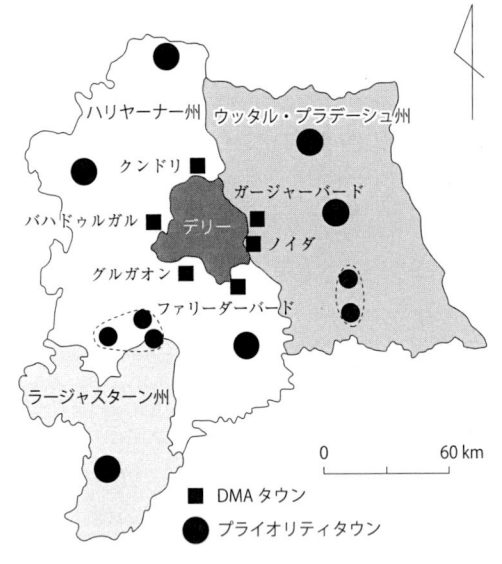

図 10.6 NCR（NCRPB（1996）より作成）

■ DMAタウン
● プライオリティタウン

写真 10.9 グルガオンの郊外団地（2012年，著者撮影）

写真 10.10 デリー郊外（2008年，前杢英明撮影）

写真 10.11 ノイダのスラム（2003年，著者撮影）

開発はイギリスのニュータウン開発のようにソーシャル・ミックス（社会階層の混合）をめざしたものであることが全国統一基準で法律によって義務付けられており，開発地域内には一定割合で低所得者層向けの住宅を供給することが定められている．そのため，開発地域内の住宅は，世帯の所得階層により HIG (high income group)，MIG (middle income group)，LIG (low income group)，EWS (economic weaker section) に分けられて供給されている．それぞれの開発地域では，日本の住宅団地のように画一的な住宅が並んではおらず，HIG，MIG，LIG，EWS を混在させることによって社会階層の混在をはかるミックス・デベロップメントの手法がとられた．それぞれの住宅は土地と建築面積が大まかに定められているが，大部分の戸建て住宅は入居後の増改築によって原形がとどめられていない．これは開発費用を抑えながら住宅建設数を確保するために，必要最低限の機能に限った低価格住宅（アフォーダブル・ハウジング）を大量に建設し，入居した住民の自助努力によって住宅の質を高めることをねらったためである．

しかしながら，中間層の急増と彼らの住宅需要の高まりによって，住宅取得力の高い中間層が郊外の新興住宅地に転入し，結果として低所得者層への住宅が不足している状況は改善されないままである．また住宅を所得した中間層はカースト制度と一定の対応関係はあるものの，職業の制約が強い上位カーストに比べて，高収益のビジネスに就業可能な低位カーストや留保制度により安定した職に就いた SC などの一部も含まれており，郊外居住者のカースト構成は多様である（由井，2005）．さらに，郊外の都市開発地域には住宅や

オフィスビルなどの建設工事が相次いでおり，ノイダでは中心部の商業施設建設予定地の空き地と，河川沿いに建設工事に従事する家族が集まって巨大なスラムが発生していた（写真10.11）．

10.4.3 都市開発の課題

インドの大都市開発の目的は，中心都市の成長を抑制し，過密化した市街地内部の再開発とのリンクにより都市圏への機能分散をはかるものである．しかしながら，国家的なスケールや広域的な地域スケールでの分散を必ずしも誘導しているわけではないので，結果的には大都市圏への集中を助長している．デリー郊外のノイダやグルガオンのような多機能型ニュータウンの開発は，大都市圏内の中心都市の機能分散を目的としながら，国家レベルでみるとデリー大都市圏への機能集中の一役を担っている．都市計画によって都市内の機能と人口の集中をデリー周辺地域に分散させることには成功したかもしれないが，インド国土全体の大都市圏レベルでみると，デリー大都市圏への集中を招いたといえる（由井，2003）．そのために，マスタープランでは対応できないほどの激しい都市化に対して，住宅不足やインフラ整備の遅れなどの都市問題が深刻化している．このような現象はムンバイーにおいても同様であり，市域東部に計画人口400万人の大規模ニュータウンのナビ・ムンバイーが開発されつつあるが，大都市圏における郊外の都市開発が国家レベルでみると大都市圏への人口集中に拍車をかけているともいえる．

また，大部分の住宅供給は中間層や富裕層に向けられ，低所得層向けのEWSは実質的には中間層が入居していることが多い．そのため，ソーシャル・ミックスの理念に基づいて開発された新興住宅地は，インド独特のカースト制に基づいて階層化された社会に対して，階級間の融合を必ずしも招いているとはいえない．新興の開発地が次々に出現して富裕層の転入がみられるのに対して，インフラの管理が不十分で古くなった開発地では富裕層が転出して，その後に前の入居者よりも所得階層が相対的に低い世帯が転入するようなフィルタリングダウンが起こっている地域もあり，住宅地の持続性が今後の課題となると思われる（由井，2005）．

さらに，大内（1989）はグルガオンの都市開発の問題点について次のように指摘している．インドでは民間土地開発業者の歴史が浅く経験が少ないことや，政府主導権型の土地開発が一般的ななかで，政府が民間土地開発業者をリードしていく経験も少ない．そのため，グルガオンでは民間開発業者を十分にコントロールできず，民間開発業者が州政府の決めた公共用地提供などの条件や低所得層向け住宅の供給などの制約を守りきれず，民間業者の開発ライセンスが取り消されたり，業者への警告が出されたりしている．つまり，行政が民間土地開発のコントロールをいかに行っていくのか，公的機関主導で行われる土地開発がどのように民間土地開発業者と協調や調整をしていくかが大事な課題となっているのである．

10.5 国家的都市再開発計画

急速な都市化が進行するインドでは，都市問題の深刻化に対する対策が国家的課題となっており，都市整備や都市再開発などの都市に対するニーズが高まった．それらの諸課題への対処のために第11次5カ年計画の出される直前に，インフラ整備や都市的サービス分配のメカニズム整備，都市内の貧困者対策，長期間にわたる計画の持続可能性のための都市管理，密集した旧市街地の再開発計画など，国家レベルでの都市再開発計画であるJNNURM（Jawaharlal Nehru National Urban Renewal Mission）がインド中央政府の都市開発省から2005年に出された．

このJNNURMミッションは2005-06年に開始され，7年間の計画期間で設定された．インドで最初の国家的な都市再開発計画であるJNNURMでは，都市人口規模別に，400万人以上の8都市をTier1都市圏（Major Cities），100万人以上400万人未満の42都市のうち28都市をTier2都市圏（Main stream cities），50万人以上100万人未満の28都市をTier3都市圏（climbers），50万人未満をTier4都市圏（small towns）と階級区分している（表10.3）．人口増加率でみれば，第

二階層の都市の方が第一階層の都市より高いため，これらの都市の整備が急務とされている．

Tier1の巨大都市は植民地時代からの国家や地域的に高い中心性を保有した都市であり，コルカタを除いて，1991年以降の新経済政策以降に海外資本との合弁企業の進出によって急速に発展したところが多い．これらの大都市はインド国内の水準からみるとインフラ整備が進んでいるものの，国際的な水準からすると著しく劣るものとされ，今後も海外からの投資を呼び込むためにはインフラ整備が急務とされた．

Tier2都市圏となるB基準の都市は2001年センサスで人口100万～400万人の28の大都市である．B基準の都市は人口規模でカテゴライズされたため，以下のような多様な性格の都市が含まれている．

① アーグラー，ラクナウー，パトナー，ジャイプル，ボーパール，インドールなどのかつての藩王国の中心都市や地域的な商工業の中心都市，州の政治的中心都市．
② コーチン，アムリトサル，コインバトール，マドゥライなどの観光保養都市・宗教都市．
③ ジャムシェードプル，カーンプル，アサンソール，プネー，ファリーダーバードなどの工業都市（ただしファリーダーバードはデリーの郊外にあり，衛星都市的な性格も強い）．

C基準となるTier3都市圏の都市は，州の首都，宗教・歴史・観光的な重要都市であるという基準で選定された28都市である．例えば，ナガランドやマニプル州などの北東辺境州の各州都やウッタラーカンド州やジャムー・カシュミール州などの北部山岳州の人口規模の小さい州都はすべて選定され，植民地時代にイギリスが建設したヒル・ステーションから保養都市になったシムラーやナイニタールなどの小都市も選定されている．さらに，アジメールやマイソールなどの歴史都市，ウッジャインなどの宗教都市，辺境地域の州都などの地方中心都市も重要都市として選定され，複数の選定基準が用いられたことがわかる．

このように，C基準の都市はA基準やB基準と異なり，人口規模による基準がなく，政治的基準が明確に反映されたものといえる．観光都市，歴史都市，ヒル・ステーション（写真10.4, p.118）の保養都市の整備はインド国内のツーリズムの発展を背景にしたものであり，観光資源として魅力があっても観光都市としては低水準の宿泊施設，道路や水道・電気などのインフラの未整備などの問題を解消することが求められていた．

A～Cの基準で選ばれたそれぞれの都市の中には，人口規模の小さい辺境州の州都が含まれるなど，産業立地のための基盤整備とはいえない都

表10.3 JNNURM対象都市

カテゴリーA Mega Cities / UAs		カテゴリーB Million plus Cities / UAs				カテゴリーC Cities / UAs (人口100万人未満)			
1	デリー	1	パトナー	15	ヴァドーダラー	1	ガワハーティ	15	アガルタラ
2	ムンバイー大都市圏	2	ファリーダーバード	16	スーラト	2	イタナガル	16	デヘラードゥーン
3	アフマダバード	3	ボーパール	17	カンプール	3	ジャンムー	17	ブッダガヤ
4	バンガロール	4	ルディヤーナー	18	ナーグプル	4	ライプル	18	ウッジャイン
5	チェンナイ	5	ジャイプル	19	コインバトール	5	パナジ	19	プリー
6	コルカタ	6	ラクナウー	20	メーラト	6	シムラー	20	アジメール-プシュカル
7	ハイダラーバード	7	マドゥライ	21	ジャバルプル	7	ラーンチー	21	ナイニータール
		8	ナーシク	22	ジャムシェードプル	8	トリヴァンドラム	22	マイソール
		9	プネー	23	アサンソール	9	インパール	23	プドゥチェーリ
		10	コーチン	24	アラーハーバード	10	シロン	24	チャンディーガル
		11	ワーラーナシー	25	ヴィジャヤワーダ	11	アイザウル	25	シュリーナガル
		12	アーグラー	26	ラージコート	12	コヒマ	26	マトゥラー
		13	アムリトサル	27	ダンバード	13	ブバネーシュワル	27	ハリドワール
		14	ヴィシャーカパトナム	28	インドール	14	ガントク	28	ナーンデード

資料：Government of India, Ministry of urban Employment and Poverty Alleviation and Ministry of Urban Development (2006): Jawaharlal Nehru National Urban Renewal Mission: overview.

市も数多く含まれているため，グローバル化に対応した都市再開発という JNNURM の本来の意図を必ずしも反映したものではなく，地域的バランスを考慮した政治的意味も強く出されている．しかし，インドにおいて国家的プロジェクトとして都市再開発に乗り出した意義は大きく，インフラ整備によって外国資本の投資を呼び込むことを目論んでいる．また，ツーリズムの活発化による観光都市の社会的基盤整備と環境保全が打ち出されているのも新しい傾向といえる．

10.6 都市住民

10.6.1 都市の中の村落—アーバン・ビレッジ

インドでは巨大な都市開発地域の中に，伝統的な農村が散在して残存している．急速な都市化が進むデリー大都市圏内には数百のアーバン・ビレッジ（都市内農村，コラム9参照）が存在しているといわれ，巨大な市街地の中に多くの村々が飲み込まれている．アーバン・ビレッジは集落の周囲を都市開発に取り巻かれながらも，村の政治的権力や既得権を保護するために開発から取り残されている旧来の集落である．例えば，デリー首都圏地域（NCR）内には165のアーバン・ビレッジと52のセンサスタウンが存在する．また，図10.7に示すように，ノイダには都市計画区域内に約40村が残されている．これらのアーバン・ビレッジでは道路建設や上下水道施設も村の手前までは整備されているにもかかわらず，村の中まで整備が及ばない．州の開発公団や民間開発業者にとっての主な障害は，村の代表者のパンチャヤート（Panchayats）や開発に対する反対派集団から土地を獲得する際の困難な手続きである．開発から取り残されるのは集落だけであり，農地は開発対象地域とされるために農民の生業を奪うことになるので土地の売買をめぐって開発業者とパンチャヤートや村人との調整が困難になる．その困難とは，農村の政治的権利や水利権などの種々の権利を残しながら農業集落が都市化地域内に残るために生じる問題である（由井，2005）．近代的都市景観の中に伝統的な村落景観が残され，それらの村の中では旧来の伝統的な生活が残っており，

都市住民と村落住民との格差が大きいために，アーバン・ビレッジは「都市内植民地」と指摘されることもある．

アーバン・ビレッジ内の地主の中にはアパートや商業目的の建物を建てて不動産経営などにより財をなす者もおり，村の住民にも離農して都市内でサービス業などに就業する者も増えている．アーバン・ビレッジは，密集はしているもののスラムとは異なり，伝統的農村と都市的生活様式が混合したインド独特の生活世界を作り上げている．

デリー東郊のノイダでは，開発地域の中心部にアッタ村が残され，新興商業地域と対照的な景観となっている．今日のアッタ村は写真10.12に示すように，表通りに面した場所では商業機能が集積して，路地からその裏に入ると伝統的な農村風景が突然現れて，都市から農村へと景観が一変する．商店が建ち並ぶ裏の通りにある村では牛が飼われ（写真10.13），農村的景観がそのまま残されている．村内では，住居にトイレの設備は無く，浴室の無い住居が多いためか，朝のバスタイムには屋外の井戸で髪を洗う人もいるなど，農村的生活様式も残っている．

アーバン・ビレッジはそれらを取り巻く地域の開発が進行するにつれて，その独自性を失い，周

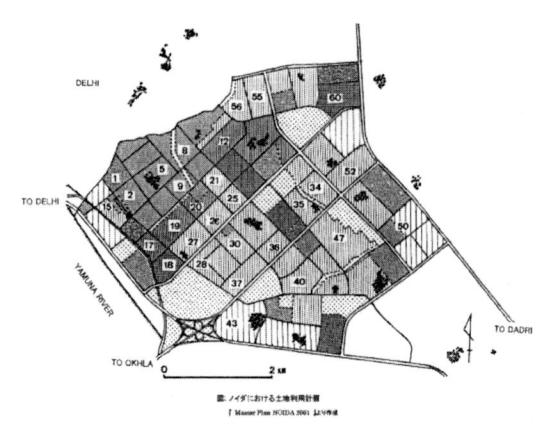

図 10.7 ノイダのマスタープラン（2001）

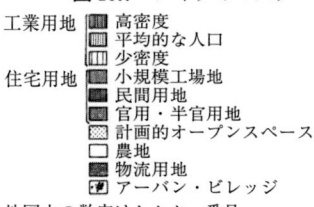

工業用地　高密度
　　　　　平均的な人口
　　　　　少密度
住宅用地　小規模工場地
　　　　　民間用地
　　　　　官用・半官用地
　　　　　計画的オープンスペース
　　　　　農地
　　　　　物流用地
　　　　　アーバン・ビレッジ
地図中の数字はセクター番号

写真 10.12　ノイダのアッタ村（都市化した農村の外側，2000 年，著者撮影）

写真 10.14　グルガオンの富裕層の家

写真 10.13　ノイダのアッタ村の内部（都市化した農村の内部，2000 年，著者撮影）

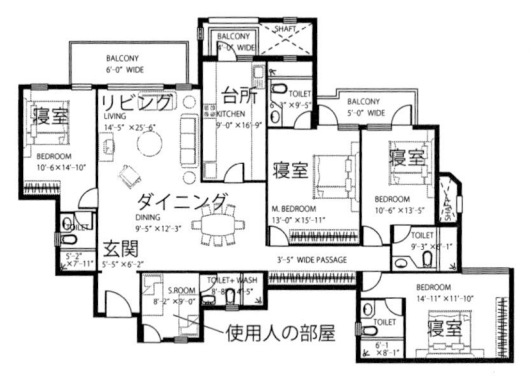

図 10.8　グループハウジングの間取り（グルガオン）

辺の新興開発地域と同化するかといえば，必ずしもそのようになってはいない．多くの村々では，生業こそ非農村的になりつつあるが，道路パターンや住居の建築様式をみれば周辺の景観とは明らかに違っており，アーバン・ビレッジは周辺の都市化地域と同化しないで「農村」のままなのである．周辺の市街化した地域とは政治的には独立しているものの，域外からの人口流入は増加しており，混住化が進行している．小長谷（1997）による東南アジア地域の FDI 都市にみられるように，大都市郊外地域の農村を取り込んだ形の大都市化ではあるが，農村が都市的生活様式に変容した都市化とはいいがたい点や農村住民が新中間層に変化していない点で東南アジア地域の大都市周辺においてみられた「FDI 型新中間層都市」と同一のものとはいえない．開発地域内の農村の開発は，都市への人口流入の歯止めとなるかどうか，その効果については都市側の開発目的と農村地域の開発目的を調整することが課題となっている．

10.6.2　郊外住民の生活

インドの郊外地域における住民生活のようすは，インドにおける経済発展の象徴ともいえる．中心都市内の職場へ自動車やバイク，あるいは満員のバスで通勤する様子は，先進国における通勤ラッシュと一見変わらない風景である．

デリー大都市圏の中で富裕層が集積するといわれるグルガオンでは，富裕層向けの戸建て住宅地（写真 10.14）や高層のグループハウジングが開発され，急激な都市化を迎えている．これに対応して近代的な商業施設も建設され，大規模な駐車場を備えた大型ショッピングモールと映画館の入ったシネマコンプレックスも数多く立地するように

なった．これらの大型ショッピングモールでは休日には自動車で訪れる多くの人々で賑わっている．経済成長に伴って豊かになった中流階層は，旺盛な消費行動をとり，従来の伝統的な生活様式を一変させている．しかしながら，野菜や果物などの食料品は住宅地内の小規模商店や台車で行商に来る商人から購入する人も多く，グルガオンでは大型ショッピングモールが乱立状態にあり，魅力のないショッピングモールは人影も少ない．

このような郊外地域はこれまでの伝統的なインドとはかけ離れた景観を形成しているが，居住者のライフスタイルは，伝統的なものも多く残されている．西洋風のグループハウジングの間取り（図10.8）をみると玄関の外に使用人用の部屋がレイアウトされており，上流層が相変わらず低賃金で使用人を雇っていることがわかる．使用人は複数おり，料理人や掃除人，あるいは子どもの遊び相手といったように仕事が細分化されている．また，上流層の戸建て住宅の塀の外には，門番が常駐する小屋があり，そこにも低賃金で雇われる人がいる．これらの使用人の大部分は，農村部出身の男女であり，伝統的な分業構造が近代的生活様式に組み込まれていることがわかる．

［由井義通］

引用文献

阿部和俊（2001）：発展途上国の都市体系研究．地人書房．
飯塚キヨ（1985）：植民都市の空間形成．大明堂．
大内アカーシ，K.（1989）：新興工業都市の形成—グルガオン—．佐藤　宏・内藤雅雄・柳沢悠編『もっと知りたい　インドⅠ』弘文堂，pp. 326-338.
岡橋秀典編著（2003）：インドの新しい工業化—工業開発の最前線から—．古今書院．
北川建次（1986）：インドの都市システム．山口岳志編『世界の都市システム』古今書院．
小長谷一之（1997）：アジア都市経済と都市構造．季刊経済研究（大阪市立大），**20**-1, pp. 61-89.
佐藤　宏・荒井悦代（1995）：南アジアの都市化の特質．小島麗逸・幡谷則子編『発展途上国の都市化と貧困層』アジア経済研究所，pp. 97-154.
ジョンソン，B. L. C. 著，山中一郎ほか訳（1986）：南アジアの国土と経済1　インド．二宮書店．
タンカ，ブリジ（2002）：デリー／ニューデリー—新旧都市の対比．青木保ほか『アジア新世紀1　空間』岩波書店，pp. 229-239.
日野正輝（2005）：インドにおける経済自由化に伴う外国直接投資の増大と国土構造への影響．地誌研年報，**14**,. 1-20.
三宅博之（1989）：インドの都市．佐藤宏ほか『もっと知りたい　インドⅠ』弘文堂，pp. 303-311.
由井義通（1999）：デリー首都圏（N. C. R.）ノイダの都市開発と住宅供給—住宅供給と居住者の特徴—．地誌研年報，**8**,. 33-57.
由井義通（2003）：インドにおける大都市開発．地誌研年報，**12**,. 105-130.
由井義通（2005）：デリー南郊・グルガオンにおける都市開発．季刊地理学，**57**-2., 79-95.
Bose, A. and Bhatia, J.（1980）: *India's Urbanization 1901-2001*, 2nd ed.. Tata McGraw-Hill.
Delhi Development Authority（1996）: *Master Plan for Delhi*.
National Capital Region Planning Board（2005）: *Regional Plan-2021 : National Capital Region*. National Capital Region Planning Board, Ministry of Urban Development, Government of India.
Puri, V. K.（2007）: *Master Plan for Delhi 2021*. JBA Publishers.

コラム10　インドにおけるショッピングモールの発展

2000年代に入り，インドではショピングモールの立地が進んでいる．現代インドの流通は，①零細経営の個人商店が中心であり，②それぞれの小売商店では特定の商品に特化した業種店，例えばサリー店，雑貨店などであり，③生鮮食料品はおもに在来市場によって供給され，④先進国のようにチェーン展開する小売企業が中心的な存在ではない，という状況である．すなわち，多段階，多分野に分かれた毛細血管のような流通が，都市から農村まで全国津々浦々に張り巡らされており，ローカルなスケールの流通が中心である．

ショッピングモールの発展は，インド流通における新しい傾向として注目すべきことである．特に，ムンバイーやデリーの大都市圏では，大規模なショッピングモールが建設されるようになり，流通産業が成長しつつあるといえよう．ムンバイーやデリーの大都市圏で中間層が拡大し，家電製品など耐久消費財の消費が増加しつつあり，そうした需要の受け皿としてショッ

ピングモールを位置づけることができる．

　まず，インドでみられる典型的なショッピングモールの様子を紹介したい．写真C10.1は，デリー大都市圏の郊外都市であるグルガオンに立地しているメトロポリタンモールの様子である．4階建，総店舗面積が3万2516 m^2，エレベーター8機をもつ規模の大きいものである．入居しているテナント数は136店舗あり（2011年9月），世界的なブランドである，ソニー，サムソンやアップルなどの電気メーカーの専門店，ナイキやアディダスといったスポーツブランド，ベネトンなどのファッションブランド，マクドナルドなどのファストフード店，などがある．インド人がグローバルに展開するブランドに出会う場となっている．

　バリスタコーヒーなど国内のカフェチェーンも入居しており，ターターやリライアンスなどの財閥によって展開されている専門店も存在している．このようにショッピングモールという場所を中心として，インド国内のさまざまなブランドが成長しつつあり，チェーン展開する小売企業もみられるようになっている．

　写真C10.2で示すように，ショッピングモール内は吹き抜けとなっており，吹き抜けを取り囲むようにテナントが展開している．欧米や日本では百貨店やスーパーなどの大型店が核店舗として入居することが一般的であるが，著者がデリー大都市圏で観察した限り，明確な核店舗が存在するショッピングモールは巨大モールを除いて存在しなかった．また日本のショッピングモールと同じように，大半のショッピングモールでシネマコンプレックスやフードコートも存在し，商品購入以外のサービスも供給されている．

　表C10.1はショッピングモール数が多い上位都市を示したものであるが，インドの主な都市にショッピングモールが開発されていること，特にムンバイーとデリーに集中していることがわかる．必ずしも特定のデベロッパーによって開発が進められている訳ではなく，それぞれの都市でニュータウン開発等を行っているデベロッパーが，事業の1つとしてショッピングモールを開発していることがわかる．

　このように日本のショッピングモールのように，専業のデベロッパーが存在していて，全国展開するようなものとなっていない．大都市圏での不動産ブームのなかで開発が進んでいる状況である．しかし，このような動きの中で流通業を専業とする企業が成長しつつあり，先進国で経験したような流通システムの再編成が生じるかもしれない．少なくとも現在では，流通産業の萌芽段階であるといえよう．　　　［土屋　純］

表C10.1　インド諸都市におけるショッピングモールとデベロッパー数

都市	ショッピングモール数	デベロッパー数
ムンバイー	35	29
デリー	28	17
グルガオン	11	6
バンガロール	11	8
コルカタ	10	8
ハイダラーバード	6	4
ガージャーバード	6	5
ジャイプル	5	5
ルディヤーナー	5	5
ノイダ	5	4
プネー	5	4
全インド	171	

資料：Mallsnext edit. 2010 "MALL OF INDIA"
注：デベロッパー数はそれぞれの都市単位で集計した．そのため都市間でデベロッパーが重複する場合がある．

写真C10.1　グルガオンにあるメトロポリタンモール（著者撮影）

写真C10.2　メトロポリタンモールの内部の様子（著者撮影）

11 世界の中のインド

本章では世界の中のインドについて検討する．インドを含む南アジアはインド亜大陸とも呼ばれ，地理的にも歴史的にも一つのまとまった地域としてみなされる．まずインドの近隣国との関係から南アジアの中のインドについて検討する．続いて世界の中のインドを考察するにあたって，モノ（貿易）とヒト（移民）に焦点をあてて検討する．東西冷戦の終結，経済のグローバル化の進行，情報化社会の浸透と世界は刻々と変化し，インドと世界との結びつきも刻々と変化している．ここでは1980年以降の約30年間を対象にモノとヒトの動きをとおして，その結びつきの変化を考察する．最後に，私たちの日本とインドにおけるモノとヒトの交流を検討する．

11.1 近隣国との関係

11.1.1 インドと世界各地の位置関係

インドの位置を確認してみよう．インドは北緯8度4分から37度6分，東経68度7分から97度24分に位置する（図11.1）．標準時子午線は東経80度が採用されている．ロンドンとは5時間30分，ニューヨーク10時間30分，サンフランシスコ13時間30分，そして東経135度を標準時子午線とする日本とは3時間30分の時差がある．またデリーから5千km圏内に北京やモスクワをはじめロシア・東アジア・東南アジア・西アジアのアジア州のほぼ全域が入り，ロンドンをはじめヨーロッパ・アフリカ地域は5千〜1万km圏内にある．そしてニューヨーク，リオデジャネイロ，シドニーなどアングロアメリカ・ラテンアメリカ・オセアニア地域とは1万km以上離れている（図11.2）．なおデリーと東京間の距離は約5800kmである．

インドは，ユーラシア大陸の中のアジア州，そのアジア州の中の南アジアに属する．南アジアはインドのほか，スリランカ，ネパール，パキスタン，バングラデシュ，ブータン，モルディヴの7か国からなる（アフガニスタンを南アジアに含める場合もある）．南アジアはアラカン，ヒマラヤやスライマンなどの山脈ならびにベンガル湾・インド洋・アラビア海の海洋に囲まれている．周辺の東アジア・東南アジア・西アジアとは，これら自然的環境によって明瞭に区分される．南アジアは，その広大な空間面積からインド亜大陸と呼ばれ，一つの文化世界を形成してきた．自然的環境は南アジアと他地域との交流において障壁となり，南アジアを一つの地域にする要因の一つでもあった．その一方で，羅針盤や地図，航海・造船技術などにおける技術革新はそれらの障壁を取り除き，大航海時代以降は南アジアにヨーロッパの

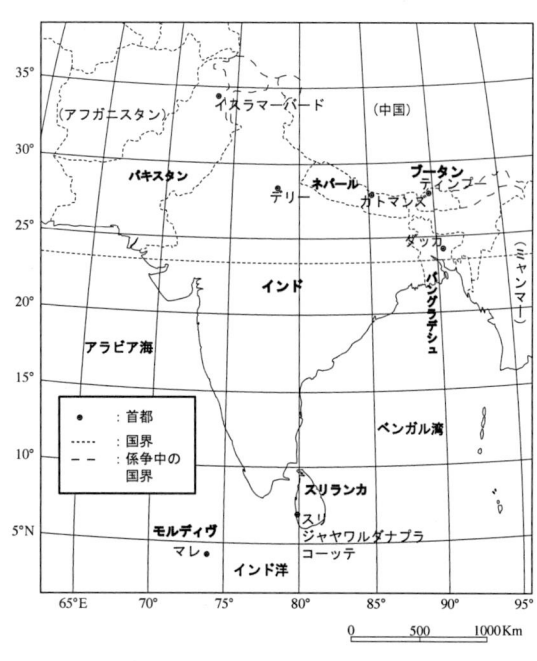

図11.1 南アジア地域の位置と国々（ボンヌ図法）

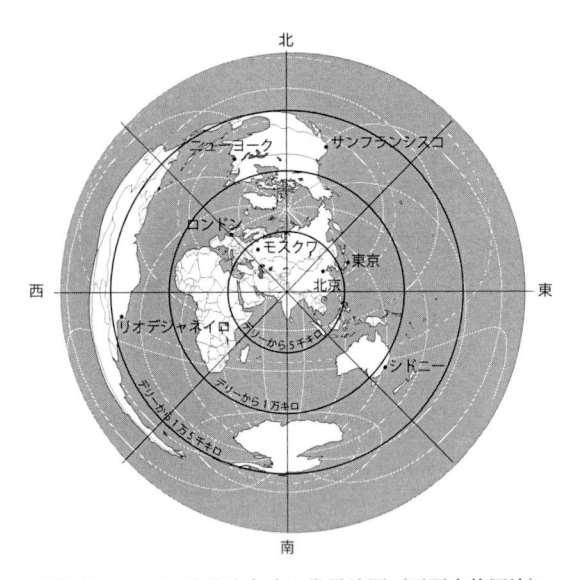

図11.2 デリーを中心とする世界地図（正距方位図法）

列強諸国の進出を促すこととなった．その中で，今日の南アジアの7か国は，第二次世界大戦終了時点で英領インドであったインド，パキスタン，バングラデシュはもちろんのこと，スリランカ，ネパール，ブータン，モルディヴも，イギリスによる直接あるいは間接の統治・支配を長く受けてきた．その歴史的共通性は今日の南アジアを考える上で重要な観点である．

11.1.2 南アジアの中のインド

南アジアにあってインドは，その中央に位置する（図11.1）．表11.1が示すように，インドは，面積で南アジアの73.4％を占め，人口においても76.6％を占める．南アジア諸国で第2の規模をもつパキスタンと比較しても，インドは面積でパキスタンの4.1倍，人口は7.1倍である．経済力でみてもGDPや輸出入額はいずれもパキスタンとは8倍以上の開きがあり，南アジア諸国の生産額合計の82.9％をインドが占めている．このように南アジアにおいてインドは圧倒的な「大国」の地位にある．1つの地域において，1国のみが強大な「大国」であるという地域構造は他地域にはなく，南アジアの特徴といえる．

インドとそのほか6か国との関係を個別にみてみよう．まず1947年にインドと分離独立したパキスタンである．両国の分離独立は，世俗国家ではあるが人口の8割を占めるヒンドゥー教徒を中心とするインドと，イスラームを国教とするムスリムの国パキスタンというように，南アジアにおける二大宗教が深くかかわっている．独立後，両国間で4度の戦争・紛争（第一次（1947～1949年），第二次（1965年～1966年），第三次（1971年），第四次（1999年））が勃発している．第三次印パ戦争はパキスタンからのバングラデシュの独立に際してのもので，それ以外はカシュミールをめぐるものである．前述のように国の規模や経済力において両国には大きな差がある．それゆえにパキスタンは軍事力，とくに核兵器やミサイルの開発に力を注いできた．1998年にインドとパキスタン両国はともに核実験を強行し，核保有国宣言している．その翌年のカシュミール・カールギルにおける第四次印パ戦争では全面核戦争が危惧された．両国の和平は南アジアだけでなく世界全体の平和に直結しているといえよう．

バングラデシュとスリランカの2か国とインドとは，民族問題を軸に深くかかわっている．インドの東部にある西ベンガル州とバングラデシュの人々は，宗教の点からはヒンドゥー教徒とムスリムとの違いはあるものの，言語の点では同じベンガル語を話し，相互の意思疎通は容易な関係にあ

表11.1 南アジア地域7か国の諸元（2010）

国名	インド	スリランカ	ネパール	パキスタン	バングラデシュ	ブータン	モルディブ
面積（km^2）	3,287,263	65,610	147,181	796,095	143,998	38,394	300
人口（万人）	122,461	2,065	2,996	17,359	14,869	73	32
GDP（億米ドル）	16,843	496	160	1,769	1,004	15	21
一人当たりGDP（米ドル）	1,375	2,400	535	1,019	675	2,089	6,570
輸出額（億米ドル）[*1]	2,203	82	8	214	134	4	1
輸入額（億米ドル）[*1]	3,117	123	46	374	176	9	11

＊1 バングラデシュの輸出額・輸入額は2007年の値．
世界銀行オンラインデータベース（http://data.worldbank.org/），国連データベース（UN comtrade）により作成．

る．独立直後，パキスタンは複節国（あるいは飛地国）として東西に分かれて成立し，政治の中心は西パキスタンにあった．当初パキスタン政府はウルドゥー語を国語としたことから，東パキスタンではベンガル語国語化運動が政治運動の焦点となった．1971年に東パキスタンの独立戦争にインドが介入し，第三次印パ戦争となった．パキスタン政府の無条件降伏によって，東パキスタンは「ベンガルの国」という意味のバングラデシュとしてその独立が認められた．

スリランカに目を向けてみると，スリランカの北部ならびに東部に住んでいるタミル人はインド南部のタミル・ナードゥ州の人々と宗教・言語の上で共通であり，スリランカの総人口の約18%を占める．スリランカは仏教徒でシンハラ語を話すシンハラ人が総人口の約74%を占める．そのスリランカからの独立をめざす過激派組織LTTE（タミル・イーラム解放のトラ）の武力闘争により，スリランカはLTTEが敗北宣言した2009年までの四半世紀にわたって内戦状態が続いた．インド政府ならびにタミル・ナードゥ州政府は，このタミル人問題に軍隊派遣を含め様々な形で関与してきた．

ブータン，ネパール，モルディヴの3か国は国の規模や経済力の上で，インドと比べるといずれも小国である．モルディヴ政府が1988年のクーデターの際にインドに軍の派兵を要請してクーデターを鎮圧するなど，これらの国は経済面のほか，軍事・外交面でもインドに大きく依存する関係にある．

このように，南アジアにおいて圧倒的な存在感を示しているのがインドである．インドの外交・経済政策は，二国間の交渉を中心として展開している．1991年にネパールとの二国間の貿易協定を結び，2000年にはスリランカとFTA（自由貿易協定）を，そしてブータンならびにバングラデシュとは2006年に二国間貿易協定を結んでいる．一方，バングラデシュのジアウル・ラーマン大統領の提案に基づき1985年に発足したSAARC（South Asian Association for Regional Cooperation：南アジア協力連合）は，インドと一対一という関係ではなく，南アジアの「大国」インドを牽制しつつ，地域内の外交・経済政策を南アジア諸国全体での話し合いで進めてゆこうとするものである．SAARCは南アジアの7か国を原加盟国とし，2007年にはアフガニスタンが正式加盟している．SAARCによって，SAFTA（南アジア自由貿易地域）やSDF（南アジア開発基金）が，これまでに創設されている．SAFTAでは，原則として域内関税率を0～5%にすることをめざしている．しかしながら南アジアの国家間の経済規模の格差が大きいことや，域内市場のほとんどがインドであり，自由貿易地域の設定そのものの意味はそれほど大きくはない．インドにとっても南アジア内の貿易は輸出107億米ドル，輸入19億米ドル（2010年）の規模であり，インドの貿易全体の2.4%を占めるに過ぎない．しかしながら，SAARCの首脳会議や閣僚理事会は，南アジア諸国の首脳や外相が一堂に会する機会であり，これらの会合の機会を活用して各国間の首脳・外相会談が活発に行われるなど，その政治的な役割は大きい．

11.1.3 南アジア諸国以外の近隣国

インドの近隣国は南アジア諸国だけではない．中国とは3380kmにわたって接しており，そのうち画定していない国境は1700kmにも及ぶ．1962年に中国がカシュミールに侵攻し中印戦争が勃発し，現在もカシュミールの一部を中国が実効支配している．インド北東部のシッキムは1975年にインドに併合された後も，中国がその地域を自国の領土とする主張を行うなど対立があった．またインドは1959年にチベットから脱出したダライ・ラマ14世とチベット人の亡命を受け入れ，現在もインド北部のダラムサラにチベット亡命政府がある．しかし，近年では中国との関係改善への取り組みがなされている．2005年には，インドがチベットを中国領として改めて認める代わりに，中国もインドのシッキム併合を認める合意がなされている．2006年には中印戦争以来閉鎖されていたシッキムとチベットとの国境貿易が再開されている．

中国のほか東部のミャンマーとは1463kmに

わたって国境を接している．また，アンダマン・ニコバル諸島を領有するインドは，インドネシアやタイとも隣国の関係にある．

11.2 拡大する貿易

本節では，1980年からの約30年間を対象にモノの動きを考察する．この30年間のできごとを振り返ってみると，世界的にみても大きな転換を含んでいる．1980年代半ば以降にゴルバチョフによる経済のペレストロイカなどソビエト連邦で改革が始まり，1989年には東西冷戦の象徴であったベルリンの壁が崩壊，その後はソビエト連邦や東欧の社会主義体制の崩壊が続いた．1990年にはイラクのクウェート侵攻があり，その後湾岸戦争へと拡大した．さらに1990年代は経済のグローバル化やICT化の進展などがみられ，そして2000年代に入ると情報化社会の浸透が進むとともに，インドを含めたBRICsと呼ばれる新興経済諸国の急激な経済成長が注目されるようになった．その一方で，2001年9月11日のアメリカ同時多発テロ事件が発生し新たな政治的な課題や，地球温暖化などの環境問題が大きく取り上げられるようになっている．

このような世界情勢の変化の中，インドの経済は1991年を境に大きく変化した．1991年に勃発した湾岸戦争は，インド経済において2つの影響をもたらした．1つは石油価格の高騰である．石油需要の7割以上を輸入に依存しているインドにおいて，石油価格の高騰はその支払いのために外貨準備金の大幅な減少をもたらした．もう1つは，インドにとって主な外貨獲得手段であった，後述する西アジアでのインド人出稼ぎ労働者からの送金が減少したことである．その結果，インドの外貨準備高はわずか2週間分の輸入決済代金相当額（10億米ドル）となり，深刻な債務危機に直面した．そこでインド政府は，債務危機を回避するためIMF・世界銀行の構造調整プログラムを受け入れ，本格的な経済自由化に転換する「新経済政策」（New Economic Policy）を決定したのである．

「新経済政策」では，金融政策としては変動相場制への移行とルピーの切下げを，産業政策としては公企業の民営化や改革が進められた．ライセンス制の緩和あるいは撤廃を行い，外国資本が参入しやすい制度に改革することで，多くの外国企業のインド進出や合弁会社の設立がなされるようになった．貿易においては輸出入規制を緩和し，輸入数量割当の廃止や関税率の大幅な引下げを行った．これらの政策は，独立後のインド経済を根本から変革するものであった．

図11.3は1980年から2010年までのインドの輸出入額の推移を示したものである．この期間の貿易の動向は約10年ごとに大きく3つの時期に分けることができる．第1期は独立後のインド経済政策のもと貿易額がきわめて低位で推移していた1980年代であり，第2期は新経済政策が導入されて以降に緩やかに貿易額が上昇しはじめた1990年代，そして貿易額ともに急激な増加を示した第3期の2000年代である．とくに2000年代は，2008年にリーマンショックの影響がみられたものの，その10年で輸出額は5.2倍（2010／2000年）の3010億米ドル（2010年），輸入額は

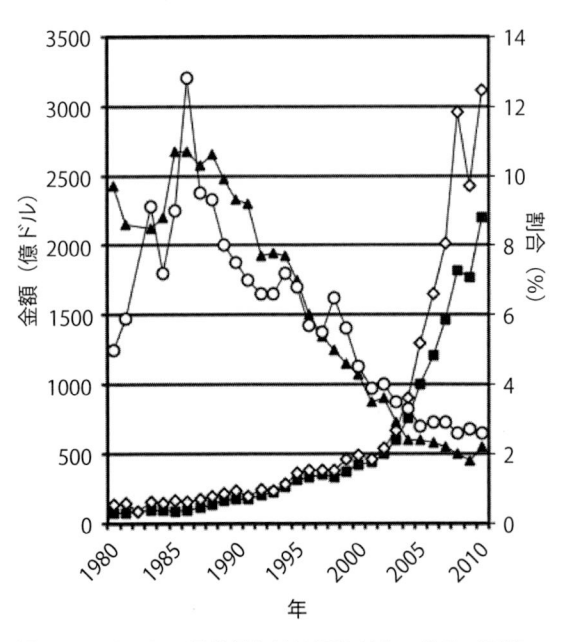

図11.3 インドの貿易額と対日貿易割合の推移（国連データベース（UN comtrade）より作成）

6.4倍（同）の4087億米ドル（同）に達している．GDPも4747億米ドル（2000年）から3.6倍の1兆6843億米ドル（2010年）で世界第9位でとなっている．

貿易の内容を詳しくみてみよう（図11.4）．輸出の中で常に多くを占めているのが，機械，化学・工業・雑製品（以下，製品と略す）である．製品の中で多くを占めているのがダイヤモンドである．ダイヤモンドは輸入においてもその割合が高い．表11.2はインドの主な貿易相手国をまとめたものであるが，その輸出・輸入の上位相手国にベルギーがある．ベルギーにはダイヤモンドの国際市場があり，アントワープではダイヤモンド原石の8割以上が取引されている．インドでは主に小粒のダイヤモンドを輸入し，それらを研磨加工して輸出している．つまりインドはダイヤモンドの加工貿易を行っているのである．また宝石としてのダイヤモンドはアメリカ合衆国や日本などの先進国のほか，経済的に豊かになったアラブ首長国連邦をはじめとする西アジアの産油国へも輸出されている．

ダイヤモンドに続く輸出品目は衣料品などの繊維製品である．医薬品と自動車も最近急激な増加を示している．インドは，特許期間が切れたジェネリック医薬品の世界的な生産拠点となっている．また1990年代に日本・韓国・欧米の自動車メーカーが進出したこともあり，自動車の輸出は1990年には1億米ドルであったのが2010年には45億米ドルになり，主要輸出品目の一角を占めるようになっている．

食料品は1980年には輸出の29.2％を占めていたが，2010年には8.1％にまで縮小している．その中で最も輸出額が多い品目は茶である．その他には，コーヒー，砂糖，米，ナッツ類などの農産品に加え，エビなどの海産物が主要な品目である．貿易の割合としては減っているが，実額ベースでの輸出金額はそれほど変化していない．

非食品原材料では，シングブームなどで産出される鉄鉱石のほか世界第3位の産出量を誇る石炭の輸出がみられる．輸出で2010年に急激な増加を示しているのが鉱物性燃料である．具体的には精製した石油製品である．これまでも述べてきたように，輸入で最も重要なのは鉱物性燃料の石油である．図11.4が示すように輸入において鉱物性燃料は約3割を占め，そのほとんどは原油である．したがって，輸入の貿易相手国には石油産油国が上位を占めている（表11.2）．2010年には西アジア以外にアフリカでイギリスの植民地であったナイジェリアも上位にあがり，経済発展に伴って原油の確保の広域化がみられる．また，インドは石油の主な産出地である西アジアと大消費地である中国・日本ならびにASEAN市場の東・東南アジアの中間に位置している．そこで，近年では大型製油所の建設あるいは計画が進められている．たとえば新興財閥リライアンスはインド西部のグジャラート州に2つの製油所をもち，その

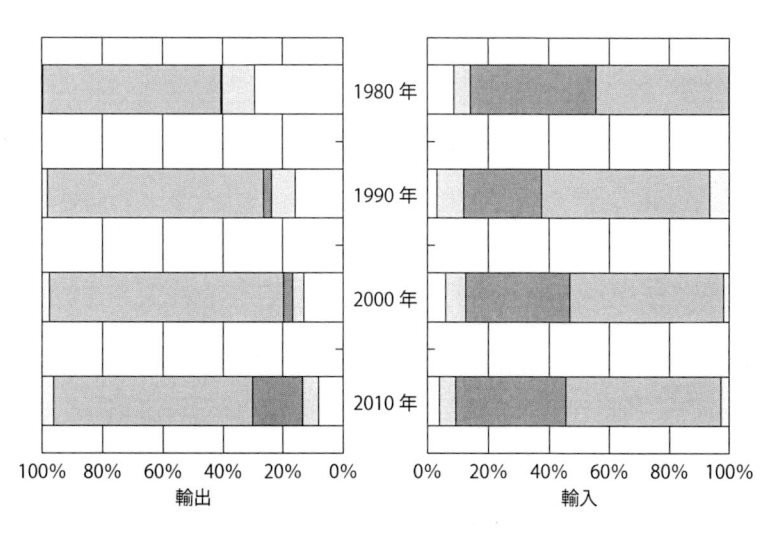

図 11.4 インドの貿易品目の変化（国連データベース（UN comtrade）により作成）それぞれの年の値は，前後の年を含めた3ヵ年の平均．□:食料品，□:非食品原材料，■:鉱物性燃料，■:機械・化学・工業・雑製品，□:その他．

表 11.2 インド貿易相手国上位 10 か国の推移

輸出入	順位	1980 年		1990 年		2000 年		2010 年	
輸出	1	ソビエト連邦	16.8	ソビエト連邦	16.1	アメリカ合衆国	22.0	アラブ首長国連邦	12.4
	2	アメリカ合衆国	11.3	アメリカ合衆国	14.7	香港	6.5	アメリカ合衆国	10.7
	3	日本	9.7	日本	9.3	アラブ首長国連邦	5.7	中国	7.9
	4	イギリス	6.1	西ドイツ	7.8	イギリス	5.2	香港	4.3
	5	西ドイツ	5.7	イギリス	6.5	日本	4.3	シンガポール	4.1
	6	サウジアラビア	2.7	ベルギー	3.9	ドイツ	4.3	オランダ	3.0
	7	イタリア	2.6	香港	3.3	ベルギー	3.4	イギリス	2.9
	8	オランダ	2.4	イタリア	3.1	イタリア	3.0	ドイツ	2.7
	9	アラブ首長国連邦	2.4	アラブ首長国連邦	2.4	フランス	2.3	ベルギー	2.3
	10	ベルギー	2.4	フランス	2.4	ロシア	2.0	フランス	2.2
輸入	1	アメリカ合衆国	11.5	アメリカ合衆国	10.7	ベルギー	6.6	中国	13.2
	2	イラン	10.4	西ドイツ	8.0	アメリカ合衆国	5.8	アラブ首長国連邦	7.6
	3	イラク	7.7	日本	7.5	イギリス	4.9	サウジアラビア	6.5
	4	イギリス	5.4	イギリス	6.4	日本	4.5	アメリカ合衆国	5.8
	5	西ドイツ	5.3	ベルギー	6.3	ドイツ	3.7	ドイツ	3.6
	6	日本	5.0	サウジアラビア	5.8	サウジアラビア	3.3	イラン	3.6
	7	サウジアラビア	4.6	ソビエト連邦	3.9	中国	3.0	ナイジェリア	3.3
	8	ソビエト連邦	4.0	アラブ首長国連邦	3.2	シンガポール	2.9	韓国	3.2
	9	アラブ首長国連邦	2.9	オーストラリア	3.1	マレーシア	2.7	インドネシア	3.1
	10	ベルギー	2.4	フランス	2.8	オーストラリア	2.1	クウェート	2.9

数値は，当該国への輸出入額が全体に占める割合（％）を示す．
国連データベース（UN comtrade）により作成．

製油所は合わせて年間 6200 万トン（日量 133 万バレル）体制の世界最大規模の精製能力を有している．現在，インドは世界第 5 位の石油精製能力を有し，ダイヤモンド同様に石油産業においても加工貿易の形態が確立されつつある．

貿易相手国をみると，1980 年と 1990 年の輸出先相手国の第 1 位はソビエト連邦である（表11.2）．ソビエト連邦との貿易はいわゆる「バーター貿易」としてルピー建てで決済が行われていた．外貨（米ドル）獲得の手段が限られていたインドにおいて，このソビエト連邦と東欧市場が，インドの国内市場とともにそれまでのインドの産業構造を支えていたといえよう．ソビエト連邦や東欧の社会主義体制の崩壊も 1991 年の新経済政策への転換の大きな要因であったといえる．一方，2000 年と 2010 年において貿易を拡大してきたのが中国である．2010 年には，輸出で第 3 位，輸入では第 1 位と上位に躍進している．その中国との貿易は，輸出においては鉄鉱石，銅などのほか，綿花といった非食品原料が 49.8％ を占めている．一方，輸入は製品が 89.0％ を占め，携帯電話などの電子機器が主に輸入されている．

なお，輸出入の両方において常に上位に入っているアラブ首長国連邦との貿易は，その構成国の 1 つであるアブダビからの石油輸入だけでなく，中継貿易を軸に発展しているドバイとの貿易が反映されている．

この 30 年の間でインドのモノの動きは大きく変化した．特に 1991 年の新経済政策をきっかけに，貿易が盛んになり，世界との結びつきを強めている．とはいえ，2010 年時点におけるインドの貿易額は中国の 4 分の 1 にすぎず，GDP も 3 分の 1 以下である．まだまだ中国との差は大きい．

なお，本節の分析で用いた国連の貿易統計では，ソフトウェアの輸出は含まれていない．この点は，本書第 6 章を参考にされたい．その主要相手国であるアメリカ合衆国は前節で指摘したように，空間的にはインドから遠く離れた地域である．情報通信技術の発達により，空間的距離が大きな障害とはならなくなったため，ほぼ半日の時差がその産業を発展させる一因となったことは興味深い事実である．ソフトウェア産業という有力な外貨獲得手段を得たインドではあるが，石油がその経済を大きく左右する状況に変化はない．その意味で，今後も石油を含めたエネルギー政策が

インド経済の鍵であるといえよう．

11.3 インド系移民

11.3.1 インド系移民の分布と歴史

母国から海外に移動し，定住する人々を移民という．ここではそれらのヒトに注目してインドと世界の結びつきを考えてみよう．インド系移民は，中国系，ユダヤ系とともに世界三大移民と称される．インド政府の発表によると，その数は2500万人に達している．3000万人といわれる中国系移民には数の上で及ばないが，中国系移民の8割が東南アジアに集中しているのに対して（山下，2008），インド系移民は世界各地に比較的広く分布していることが特徴である（図11.5）．

では，どうしてインド系移民はこのように世界に広く分布しているのであろうか．そこにはインドと世界との歴史的な結びつきが背景にある（南埜，2008）．ここでは，インド政府が発表したインド系移民に関する1980年の統計（以下，1980年報告と表す）と2001年の統計（以下，2001年報告と表す）をもとに解説する．

2001年報告でインド政府は，インド系移民をインド人ディアスポラ（Indian diaspora）と表現し，それは，PIO（person of Indian origin），NRI（non resident Indian）と無国籍者をあわせた概念として用いている．PIOは，すでに外国籍を取得している者であり，4世代前までにインド居住者がいることを条件としている（ただしパキスタン，バングラデシュおよびインド政府が指定する国は除く）．NRIは，インド国籍を有し，インド以外で定住している者を指す．

図11.5ではPIOとNRIに分けて，それぞれの分布を示している．両者の分布には地域的に大きな違いがみられる．まずPIOに注目してみよう．PIOが多い国は，ラテンアメリカのトリニダード・トバゴ，ガイアナやスリナム，オセアニアのフィジーなどインドから遠く離れた国々，またアフリカのケニア，モーリシャスやレユニオン，そして東南アジアのミャンマー，マレーシアやシンガポールなどである．これらの国の共通点は，いずれもヨーロッパ列強諸国の植民地であったことである．1833年にアフリカ人の奴隷貿易・奴隷労働が廃止され，サトウキビなどの農業労働者や鉄道建設のための労働力を確保するために生まれたのがインド人の年季契約労働制（インデンチャード制）や請負人徴募制（カンガーニー制）といった新しい労働力供給システムである．これら労働供給システムがインド系移民を生み出す第1の波となったのである．第二次世界大戦後にインドが独立した後も，こうした労働力供給システムによって移動したインド系移民はその地に留まり，定住化し，現在では二世，三世と世代交代が進んでいる．ガイアナやフィジーなどのようにインド系移民が総人口の4割を超える国もあり，またトリニダード・トバゴやフィジーではインド系移民の首相も選出されている（Brij, 2007）．

第二次世界大戦後，イギリスなどヨーロッパ地域の国々は，戦場となり荒廃した国土の復旧や経済復興のために大量の労働力を必要とした．その労働力がインドに求められ，欧米諸国への新しい移民の流れがもたらされた．また移民受け入れ制度が整備されることでアメリカ合衆国，カナダやオーストラリアなどへの移住がみられた．これが第2の波である．

1960年は「アフリカの年」といわれ，1960年代には世界各地で多くの国の独立がみられた．ウガンダ，ケニア，タンザニアの東アフリカ諸国では，独立後にアフリカ化政策が採られ，定住していたインド系移民の一部は，インドのほか，イギリス，アメリカ合衆国，カナダなどの別の国へ再び移住する二重移民（twice migration）が強いられた．それら二重移民が第3の波である．オランダのインド系移民もそのような二重移民である．彼らは年季契約労働制によりインドからオランダの植民地であるスリナムに移動し，契約終了後も多くがスリナムに定住した．1960年代から1970年代にかけて，スリナムにおけるインド系移民とアフリカ系移民との紛争を契機に一部がオランダに移住したのである．近年でも政治的問題を背景にガイアナやフィジーから，身近なところでは1997年中国返還にともない香港から，二重移民となったインド系移民が存在する．今日のPIO

(a) 総数

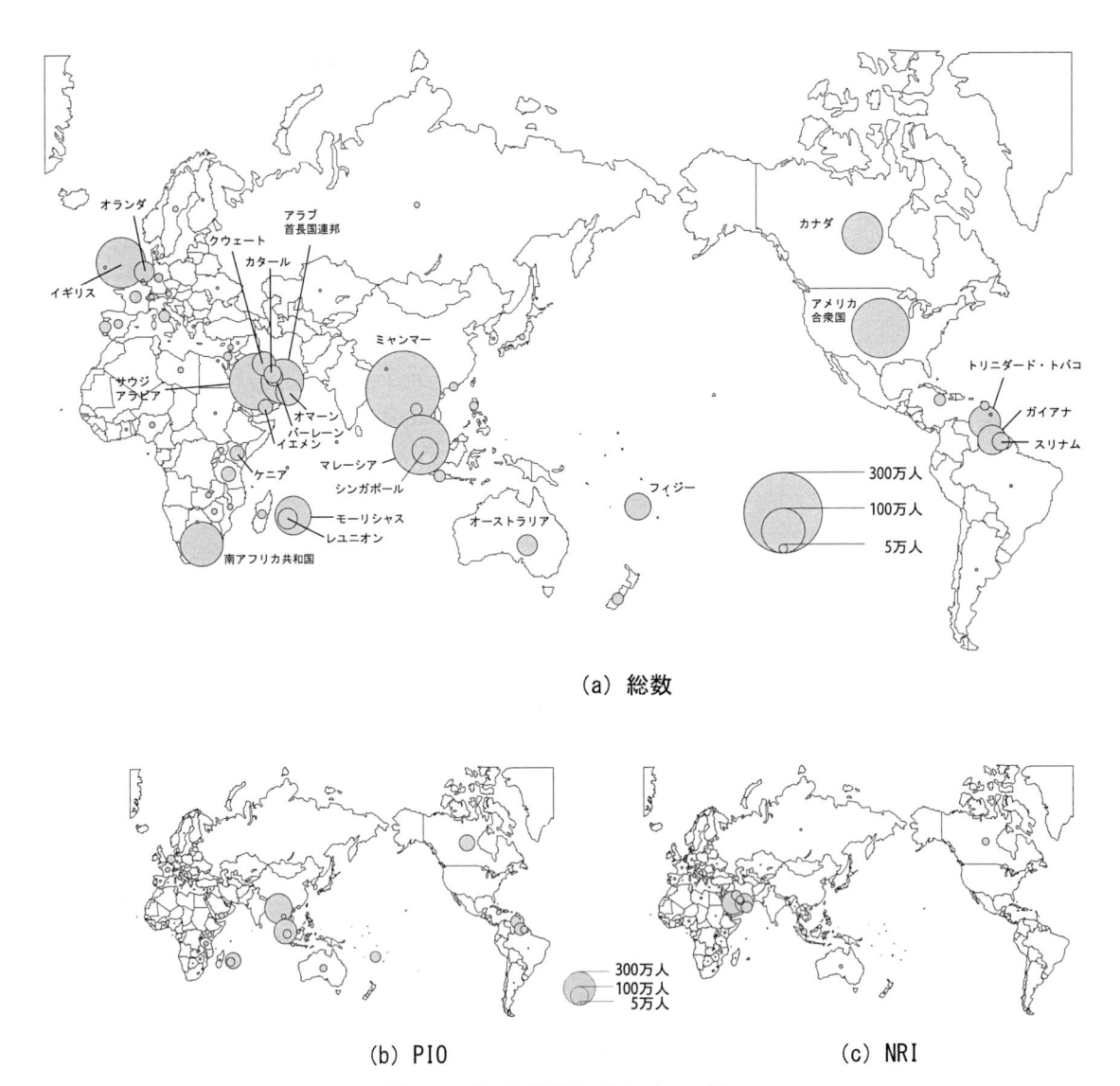

(b) PIO　　　　　　　　　　　　　　(c) NRI

図 11.5　インド系移民の分布（2001 年）
10 万人を超える国のみ国名を記載．ただしネパール，スリランカを除く．また (b) PIO と (c) NRI はイギリス，アメリカ合衆国，南アフリカを除く．
2001 年報告（High Level Commitee on the Indian Diaspora（India）, Report of the High Level Commitee on the Indian Diaspora,2001）により作成．

の世界的分布はこれら第 1 から第 3 の波によって形成されてきたものである．

　一方，NRI についてみると西アジアに多く分布する．これがインド系移民の歴史における第 4 の波である．1973 年のオイルショック以降，潤沢なオイルマネーを背景に西アジアの産油国での開発が進み，労働需要が発生した．その労働力として大量のインド人がそれら産油国へ出稼ぎに出かけるようになった．それら出稼ぎインド人は建設事業などにかかわる非熟練・半熟練労働者の割合が高い．アラブ首長国連邦には 95 万人のインド系移民が居住し，その数は同国の総人口の 42％に相当する．ただし，アラブ首長国連邦政府は移民の長期にわたる定住や家族の呼び寄せなどを厳しく規制しており，同国の国籍を所有するインド系移民すなわち PIO の割合は 5.3％ に過ぎない．つまりほとんどのインド系移民は出稼ぎ者である．このような状況は，他の産油国のカタール，

バーレーン，クウェートでも同様である．

11.3.2 世界情勢とインド系移民の流れ

近年におけるインド系移民の流れを1980年と2001年の2時点の比較により考察してみよう．1980年報告と2001年報告によると，インド系移民の総数は，1087万人（1980年）から1694万人（2001年）へと，1.5倍以上の増加がみられた．ただし，2001年の値にはネパールとスリランカが含まれておらず，1980年の値には南アフリカ（2001年では，100万人）やレユニオン（同，22万人）の値が含まれていない．そのため，この総数の扱いについては，十分な注意が必要であるが，全体として増加傾向にあるといえよう．

1980年と2001年を比較して，10万人以上の増加がみられたのはミャンマーなど13か国であり，また4万人以上の減少がみられたのはブータンなどの5か国のみであった（表11.3）．最大の増加を示したミャンマーの移民数は，1980年報告に30万人〜40万人とおおよその範囲で示されており（図表では中間値で示した），その政治状況もありインド系移民の実態そのものの把握が難しい状況にあった．200万人を超える増加は，この約20年間に急激に増加したものではなく，集計や統計上の扱いに起因するものと考えられる．なお，2012年のミャンマーのインド系移民の数は35万人と報告されている．

ミャンマーを除くと，増加した国の大部分は西アジアの産油国（サウジアラビア，アラブ首長国連邦，オマーン，クウェート，カタール）である．前述のインド系移民の第4の波は，1980年以降も継続しているといえる．湾岸戦争時に産油国への出稼ぎは一時的に減少したものの，その後はかつて以上に活発となっている．

産油国以外の国は，いずれも1980年時点で外国籍所有者（PIO）の数が多かった国である．その増加の要因として自然的増加によるものと考えることができる．しかし，カナダやオーストラリアでは自然的増加では説明できないほどの増加がみられる．これは社会的増加，すなわちこの期間に新たにインドからのほか，香港からなど第3の波である二重移民による移住・定住化が反映しているものと考えられる．

一方，減少した国についてみると，ブータンについては不明であるが，それ以外はいずれも紛争がかかわっているものと考えられる．アフガニスタンでは，2001年10月7日にアメリカ合衆国が攻撃を開始し，同年12月7日に戦闘が終結した．2001年報告はこの年の12月時点の報告であり，多くのインド系移民が戦争を避けて国外に避難したことが統計に反映されたといえる．ガイアナでは，先のスリナムと同様にインド系移民とアフリカ系移民との対立が繰り返され，それを避けてアメリカ合衆国などに二重移民する者が増えている．イランとイラクはともに産油国であり，近隣の産油国と同様に労働者としてインド系移民を受け入れていた．1980〜1988年のイラン・イラク戦争や1991年の湾岸戦争，またその後の政治体制の変化や経済状況がインド系移民の減少に反映している．

アメリカ合衆国は1980年から2001年にかけてインド系移民が大きく増加した国の一つである．表11.3が示すように，1980年には30万人（内，アメリカ合衆国の国籍所有者は3万5000人）であった．その後1991年には82万人に，さらに2001年にはその倍の168万人となった．実に21年間で5倍以上の増加である．インド系移民の数は，アメリカ合衆国におけるアジア系移民の中で，中国，フィリピンについで第3位となっている．アメリカ合衆国のインド系移民は，タクシー運転手，モーテルや飲食店の経営のほか，医者や弁護士などの専門職というように幅広い階層からなる．1990年代以降においては，とくにICTの技術者の増加がみられた．2001年においてシリコンバレーには30万人を超えるインド人ICT技術者がおり，その後もその数は倍増しているとの見方もある（広瀬，2007）．

ICT技術者の需要は，アメリカ合衆国に限らず，中枢管理機能に特化した先進国のグローバルシティにおいても同様に高くなっている．近年の日本へのインド系移民は，グローバルシティ「東京」を中心に分布しており，ICT技術者が増加している点に特徴がある．

表11.3 インド系移民の動向（1980年と2001年）

	国名	1980年			2001年			変動		
		外国籍[*1]所有者 (1)	その他[*2] (2)	合計 (3)	外国籍[*3]所有者 (4)	その他[*4] (5)	合計 (6)	(4)−(1)	(5)−(2)	(6)−(3)
増加上位13カ国	ミャンマー	7,200	342,800	350,000	2,500,000	402,000	2,902,000	2,492,800	−340,800	2,552,000
	サウジアラビア	2,000	118,000	120,000	0	1,500,000	1,500,000	−2,000	1,382,000	1,380,000
	アメリカ合衆国	35,000	265,000	300,000	n.a.[*5]	n.a.[*5]	1,678,765	n.a.[*5]	n.a.[*5]	1,378,765
	アラブ首長国連邦	2,000	150,000	152,000	50,000	900,000	950,000	48,000	750,000	798,000
	イギリス	250,000	250,000	500,000	n.a.[*5]	n.a.[*5]	1,200,000	n.a.[*5]	n.a.[*5]	700,000
	カナダ	95,000	80,000	175,000	700,000	1,510,00	851,000	605,000	70,000	676,000
	マレーシア	1,009,500	199,000	1,208,500	1,600,000	65,000	1,665,000	590,500	−184,000	456,500
	オマーン	5	59,995	60,000	1,000	311,000	312,000	995	251,005	252,000
	クウェート	100	64,900	65,000	1,000	294,000	295,000	900	229,100	230,000
	オーストラリア	15,985	2,614	18,599	160,000	30,000	190,000	144,015	27,386	171,401
	シンガポール	122,000	37,500	159,500	217,000	90,000	307,000	95,000	52,500	147,500
	オランダ	100,000	1,500	101,500	200,000	17,000	217,000	100,000	13,500	115,500
	カタール	125	29,875	30,000	1,000	130,000	131,000	875	100,125	101,000
	日本	110	1,748	18,58	1,000	9,000	10,000	890	7,252	8,142
減少上位5カ国	ブータン	20	39,980	40,000	0	1,500	1,500	−20	−38,480	−38,500
	アフガニスタン	25,000	5,000	30,000	500	0	500	−24,500	−5,000	−29,500
	ガイアナ	424,100	300	424,400	395,250	100	395,350	−28,850	−200	−29,050
	イラク	10,000	10,250	20,250	50	60	110	−9,950	−10,190	−20,140
	イラン	920	19,880	20,800	0	800	800	−920	−19,080	−20,000

＊1：1980年報告における those who have accepted foreign citizenship の人数．
＊2：1980年報告におけるインド系移民の総数から those who have accepted foreign citizenship の人数を差し引いた人数．
＊3：2001年報告における PIO の人数．
＊4：2001年報告における総数から PIO の人数を差し引いた（NRI と無国籍者の合計）人数．
＊5：2001年報告では，アメリカ合衆国，イギリス，南アフリカについては，PIO，NRI，無国籍別の値は示されていない．なおそれ以外の国で，PIO や無国籍が空欄で示されている箇所についてはゼロとして扱う．
1980年報告（Lok Sabha Debates Seventh Series, Vol. Ⅷ. No.35, pp.125-136），2001年報告（High Level Committee on the Indian Diaspora (India), Report of the High Level Commitee on the Indian Diaspora, 2001）により作成．

ICT技術者がインド人でなければならない理由はない．しかし，インド人が広く受け入れられるのには，送り出し国のインドに要因がある．その要因としてインド人の英語力，高い教育水準，そして低い賃金水準などがあげられている（ムニラトナム，2006）．インドはかつてイギリスの植民地であり，英語が広く使用されてきた．独立後の現在も英語は準公用語の扱いがなされている．インド全体の識字率は64.8％（2001年）と依然低い値にとどまっているが，中間層以上の家庭では初等教育の段階から英語を教授言語とする教育が一般的である．またIIT（Indian Institute of Technology：インド工科大学）に代表されるように高等教育のレベルは先進国並あるいはそれ以上であり，特にIITは世界トップレベルにあると評価されている．IITをはじめインドの大学の工学部または工業短期大学の卒業生は年間約30万人にものぼる．近年では新たにIIIT（Indian Institute of Information & Technology：インド情報技術大学）がバンガロールなどインド各地に設置されている．そしてインド人技術者の給与水準はアメリカ人のそれに対して6分の1から10分の1といわれている．このような英語を巧みに扱い技術水準が高く安価な労働力をインドは豊富に世界に提供している．

アメリカ合衆国などの受け入れ国では，インド人ICT技術者を受け入れるためにビザ発券条件の緩和や入国手続きの簡素化などの政策が採られている．ICT産業は経済のグローバル化を支える基本的インフラとして重要な役割を果たしている．そのICT産業にインドあるいはインド人が深くかかわり，第5のインド系移民の波をつくりだしている．

11.3.3 インドとインド系移民

前節でも指摘したように，1991年の新経済政策の導入以前において，第4の波である西アジアの産油国への出稼ぎインド人労働者からの送金は，インドにとって重要な外貨獲得の手段であった．その重要性は，現在も変わりはない．また第5の波のインド系移民の中には，アメリカ合衆国をはじめ先進国においてICT産業などで成功をおさめた者も多く，彼らの送金も年々増加している．

急速な発展を成し遂げている中国の成長の背景には，華僑の資本とネットワークの活用が指摘されている．グローバルネットワークをもつ商人層のインド系移民の中には，ヒンドゥージャグループやミッタルグループといった世界的な企業を創設した者もいる．彼らは，世界的な結びつきを強めているインドへの投資はもとより，彼ら自身も貿易や技術移転の橋渡し役や，合弁事業のトップとして活躍している．

インド政府は，インド系移民への対応に特化した行政機関であるMOIA（Ministry of Overseas Indian Affairs：在外インド人担当省）を2004年に新設した．インド政府は，インド国内の金融機関への預金や企業への投資のほか，ビザ手続きの簡素化や参政権を伴わない二重国籍制度の導入など，インド系移民を対象とする優遇策を次々に打ち出し，インド系移民との関係強化を図っている．

本節では，ヒト（移民）に注目して，インドと世界の結びつきを検討した．移民は浮き草のように土地に縛られず，世界のさまざまな動向に敏感に反応する存在である．それゆえに，母国である送り出し国や受け入れ国のそれぞれの国の状況や変化，経済のグローバル化や情報化社会といった世界の状況や変化を知るに有効な指標でもある．

11.4 日本とインド

11.4.1 南アジアからのヒトの流れ

日本とインドの結びつきを，ここでも1980年からの約30年間を対象にしてヒトとモノの2つの視点から検討する．まずヒトからみてみよう．

図11.6は南アジア諸国から日本へのヒトの流れを示したものである．南アジア諸国のうち，ブータンとモルディヴからの入国者数は年500人以下と少ないため，ここでは残りの5か国を検討対象とする．

5か国からの入国者数は，インドが常に第1位である．しかし，1980年代後半にはパキスタンとバングラデシュからの入国者数が急増し，1988年にパキスタンからの入国者数はインドとほぼ同じとなった．当時の日本経済はいわゆるバブル景気にともなって単純労働力が不足した時期である．それを補う形でパキスタン，バングラデシュ，イランなどの査証相互免除協定を結んでいた国から大量の男性単身労働者が流入したのである．「非正規滞在者」や「超過滞在者」となった彼らを「不法滞在者」として，日本政府はいわゆる「外国人労働者問題」として扱い，査証相互免除協定の停止（1989年）ならびに出入国管理及び難民認定法の大幅な改正（1990年）を行った．これによりパキスタンとバングラデシュからの入国者数は一気に減少した．その後は，スリランカ，ネパール，パキスタン，バングラデシュともに増加している．しかし，その増加の割合はインドに比べてはるかに少なく，近年ではいずれも1万人前後で推移している．

これら4か国とまったく異なった動きを示しているのがインドである．1980年代から1990年代半ばまでは2万人前後で推移してきたが，その後は急激に増加し，リーマンショックの影響で2009年には減少したが，2010年のインドからの入国者数は7万人を超え，他の南アジア諸国の入国者数の7倍近くに達している．南アジア諸国の人口の割合からみれば，その値の差はそれほど大きいとは言えない．しかしインドだけでみると，1990年代半以降の増加は大きな変化である．日本のインド系移民の歴史と社会をとおして，その要因を探ってみよう．

11.4.2 インド系移民のオールドカマーとニューカマー

前節では，インド系移民の歴史における5つの波を指摘した．日本との関係で言えば，第1から

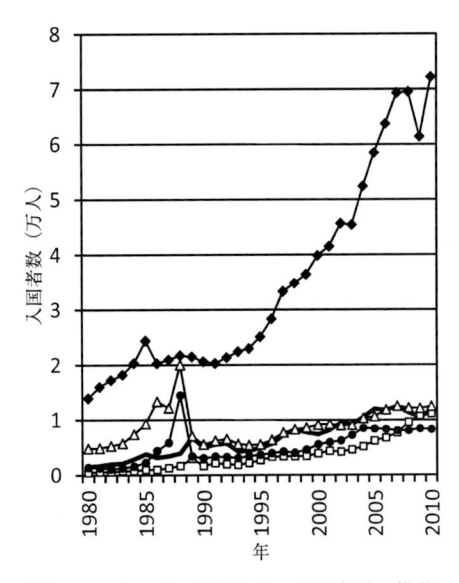

図11.6 南アジア諸国からの入国者数の推移（法務省『出入国管理統計年報』各年度版）により作成）
◆インド，—スリランカ，□ネパール，△パキスタン，●バングラデシュ．

第4の波は直接には関係がない．しかしながら，インド系移民は日本の開国後すぐに来日し，日本との貿易に深く係わってきた．当初，開港された横浜と神戸の2港でインド系移民の集住地が形成された．1823年の関東大震災を契機に横浜に住んでいたインド系移民の多くが神戸に移り住み，その後は神戸がインド系移民の一大集住地となった．第二次世界大戦当初にインド系移民は敵性外国人となりその数は減少した．戦後は再び商人を中心とするインド系移民が神戸に集住するようになった（南埜ほか，1999）．

図11.7は，日本における在日インド人の都道府県別の分布を示したものである．1980年時点における在日インド人の総数は1994人であり，県別にみると第1位が兵庫県の871人で全体の44.8％を占め，第2位は東京で全体の22.5％（497人）である．神戸を中心とする戦前からのインド系移民の分布の特徴が継続している．神戸のインド人は北インド出身者がほとんどであり，繊維や電化製品を主に扱うシンディー（シンド州（現パキスタン内）出身，ヒンドゥー教徒），雑貨や自動車部品などを主に扱うパンジャビー（パンジャーブ州出身，シク教徒），真珠を主に取り扱うグジャラティー（グジャラート州出身，ジャイナ教徒）という3タイプの商人コミュニティから構成され，コミュニティごとに宗教施設を核とした強固で，やや排他的なローカルネットワークを形成している（澤，2008）．なお東京には御徒町を中心にダイヤモンドを主に取り扱うグジャラティーや横浜には繊維製品を扱うシンディーの商人コミュニティがある．これら商人を中心とするオールドカマーに対して，1990年代半ば以降に来日したニューカマーはその性格を大きく異にしている．

2010年時点のインド系移民の数は1980年に比べて10倍以上の2万2497人で，その分布は日本全体に広がり，特に関東地域で増加が顕著である（図11.7）．県別にみた場合，第1位の東京だけで

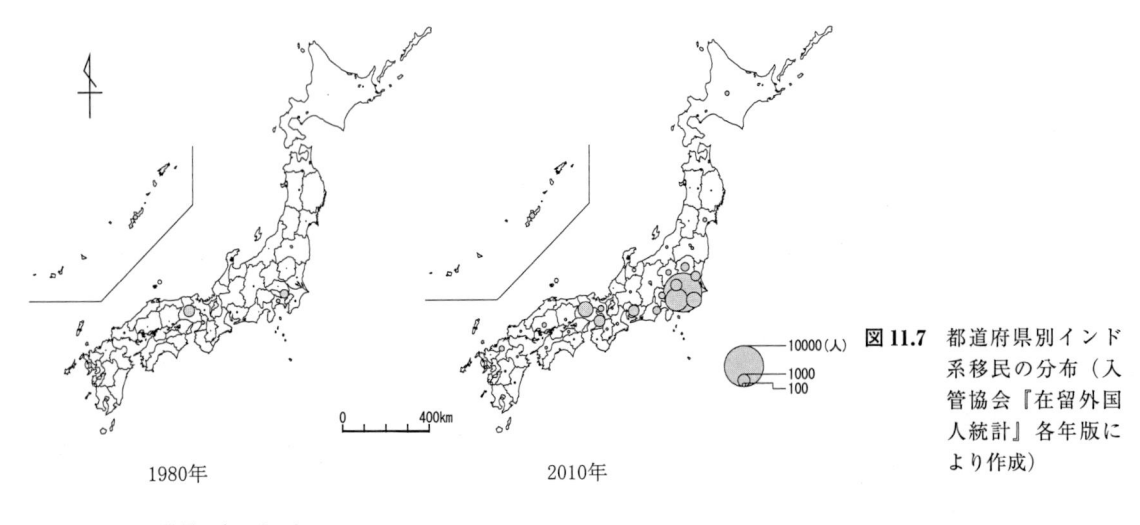

図11.7 都道府県別インド系移民の分布（入管協会『在留外国人統計』各年版により作成）

1980年　　2010年

も9276人に達し，ニューカマーは人数の上でオールドカマーを大きく上回っている．ニューカマーはグローバルシティ「東京」を中心に居住し，商人層，ビジネスエリート層，ICT技術者，インド料理店の経営者と料理人，製造業の下請け工場における非熟練労働者など多様な職に従事している．その中でも，とくにICT技術者の割合が高く，その出身地はインド全域の都市にわたっている．

2000年以降になると，ニューカマーの特徴も変化する．当初は男性単身者が大多数を占めていたが，妻子を呼び寄せ家族単位で居住するICT技術者が増えている．その背景には経済のグローバル化の進展によりグローバルシティ「東京」でのICT技術者の需要が増えるとともに，江戸川区西葛西といった集住地やインド人同士の相互扶助的なコミュニティ組織が形成され，日本のインド系移民社会に家族を受け入れられる社会「自分達の場所」が新たに作りあげられつつあることが要因である（澤，2011）．

11.4.3 インド・日本間のモノの流れ

モノについて考察をすすめる．図11.3が示すように，インドの貿易における日本の地位は相対的に低下している．1980年には輸出で第3位，輸入で第6位であり，それぞれ貿易全体の10%ほどを占めていた（表11.2）．2010年にはともに上位10位にも入らず，対日貿易は全輸出額の2.2%，全輸入額の2.6%を占めるに過ぎない状況である．日本にとっても，インドに対する輸出額の割合は1.2%，そして輸入額は0.8%である．ただし金額ベースでみると，インドからの輸出額は7億米ドル（1980年）から48億米ドル（2010年），日本からの輸入額は7億米ドル（1980年）から82億米ドル（2010年）と着実に増加している．

図11.8はインドの対日貿易の変化を示したものである．インドから日本への輸出はこの30年間で大きく変化している．1980年においてもっとも大きな割合を占めたのは非食品原材料であり，鉄鉱石が対日輸出の主要品目であった．現在もコンスタントに輸出されているが，他の品目の輸出額が増加することで，その割合は低下している．次に多いのは食料品であり，エビなどの海産物のほかナッツ類などの農産品が主要品目である．製品ではダイヤモンドや衣料品などの繊維製品が主要品目である．また飼料の輸出も増えている．そして2010年において急激に増えているのが鉱物性燃料である．もちろん原油ではなく，精製された石油である．

一方，日本からの輸入は一貫して製品が大部分を占めている．しかし，その内容は変化している．1980年では鉄鋼製品や化学繊維の衣料品が上位を占めていた．2010年では，機械，輸送用製品が上位を占めるようになっている．それは，バンガロールにトヨタが進出するなど，インドの自動車産業の発展を反映し，自動車部品の輸入が

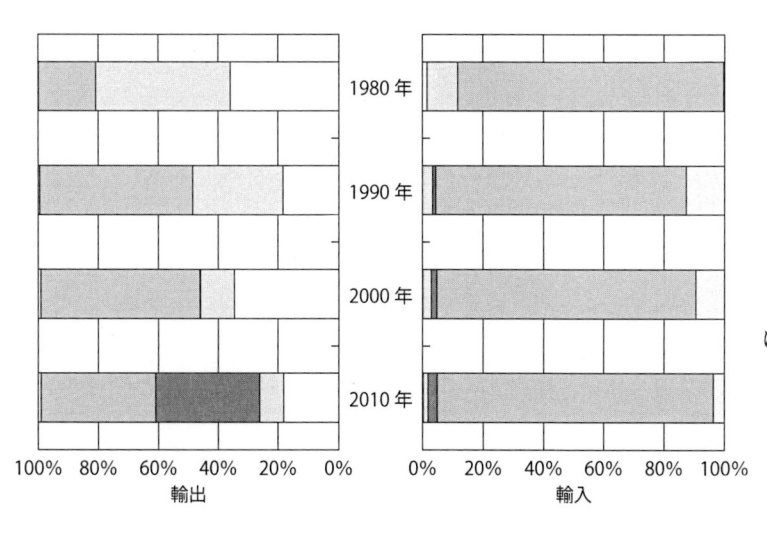

図11.8 インドの対日貿易品目の変化
（国連データベース（UN comtrade）により作成）
それぞれの年の値は，前後の年を含めた3ヵ年の平均．□：食料品，□：非食品原材料，■：鉱物性燃料，▨：機械・化学・工業・雑製品，□：その他．

増えているためでる.

さて在インド日本大使館の報告によれば，インドへの日本企業の進出は1990年時点で64社にすぎなかった．1991年の新経済政策後は進出企業も増え，2003年時点で231社，2010年時点で725社とその数を着実に伸ばしている．2011年8月に日本とインドは日印EPA（経済連携協定）を発効した．日印EPAでは，その後10年間で日本への輸入品については97％，インドへの輸出品については90％の関税が撤廃される見通しである．この日印EPA後の2011年10月時点のインドへの日本企業数は1228社と急増している．日印EPAをきっかけに，日本とインドのヒトとモノの交流は新たな段階に入りつつあるといえる．　　　　　　　　　　　　　　　［南埜　猛］

引用文献

澤　宗則（2008）：日本のインド人社会．山下清海編『エスニック・ワールド　世界と日本のエスニック社会』pp. 239–247．明石書店．

澤　宗則（2011）：グローバル化とインド系移民社会—脱領域化と再領域化の概念の提唱．山下清海編『現代のエスニック社会を探る—理論からフィールドへ』pp. 168–188．学文社．

広瀬崇子（2007）：海外で活躍するインド人のネットワーク．広瀬崇子ほか編『エリア・スタディーズ　現代インドを知るための60章』pp. 325–330．明石書店．

南埜　猛・工藤正子・澤　宗則（1999）：日本の南アジア系移民の歴史とその動向．文部省科学研究費・特定領域研究（A）「南アジア世界の構造変動とネットワーク」Discussion Paper no. 2, 48p.

南埜　猛（2008）：インド系移民の現状と動向—インド政府発表資料（1980年報告と2001年報告）もとに．移民研究　4：31–50.

ムニラトラム（2006）：インドの情報技術産業—現状と今後の課題．内川秀二編『躍動するインド経済—光と陰—』pp. 318–351．アジア経済研究所．

山下清海（2008）：海外の華人社会．山下清海編『エスニック・ワールド　世界と日本のエスニック社会』pp. 63–67．明石書店．

Brij V. Lal ed. (2007):"*The Encyclopedia of the Indian Diaspora*". Oxford University Press.

＝＝＝ コラム11　日本のインド人学校とその立地 ＝＝＝

2012年現在，日本には4校のインド人学校がある．その分布はいずれも関東地区に立地している．本コラムでは，日本におけるインド人学校の立地について考えてみたい．

第11章でみたように，日本におけるインド系移民の歴史は古く，オールドカマーの集住地である神戸には千人前後のインド人が家族で居住している．神戸には，インターナショナルスクールのほか，インド人より居住人口の少ないドイツやノルウエーといった国の外国人学校が立地している．しかしながら，神戸にはインド人学校はない．神戸に住むオールドカマーは，商人が中心であり宗教やカーストコミュニティごとに強固なグローバルネットワークを基盤として商業活動を行っている．そこで，彼らは英語圏の大都市やインドで商人カーストとして生きていく上で英語を習得することが必要不可欠であると強く意識している．そのため，彼らの子どもは日本語で教育がなされる地元の公立学校ではなく，英語で教育が行われているインターナショナルスクールへの就学がほとんどとなっている（澤・南埜，2003）．

関東地区に立地するインド人学校は東京に2校，横浜と甲府にそれぞれ1校である．ニューカマーのインド系移民は高学歴で，彼らも神戸のオールドカマーと同様に英語での教育を重要視する．そのため日本の公立学校は選択肢にはなりえない．東京にも多くのインターナショナルスクールが存在するもののその授業料は年間100万円以上であり，過重な負担であった．そこで彼らの多くは子どもを，出身地の祖父母の所，あるいはインド国内の寄宿舎学校（Boarding school）に預けることで対処してきた（澤，2008）．2000年ごろから妻子を伴って家族単位で居住するニューカマーが増加するにつれて，学校のニーズが高まり，2004年に定住するインド系移民などが中心となるNPO法人によって初めてのインド人学校が江東区に設立された．それがIISJ（インディア・インターナショナル・スクール・イン・ジャパン）である．その後も増加し続けるインド系移民の子どもに対応するように，2006年にGIIS（グローバル・インディアン・インターナショナル・スクール）が江戸川区に設立された．GIISは，シンガポール在住のインド系移民が設立した学校法人であり，シンガポール以外にマレーシアやニュージーランド，さらにインドにも学校を設立している．この2校ともに，ニューカマーの集住地の近くに立地し，増加し続ける東京の高学歴ICT技術者の子弟を

対象に算数・数学教育を中心とする高度なカリキュラムを有した教育を行うことを目的としている．また，インターナショナルスクールに比べて授業料は低く設定されている．そして，もっとも特徴的なことはインド中央政府の学校教育基準に則したカリキュラムを採用し，インド政府の認可を受けていることである．ICT技術者の多くはビザや業務内容の関係で，日本での滞在期間は3年ほどと短い．そこで，子どもがインドに帰国後にインドの私立学校やアメリカのインド人学校にスムーズに編入できるどうかが，彼らにとって重要な学校選択の要素となっている．日本に立地するインド人学校は，ICT技術者のグローバルな流動性を前提として，子どもの教育においてその流動性に対応することが経営上求められているのである．

甲府のインド人学校もGIISが経営するものである．甲府には水晶原石の研磨業から発達した地場産業があり，ダイヤモンドなどの宝石類の研磨ならびにその取り扱いが盛んである．山梨県の貴金属製装身具の出荷額は全国の3分の1を占めている．インドはダイヤモンドの加工貿易が盛んであり，東京にはそれら宝石類を取り扱うインド系移民のコミュニティもある．1990年代半ばから山梨県に住むインド系移民の数も増え，2010年には300人を超えている．その状況からインド人学校のニーズが高まり設立に至っている．

東京ならびに甲府のインド人学校は，インド系移民のニーズに立地要因があり市場立地型であるといえる．それに対して，横浜のインド人学校は，市場形成型あるいは行政主導型といえる．インド人学校の設立に横浜市が深くかかわっているのである．横浜にはインドの3大ソフトウェア企業であるターターとウィプロをはじめ，すでにICT企業の進出がみられる．ソフトウェア産業は，製造業と異なり広大な土地やインフラを必要とせず，誘致のためには賃貸料を安くするのと同時に従業員の生活基盤を整えることが重要となる．横浜市ではさらに企業誘致をすすめる上で注目したのが，その生活基盤の一つとしての高度なカリキュラムを有する学校教育であった．つまり横浜市によるインド人学校の誘致は，インドの資本（ICT企業）を横浜市に積極的に誘致する基盤整備のために行われ，横浜市の都市戦略の一環である．そこに経済のグローバル化やグローバルシティ間の競争の一端をみることができる（澤，2008）.

［南埜　猛］

引用文献

澤　宗則・南埜　猛（2003）：グローバリゼーション下の在日インド人社会．秋田　茂・水島　司編『現代南アジア　世界システムとネットワーク』pp. 347-367，東京大学出版会．

澤　宗則（2008）：日本のインド人社会．山下清海編『エスニック・ワールド　世界と日本のエスニック社会』pp. 239-247．明石書店．

さらなる学習のための参考文献

●第1章　総論

伊藤正二編（1988）：インドの工業化―岐路に立つハイコスト経済．アジア経済研究所．
辛島　昇ほか監修（1992）：南アジアを知る事典．平凡社．
佐藤　宏（1994）：インド経済の地域分析．古今書院．
ジョンソン，B. L. C. 著，山中一郎ほか訳（1986）：南アジアの国土と経済1　インド．二宮書店．
立川武蔵・杉本良男・梅津正倫編（2012）：朝倉世界地理講座4　南アジア．朝倉書店．
矢ケ﨑典隆，加賀美雅弘，古田悦造編（2007）：地理学基礎シリーズ3　地誌学概論．朝倉書店．

●第2章　巨大人口と多民族社会

綾部恒雄監修，金　基淑編（2008）：講座 世界の先住民族―ファースト・ピープルズの現在03　南アジア．明石書店．
臼田雅之・押川文子・小谷汪之編（1989）：もっと知りたい　インドⅡ．弘文堂．
佐藤　宏・内藤雅雄・柳澤　悠編（1989）：もっと知りたい　インドⅠ．弘文堂．
早瀬保子（2004）：アジアの人口．アジア経済研究所．

●第3章　自然的基礎と自然災害

在田一則（1988）：ヒマラヤはなぜ高い．青木書店．
木崎甲子郎（1994）：ヒマラヤはどこから来たか―貝と岩が語る造山運動．中公新書．
酒井治孝（1997）：ヒマラヤの自然誌．東海大学出版会．
吉野正敏（1978）：自然地理学講座2　気候学．大明堂．

●第4章　農業の発展

荒木一視（2008）：アジアの青果物卸売市場―韓国・中国・インドにみる広域流通の出現．農林統計協会．
ヴァンダナ，S. 著，浜谷喜美子訳（1997）：緑の革命とその暴力．日本経済評論社．
久保田義喜（2001）：インド酪農開発論．筑摩書房．
阪本寧男編（1991）：インド亜大陸の雑穀農牧文化．学会出版センター．
ベルグ，R.・ベルグ，L. 著，森谷文昭訳（1973）：インド―「緑の革命」と「赤い革命」．朝日新聞社．
水島　司（2008）：前近代南インドの社会構造と社会空間．東京大学出版会．

●第5章　鉱工業の発展

石上悦郎・佐藤隆広編著（2011）：現代インド・南アジア経済論．ミネルヴァ書房．
内川秀二編（2002）：躍動するインド経済 ― 光と陰．アジア経済研究所．
絵所秀紀（2008）：シリーズ現代経済学7　離陸したインド経済―開発の軌跡と展望．ミネルヴァ書房．
絵所秀紀編（2002）：講座 現代南アジア2　経済自由化のゆくえ．東京大学出版会．
岡橋秀典編著（2003）：インドの新しい工業化―工業開発の最前線から．古今書院．
木曽順子（2012）：インドの経済発展と人・労働．日本評論社．
小島　眞（2008）：タタ財閥―躍進インドを牽引する巨大企業グループ．東洋経済新報社．

須貝信一（2011）：インド財閥のすべて．平凡社新書．
山下博司・岡光信子（2010）：アジアのハリウッド―グローバリゼーションとインド映画．東京堂出版．

● 第6章　ICTサービス産業の発展

小島　卓（2002）：やがてインドの時代がはじまる―「最後の超大国」の実力．朝日選書．
小島　眞（2004）：インドのソフトウェア産業―高収益復活をもたらす戦略的ITパートナー．東洋経済新報社．
澤田貴之（2003）：インド経済と開発―開発体制の形成から変容まで　第2版．創成社．
広瀬崇子ほか編（2007）：現代インドを知るための60章．明石書店．

● 第7章　交通の発達と観光の展開

アーリ，J. 著，加太宏邦訳（1995）：観光のまなざし―現代社会におけるレジャーと旅行．法政大学出版局．
寺阪昭信（2009）：大学テキスト　観光地理学―世界と日本の都市と観光．古今書院．
安村克己ほか編（2011）：よくわかる観光社会学．ミネルヴァ書房．
吉岡昭彦（1975）：インドとイギリス．岩波文庫．
吉田昌夫・大岩川嫩編（1990）：「のりもの」と「くらし」―第三世界の交通機関．アジア経済研究所．

● 第8章　宗教とカースト

荒　松雄（1977）：ヒンドゥー教とイスラム教．岩波新書．
石原　潤・溝口常俊（2006）：南アジアの定期市―カースト社会における伝統的流通システム．古今書院．
押川文子編（1990）：インドの社会経済発展とカースト．アジア経済研究所．
小谷汪之（1993）：ラーム神話と牝牛―ヒンドゥー復古主義とイスラム．平凡社．
小谷汪之（1996）：不可触民とカースト制度の歴史．明石書店．
小西正捷（1986）：インド民衆の文化誌．法政大学出版局．
セン，A. 著，佐藤　宏・粟屋利江訳（2008）：議論好きなインド人―対話と異端の歴史が紡ぐ多文化世界．明石書店．
田辺明生（2010）：カーストと平等性―インド社会の歴史人類学．東京大学出版会．
中里成章（2008）：インドのヒンドゥーとムスリム．山川出版社．
中島岳志（2002）：ヒンドゥー・ナショナリズム―印パ緊張の背景．中公新書ラクレ．
藤井　毅（2003）：歴史のなかのカースト―近代インドの〈自画像〉．岩波書店．
森本達雄（2003）：ヒンドゥー教―インドの聖と俗．中公新書．
山崎元一（1979）：インド社会と新仏教―アンベードカルの人と思想．刀水書房．
山下博司（2004）：ヒンドゥー教―インドという〈謎〉．講談社．

● 第9章　都市農村格差と大都市近郊農村

秋田　茂・水島　司編（2003）：講座　現代南アジア6　世界システムとネットワーク．東京大学出版会．
NHKスペシャル取材班編（2007）：インドの衝撃．文藝春秋．
NHKスペシャル取材班編（2009）：続・インドの衝撃―猛烈インド流ビジネスに学べ．文藝春秋．
絵所秀紀編（2002）：講座　現代南アジア2　経済自由化のゆくえ．東京大学出版会．
小谷汪之編（2003）：講座　現代南アジア5　社会・文化・ジェンダー．東京大学出版会．
佐々木宏（2011）：インドにおける教育の不平等．明石書店．
田中雅一・田辺明生編（2010）：南アジア社会を学ぶ人のために．世界思想社．
長崎暢子編（2001）：講座　現代南アジア1　地域研究への招待．東京大学出版会．
堀本武功・広瀬崇子編（2002）：講座　現代南アジア3　民主主義へのとりくみ．東京大学出版会．

柳澤　悠編（2002）：講座 現代南アジア4　開発と環境．東京大学出版会．
青木　保ほか編（2002）アジア新世紀1　空間．　岩波書店．

●第10章　都市の成長と都市構造

阿部和俊（2001）：発展途上国の都市体系研究．地人書房．
飯塚キヨ（1985）：植民都市の空間形成．大明堂．
岡橋秀典編著（2003）：インドの新しい工業化― 工業開発の最前線から．古今書院．
小島麗逸・幡谷則子編（1995）：発展途上国の都市化と貧困層．アジア経済研究所．
佐藤　宏・内藤雅雄・柳沢　悠編（1989）：もっと知りたいインドⅠ．弘文堂．
ジョンソン，B. L. C. 著，山中一郎ほか訳（1986）：南アジアの国土と経済1　インド．二宮書店．
山口岳志編（1986）：世界の都市システム．古今書院．

●第11章　世界の中のインド

秋田　茂・水島　司編（2003）：講座 現代南アジア7　世界システムとネットワーク．東京大学出版会．
伊藤正二・絵所秀紀（1995）：立ち上がるインド経済．日本経済新聞社．
内川秀二編（2002）：躍動するインド経済 ― 光と陰．アジア経済研究所．
コーエン，S. P. 著・堀本武功訳（2003）：アメリカはなぜインドに注目するのか―台頭する大国インド．明石書店．
関口真理編（2006）：インドのことがマンガで3時間でわかる本．明日香出版．
高原明生・田村慶子・佐藤幸人編（2008）：現代アジア研究　越境．慶應義塾大学出版会．
立川武蔵・杉本良男・梅津正倫編（2012）：朝倉世界地理講座4　南アジア．朝倉書店．
西原　正・堀本武功編（2010）：軍事大国化するインド．亜紀書房．
広瀬崇子ほか編（2007）：エリア・スタディーズ　現代インドを知るための60章．明石書店．
堀本武功（2007）：インド―グローバル化する巨象．岩波書店．
山下清海編（2008）：エスニック・ワールド　世界と日本のエスニック社会．明石書店．

統計資料*1

州名	公用語*2	面積*3 (km²)	人口 (1000人)	人口密度 (人/km²)	人口増加率 (%) 1991〜2001	2001〜2011
1 アッサム	英語，アッサム語	78,438	31,169	397	18.9	17.1
2 アルナーチャル・プラデーシュ	英語	83,743	1,383	17	27.0	25.9
3 アーンドラ・プラデーシュ	テルグ語	275,045	84,666	308	14.6	11.1
4 ウッタラーカンド	ヒンディー語	53,483	10,117	189	20.4	19.2
5 ウッタル・プラデーシュ	ヒンディー語	240,928	199,582	828	25.9	20.1
6 オディシャー（オリッサ）	オリヤー語	155,707	41,947	269	16.2	14.0
7 カルナータカ	カンナダ，英語	191,791	61,131	319	17.5	15.7
8 グジャラート	グジャラート語	196,024	60,384	308	22.7	19.2
9 ケーララ	マラヤーラム語，英語	38,863	33,388	859	9.4	4.9
10 ゴア	コンカニー語，マラーティー語	3,702	1,458	394	15.2	8.2
11 シッキム	ネパーリー語など	7,096	608	86	33.1	12.4
12 ジャールカンド	ヒンディー語	79,714	32,966	414	23.4	22.3
13 ジャンムー・カシュミール	ウルドゥー語	222,236	12,549	57	29.4	23.7
14 タミル・ナードゥ	タミル語，英語	130,058	72,139	555	11.7	15.6
15 チャッティースガル	チャッティースガル語，ヒンディー語	135,191	25,540	189	18.3	22.6
16 トリプラ	ベンガル語など	10,486	3,671	350	16.0	14.7
17 ナガランド	英語	16,579	1,981	120	64.5	−0.5
18 西ベンガル	ベンガル語	88,752	91,348	1,029	17.8	13.9
19 ハリヤーナー	ヒンディー語	44,212	25,353	573	28.4	19.9
20 パンジャーブ	パンジャーブ語	50,362	27,704	550	20.1	13.7
21 ビハール	ヒンディー語	94,163	103,805	1,102	28.6	25.1
22 ヒマーチャル・プラデーシュ	ヒンディー語	55,673	6,857	123	17.5	12.8
23 マディヤ・プラデーシュ	ヒンディー語	308,245	72,598	236	24.3	20.3
24 マニプル	英語	22,327	2,722	122	24.9	25.6
25 マハーラーシュトラ	マラーティー語	307,713	112,373	365	22.7	16.0
26 ミゾラム	英語	21,081	1,091	52	28.8	22.8
27 メガラヤ	英語	22,429	2,964	132	30.6	27.8
28 ラージャスターン	ヒンディー語	342,239	68,621	201	28.4	21.4
29 アンダマン・ニコバル諸島	ヒンディー語，英語	8,249	380	46	26.9	6.7
30 ダードラー・ナガル・ハーヴェーリー	英語	491	343	698	59.2	55.5
31 ダマン・ディーウ	英語，グジャラート語	112	243	2,169	55.7	53.5
32 チャンディーガル	英語	114	1,055	9,252	40.3	17.1
33 デリー	ヒンディー語	1,483	16,753	11,297	47.0	21.0
34 プドゥチェーリ	タミル語など	479	1,245	2,598	20.6	27.7
35 ラクシャドウィーブ	英語	32	64	2,013	17.3	6.2
全国		3,287,240	1,210,193	368	21.5	17.7

*1：とくに断りのないかぎり，数値は Census of India 2011（http://censusindia.gov.in）に基づく．なお，2014年6月にアーンドラ・プラデーシュ州からテランガーナー州が分離して新州として設置されたが，本表には反映していない．
*2：東京外国語大学アジア・アフリカ言語文化研究所（http://www.aa.tufs.ac.jp/~tagengo/india_law.html）による．
*3：ジャンムー・カシュミール州はインド政府が領有を主張する面積．

都市人口率 (%)	性比[4]	識字率 (%)	出生率[5] 2010	州内純生産[6] (2010年度・億ルピー)	1人当たり所得[7] (2010年度・ルピー)	工業生産高[8] (2010年度・億ルピー)	州名	
14.1	954	73.2	23.2	9,297	21,406	4,237	アッサム	1
22.7	920	67.0	20.5	763	37,417	−	アルナーチャル・プラデーシュ	2
33.5	992	67.7	17.9	53,114	40,366	34,356	アーンドラ・プラデーシュ	3
30.6	963	79.6	19.3	7,126	72,093	10,584	ウッタラーカンド	4
22.3	908	69.7	28.3	53,630	26,903	29,222	ウッタル・プラデーシュ	5
16.7	978	73.5	20.5	16,840	40,412	9,214	オディシャー（オリッサ）	6
38.6	968	75.6	19.2	35,487	59,975	28,595	カルナータカ	7
42.6	918	79.3	21.8	44,094	75,115	80,678	グジャラート	8
47.7	1,084	93.9	14.8	24,621	71,434	8,205	ケーララ	9
62.2	968	87.4	13.2	2,785	159,244	3,249	ゴア	10
25.0	889	82.2	17.8	636	104,506	446	シッキム	11
24.1	947	67.6	25.3	10,012	31,993	9,721	ジャールカンド	12
27.2	883	67.6	18.3	4,383	37,593	1,902	ジャンムー・カシュミール	13
48.5	995	80.3	15.9	50,757	75,449	47,212	タミル・ナードゥ	14
23.2	991	71.0	25.3	10,292	41,167	7,955	チャッティースガル	15
26.2	961	87.8	14.9	1,618	44,965	143	トリプラ	16
29.0	931	80.1	16.8	1,040	52,966	47	ナガランド	17
31.9	947	77.1	16.8	42,563	47,738	20,611	西ベンガル	18
34.8	877	76.6	22.3	23,871	94,464	21,527	ハリヤーナー	19
37.5	893	76.7	16.6	20,033	68,998	14,866	パンジャーブ	20
11.3	916	63.8	28.1	18,397	18,928	3,605	ビハール	21
10.0	974	83.8	16.9	4,603	68,020	7,184	ヒマーチャル・プラデーシュ	22
27.6	930	70.6	27.3	23,136	32,253	11,590	マディヤ・プラデーシュ	23
30.2	987	79.8	14.9	823	29,684	28	マニプル	24
45.2	925	82.9	17.1	10,292	87,686	78,536	マハーラーシュトラ	25
51.5	975	91.6	17.1	550	48,591	−	ミゾラム	26
20.1	986	75.5	24.5	1,231	47,164	288	メガラヤ	27
24.9	926	67.1	26.7	28,601	42,434	15,005	ラージャスターン	28
35.7	878	86.3	15.6	419	85,741	16	アンダマン・ニコバル諸島	29
46.6	775	77.7	26.6	−	−	7,292	ダードラー・ナガル・ハーヴェーリー	30
75.2	618	87.1	18.8	−	−	4,038	ダマン・ディーウ	31
97.2	818	86.4	15.6	1,851	130,461	581	チャンディーガル	32
97.5	866	86.3	17.8	25,042	150,653	4,869	デリー	33
68.3	1,038	86.5	16.7	1,151	98,719	1,821	プドゥチェーリ	34
78.1	946	92.3	14.3	−	−	−	ラクシャドウィーブ	35
31.2	940	74.0	22.1	642,236	54,151	467,622	全国	

[4]：女性の人数／男性1000人
[5]：Ministry of Health and Family Welfare "Family welfare statistics india 2011" による
[6]：NSDP（Net State Domestic Product. 州別純生産額）．
[7]：：NSDP per capital（Net State Domestic Product per capital. 1人当たり州別純生産額）．
[8]：Ministry of Statistics and Programme Implementation "Annual Survey of Industries 2010−11" による

索　引

欧　文

AMUL　42
BIMARU　9
BPL　36
BRICs　132
DDA　121
DEEP　103
DMA タウン　121
EWS　122
FDI　116
FDI 型新中間層都市　116, 126
FTA　131
GIIS　142
Golden Quadrilateral　81
HIG　122
ICT 技術者　138
ICT サービス　63
IIIT　138
IISc　72
IISJ　142
IIT　66, 137
IRDP　107
ITI　108
JJ クラスター　120
KEONICS　72
KIADB　73
LIG　122
LTTE　131
MOIA　139
NASSCOM　65
NCR　121
NCRPB　121
NDDB　43
NRI　71, 135
NSEW Corridor　81
OF 計画　42
PDS　36
PIO　135
SAARC　131
SAFTA　131
SC　96, 105
SDF　131
SHG Bank Linkage Programme　107
ST　96, 105
STPI　65
Tier1 都市圏　123
Tier2 都市圏　124
Tier3 都市圏　124

ア　行

アグリビジネス　41, 47
アーシュラマ　91
アッサム地震　29
アッサム・チベット地震　30
アッラーバンド　30
アナイ・ムディ山　24
アーバン・ビレッジ　112, 125
亜ヒマラヤ帯　23
アヒンサー　41
アフォーダブル・ハウジング　122
アフマダーバード　70
アーユル・ヴェーダ　42, 61
アーリア人　90
アーリヤ・サマージ　93
アンダマン諸島　28
アンベードカル　88

囲郭都市　116
イスラーム　88, 130
イスラーム都市　116
移転集落　120
稲塚権次郎　39
移民　135
イラン・イラク戦争　137
インキュベーション施設　66
インダス川水系　24
インダス文明　34
インターナショナル・テク・パーク・バンガロール（ITPB）　73
インディラ・ガーンディー　3
インデンチャード制　135
インド亜大陸　22
インド国鉄　76
インド人学校　142
インド人ディアスポラ　135
インドのシリコンバレー　68, 71, 107
インド・パキスタン戦争　2, 130
インド半島　24
インド・ヨーロッパ語族　7
インド酪農開発公社　43
印パ戦争　2, 130
インフォシス　65

ヴァイシャ　93
ヴァルダマーナ　88
ヴァルナ　90
ヴィシュヌ　92
ウィプロ　65
ヴェーダ　90
ウォールシティ　116
請負人徴募制　135
ウパニシャッド　90

映画　75
衛星通信施設　66
衛星用隔離帯　118
エレクトロニクス・シティ　72
援助競争　55

黄金の四角形　81
オフィス・パーク　66
オフショア・サービス　67
オールドカマー　140
オンサイト・サービス　66

カ　行

外国人労働者問題　139
外国直接投資　116
ガウタマ・シッダールタ　87
化学肥料　40
過剰都市化　113
カースト　93
学校教育制度　102
渇水　30
カッチ地震　30
ガネーシャ　92
カルマン　91
カンガーニー制　135
カングラ地震　29
観光開発　84
観光資源　82
観光政策　83
ガンジス川水系　24
ガーンディーナガル　70
干ばつ　30

黄色の革命　45
企業誘致　70
気象災害　30
規制緩和　65
季節風　25
教育格差　103
行政都市　115
キリスト教　89
近郊農村　108

クシャトリヤ　93
グジャラティー　140

グジャラート地震　30
クリシュナー川　25
グループハウジング　126

経済自由化　49, 65
結婚　100
ゲノムバレー　61
ケーララ・モデル　17
県　5
言語州　5
県初等教育計画　103

業　91
郊外　52, 72
郊外化　15
郊外開発　121
工業技術訓練校　108
航空　78
後進諸階級　97
降水量　27
高ヒマラヤ帯　23
甲府　143
神戸　142
港湾都市　114
5カ年計画　114
国営企業　72
国勢調査　95
国民会議派　1
穀物メジャー　41
ゴーダーヴァリー川　25
国家的都市再開発計画　123
国家農業者政策　36
国家農業政策　36
小麦　37
コメ　36
コリウッド　75
コールセンター業務　68
コロニアル・アーバニゼーション　117
コンノート・プレイス　118

サ　行

在外インド人（NRI）　71, 134
在外インド人担当省　139
菜食主義者　41
財閥　50
サティー　16
サービス輸出　64
ザミーンダーリー制　35
サラスヴァティー　92
山岳地帯　27
山岳鉄道　86
山岳避暑地　84
産業ライセンス制度　49
サンサーラ　91
サンジャイ・ガンディー　56
三色の革命　36
産油国　136

シヴァ　92
ジェネリック医薬品　61
識字率　16, 103, 120
シク教　89
資源開発　53
資源メジャー　54
持参金　16, 21
地震災害　29
自然災害　28
指定23都市　113
指定カースト　96, 105
指定言語　19
指定トライブ（部族）　96, 105
自動車　80
自動車工業　56
地主層　110
ジャイナ教　88
社会主義型社会　2
ジャジマーニー制度　94
ジャーティ　93
ジャムシェードプル　55
ジャワハルラール・ネルー　2
首位都市卓越型　114
州　4
住期　91
就業人口　106
州政府　70
自由貿易協定　131
首都圏地域　121
首都地域計画局　121
シュードラ　93
巡礼　83
少産少死　13
少数民族　19
ショッピングモール　127
シリコン台地　71
白い革命　41
シワリク山地　23
新経済政策　4, 65
人口爆発　12
人口ピラミッド　13
人口ボーナス　13
人口密度　14
ジンダーガーダ山　25
シンディー　140

スクォッター　119
スーフィズム　88
スラム　120
スリランカ　130

青果　45
政治都市　115
聖トーマス聖堂　90
性比　16
製薬産業　61
セイロンティー　39
世界遺産　82, 86
世界の屋根　23

赤黄色土　27
赤色土　27
石炭　53
脊梁山脈　23
繊維衣料工業　57
センサス　11
船舶　79

総合農村開発プログラム　107
組織部門　50
ソーシャル・ミックス　121
ゾロアスター教　90

タ　行

大国型　114
大豆　45
対日貿易　141
大都市近郊農村　108
ダイヤモンド　133
大陸地殻　27
ダウリー　16, 21
多角的繊維協定　58
多産少死　12
多産多死　12
多重的都市景観　116
ダージリン　86
ターター・コンサルタンシー・サービシズ（TCS）　65
ターター・スチール　55
ターター・モーターズ　57
タミル・イーラム解放のトラ　131
多民族社会　18
ダモーダル川　54
ダルマ　91

地域格差　9
地下核実験　3
チベット・ヒマラヤ帯　23
茶　39
中央政府　65
中間層（中間所得層）　4, 78
中国　131
沖積層　27

低ヒマラヤ帯　23
デーヴァナーガリー文字　19
手織部門　58
出稼ぎ　136
デカン玄武岩　22, 24
テキサス・インストルメント（TI）　72
テキスタイルパーク　59
鉄鋼業　55
鉄鉱石　53
デュモン　96
デリー開発公団　121
デリー首都圏　121
天然ガス　54

東京　141
東西南北回廊　81
トウモロコシ　39
ドゥルガブル　55
道路　81
特別カテゴリー州　7
都市　113
都市内植民地　125
都市内鉄道　77
都市内農村　112, 125
都市農村格差　101
都市の景観　116
特許法　61
ドラヴィダ語族　7
トリヴァンドラム　70
トリウッド　75

ナ 行

内需指向型工業　8

ナーナク　89
ナルマダー川　25
ニコバル諸島　25

西葛西　141
西ガーツ山脈　24
二重移民　135
日印EPA　142
乳児死亡率　102
ニューカマー　140

ネパール　131
年季契約労働制　135
年次工業調査　50

農村　35
農薬　40

ハ 行

パキスタン　130
バクティ運動　87
バーター貿易　134
バックオフィス業務　68
ハラッパー文明　34
バラモン　90, 93
ハリヤーナー方式　121
パールシー　90
バレン島　28
藩王国　5
バンガル　24
バングラデシュ　130
パンジャビー　140
パンチャヤート　125

東ガーツ山脈　25
非組織部門　50
非同盟・中立　3
人の移動　66
ビハール地震　29
ヒマラヤ山脈　23
ビライ　55
ヒル・ステーション　84, 105, 117
ピンク革命　47
ヒンディー語　17
ヒンディー国語化　19
ヒンディーベルト　9
ビンディヤ山脈　25
ヒンドゥー教　90, 130
ヒンドゥージャグループ　139
ヒンドゥー・ナショナリズム　93
ヒンドゥー法　94
ヒンドスタン平原　24

フィルタリングダウン　123
不可触民　94
ブータン　131
仏教　87, 131
部分的自由化　3
不法滞在者　139
ブラフマー　91
ブラマプトラ川水系　24
ブリティッシュ・ラージ　1

ベジタリアン　41
ベテイユ　96

貿易　132
ボディ・ショッピング　66
ボード試験　102
ボリウッド　75
ボーローグ　40
ホワイト・フィールド　73
ボンベイハイ　54

マ 行

マイクロファイナンス　107
マイソール　69
マスタード　45
マヌ法典　94
マネーオーダーエコノミー　85
マハーヴィーラ　88
マハーバーラタ　91
マルチ・スズキ　56
マンガロール　69
マンダル委員会　98

ミッタルグループ　139
緑の革命　2, 39

南アジア　129
南アジア開発基金　131
南アジア協力連合　131
南アジア自由貿易地域　131
南インド　7
ミャンマー　137
ミラクルライス　40
ミーラース体制　35

メトロ　77
綿花　39, 57

モータリゼーション　80
モハンダス・カラムチャンド・ガーンディー（マハートマー・ガーンディー）　1
モルディヴ　131
モンスーン　25

ヤ 行

輸出振興　65
輸入代替工業化　49
油糧種子　45

横浜　143

ラ 行

ライヤットワーリー制　35
ラクシュミー　92
落花生　45
ラテライト土壌　28
ラーマーヤナ　91

力織部門　58
リズリ　95
緑地帯　118
リライアンス　134
輪廻　91

ルールケラー　55

レアアース　54
レグール　27, 39
連鎖人口移動　108
連邦直轄地　5
労働者向けのアパート　110

ワ 行

ワタ　39
湾岸戦争　137

編集者略歴

友澤和夫
（ともざわかずお）

1962年　愛媛県に生まれる
1990年　広島大学大学院文学研究科博士課程後期中退
現　在　広島大学大学院文学研究科教授
　　　　博士（文学）

世界地誌シリーズ 5

イ ン ド

定価はカバーに表示

2013年10月10日　初版第1刷
2015年 4月30日　　　第2刷

編集者　友　澤　和　夫
発行者　朝　倉　邦　造
発行所　株式会社　朝　倉　書　店
　　　　東京都新宿区新小川町 6-29
　　　　郵便番号　162-8707
　　　　電　話　03(3260)0141
　　　　FAX　03(3260)0180
　　　　http://www.asakura.co.jp

〈検印省略〉

© 2013〈無断複写・転載を禁ず〉　シナノ印刷・渡辺製本

ISBN 978-4-254-16925-6　C 3325　Printed in Japan

JCOPY 〈(社)出版者著作権管理機構 委託出版物〉

本書の無断複写は著作権法上での例外を除き禁じられています．複写される場合は，そのつど事前に，(社)出版者著作権管理機構（電話 03-3513-6969, FAX 03-3513-6979, e-mail: info@jcopy.or.jp）の許諾を得てください．

世界地誌シリーズ

1. 日　　本　菊地俊夫 編集
ISBN 978-4-254-16855-6　B5判 184 頁　本体 3400 円

2. 中　　国　上野和彦 編集
ISBN 978-4-254-16856-3　B5判 180 頁　本体 3400 円

3. E　　U　加賀美雅弘 編集
ISBN 978-4-254-16857-0　B5判 164 頁　本体 3400 円

4. アメリカ　矢ヶ﨑典隆 編集
ISBN 978-4-254-16858-7　B5判 176 頁　本体 3400 円

5. インド　友澤和夫 編集
ISBN 978-4-254-16925-6　B5 160 頁　本体 3400 円

6. ブラジル　丸山浩明 編集
ISBN 978-4-254-16926-3　B5 184 頁　本体 3400 円

7. 東南アジア・オセアニア
菊地俊夫・小田宏信 編集
ISBN 978-4-254-16927-0　B5判 176 頁　本体 3400 円

上記価格は 2015 年 3 月現在